ビューティフルカフェライフ

カフェ開業で豊かな人生を手に入れた55の物語

これからカフェを始めたい人への実例集

カフェ・バッハ
田口 護

旭屋出版

目次

はじめに

カフェ・バッハの店内。

今回、出版する『ビューティフル　カフェライフ／カフェ開業で豊かな人生を手に入れた55の物語（これからカフェを始めたい人への実例集）』は、月刊『カフェレス』（株式会社旭屋出版）の〝地域密着カフェ〟というタイトルで、２０１５年２月号から２０１７年12月号まで連載したものに加筆して、１冊の本にまとめたものです。

私は、以前、『カフェを１００年、続けるために』（同）という本をだしました。この本では、個人経営のカフェが店を続けていくための根源的なノウハウ、例えば〝カフェの役割〟といったことをアドバイスしました。

〝地域密着カフェ〟の連載は、『カフェを１００年、続けるために』の実践編ともいうべきもので、カフェ・バッハが50年にわたって蓄積し、伝えてきたノウハウをグループ店の皆さまが、それぞれの地域で、また町でどのように実践しているかを確認する旅でもありました。

今回の本では、各地で頑張っている54のグループ店を紹介しますが、その取り組みをより理解していただくために、はじめにカフェ・バッハのこれまでの歩みと取り組みについて簡単にお話しさせていただきます。

カフェ・バッハの創業は１９６８年。２０１８年でちょうど50年目を迎えることになります。今でこそ、カフェの名店として評価していただき、地元だけでなく全国からお客様に来店していただくようになりましたが、最初はどこにでもある小さな店からスタートしました。

当初、夫婦２人で早朝から深夜まで働き、資金をためました。その後、コーヒーの自家焙煎に取り組み、自家製のお菓子やパンも採り入れて、良い材料からより良いメニューを作る技術を磨いていきました。

こうした、資金、材料、技術といった部分は、いわばカフェ経営の基礎になる部分です。P６の図をご覧ください。カフェ経営は１本の「樹」のようなもので、数多くの枝葉から構成されています。

私たちバッハが培ってきた基礎の部分は、『珈琲大全』『スペシャルティコーヒー大全』（ともにＮＨＫ出版）、「カフェ・バッハのコーヒーとお菓子」（世界文化社）といった書籍で公開しました。

基礎がしっかりとした樹は、太い幹から多くの枝葉が育ちます。枝葉の部分には、整理整頓、備品、道具選びとメンテナンス、手作りツールといったものがあります。その部分は『カフェ開業の教科書』（旭屋出版）にまとめました。

また、接客サービスも大切な枝葉の部分です。人材と教育も重要です。バッハでは、自家焙煎やお菓子・パン作りに取り組んでいくために人材を採用し、教育に力を入れてきました。日本スペシャルティコーヒー協会のコーヒー販売のプロを育てる資格制度『コーヒーマイスター』に積極的に関わってきたのもその一環です。

全国各地に出店している大手のカフェチェーンは、巨大システムに裏打ちされた、非常にバランスの良い枝葉を持っています。だから何百店という規模に成長できると言えます。しかし、私たちバッハもそうですが、カフェのほとんどが個人経営です。個人店には、個人店ならではの強さと弱点があります。先ほどのカフェの樹の部分で言えば、技術や

カフェ経営の「樹」

カフェ経営は1本の「樹」のようなもので、
数多くの枝葉から構成されている。

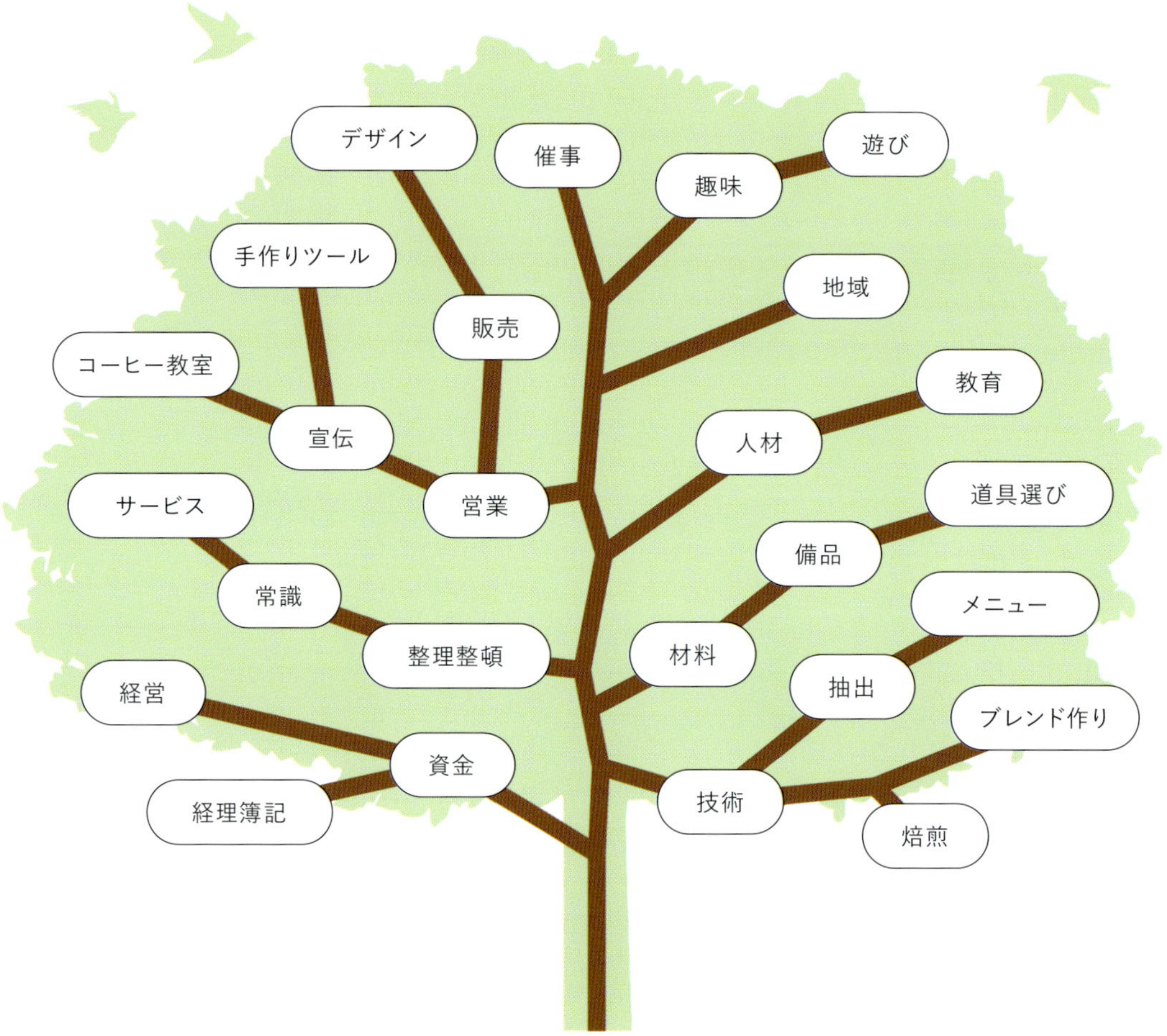

メニュー、接客サービスは強さに、材料や教育、宣伝といった部分は弱点になりやすい部分です。

個人店の強さを磨き、弱点を補うために、1店舗では限りがあるところも、仲間が集まれば可能になる。そうやって増えていったのが、現在、全国各地の100店を超えるバッハグループです。

地域や社会の一員として
役割を果たすことが、
そこになくてはならない
カフェを育てるのです。

カフェ・バッハでは、自家焙煎のコーヒー、コーヒーに合うお菓子やパンと真摯に向き合い続けてきました。カフェにとってコーヒーやお菓子はとても大切です。

でも、それ以上に大切にしてきたことがあります。それが、カフェの役割です。

東京の山谷（現在の台東区日本堤）と呼ばれた場所にカフェを開き、地域の人たちに、また社会に何ができるのか。創業時より、それを常に考えながら、日々営業してきました。

創業から10年余りが経った、1980年のヨーロッパの視察旅行で、現地のカフェを訪れ、改めてカフェの役割の大切さを痛感しました。

ヨーロッパでは、美術館やオペラハウスといった文化施設に、必ずカフェがあります。絵画や音楽を楽しんだ後、カフェに立ち寄って語り合う。その豊かさを見て、私は、バッハがある山谷地域にも文化を根付かせたい。地域の方々が上野や銀座まで足を運ばなくても、文化に触れることができる場所をつくりたい。それがカフェの役割ではないか。そうした思いで取り組んだのが、原住民音楽会や版画ワークショップなどのイベントでした。

また、カフェの大切な役割に「相互扶助」があります。大手チェーンではない私たち個人経営のカフェは、1店1店は弱く小さな存在です。だから助け合い支え合う関係が必要になります。それがバッハグループであり、グループ以外のカフェともそうした関係を築いてきました。

東京・池袋に社会福祉法人豊芯会ハートランドひだまりが運営する『カフェふれあい』があります。ハンディキャップを持つ人たちの自立を支援することを目的にしており、1995年の開業の際に相談を受けました。「店の運営を任せられる人を紹介してもらえないか」。それに応えるかたちで、当時、カフェ・バッハの店長として活躍していた崎山竜輔君を送り出しました。

崎山君はバッハにとってかけがえのない人材でした。店の経営を考えれば相当な痛手です。しかし、福祉カフェでの経験は、きっと崎山君の将来に役立つ何かをもたらすに違いない、そう確信して送り出したのです。

その後4年間、『カフェふれあい』で店長を勤めた崎山君は、独立してカフェを開き、地域から愛される店に育てあげました。

崎山君は、バッハと福祉カフェでの店長経験を通して、相互扶助というカフェの役割の大切さをしっかりと理解したのだと思います。自分が相手を支えることで、実は自分が支えられている。そうした、支え合う豊かな人間関係を築く場所が、私たち個人経営のカフェなのです。

私が学生時代、とても好きで通っていたカフェがありました。ただ当時は学生で経済力がありません。その店でコーヒーを飲みながら、もうここにも来れなくなる、と考えていたとき、私の窮状を知っていたマスターがお金を貸してくれました。その時の感謝の気持ちは、決して忘れたことはありません。

カフェ・バッハのエピソードを紹介させてください。

ある時、お客様から、「子供のことを考えて、いま暮らしている宿泊所から他へ引越しをしたい」という相談がありました。そこで、バッハのお客様で東京都の住宅供給の仕事をされていた方を紹介し、都営住宅への入居をお手伝いしました。

一方で、こんなこともありました。私が新しく発売されたパソコンを購入したのですが、いま一つ操作が理解できません。そこで、パソコンに詳しいお客様にお願いして操作を教えてもらいました。彼は古くからの常連さんの息子さんで、当時はまだ中学生。彼のお陰でパソコンに詳しくなれた私は、店へのパソコンの導入を進め、経理処理の効率化や販促

カフェ・バッハがある地域から東京スカイツリーを見る。

ツールの内製化に、より有効活用することができたのです。

個人店は、地域との相互扶助の関係によって成り立っています。都会に比べて経済圏が小さい地方であればなおさらです。地域と豊かに関わったエピソードが増えるたびに、カフェも豊かに育っていくのです。

大手は立地条件。個人店に必要なのは立地条件をどう活かすか。

東京・台東区日本堤一丁目23―9。これがカフェ・バッハの現住所です。このあたりはかつて山谷と呼ばれ、労働者の人たちが居住する場所で、昭和30代半ばに勃発した「山谷騒動」の舞台にもなったところです。

この場所を、飲食店を経営する上で、日本一不利と言う人もいます。実際、この辺りには、大手チェーンの飲食店はありません。大手チェーンは「立地条件」を大切にして出店場所を選定します。例えば、都心の駅前は立地条件としては一等地ということになります。

しかし、そうした一等地は、すでに多くの店が出店しており、競争が激しい。家賃などの出店コストも大きく、個人が店を出すにはリスクがあり過ぎます。

個人経営のカフェは立地条件ではなく、自分が店を出す土地の「立地特性」を活かすことが大切です。

例えば、メニュー構成。カフェ・バッハはペーパードリップで抽出するコーヒーでよく知られています。でも、バッハは決してペーパードリップコーヒーだけにこだわってきた訳ではありません。

ミルク、ジュース、ソーダなど、コーヒー以外のドリンクもあります。いくらコーヒーにこだわっているからといって、仮にドリンクメニューがコーヒーしかなければ、コーヒー好きな人しか来られない店になってしまいます。

バッハは、コーヒー通のお客様だけでなく、地域のすべての方が利用できるカフェです。だから、コーヒーが飲めないお客様のために、その他にもいろいろなドリンクメニューを用意しています。

コーヒーも同様です。カフェ・バッハでは、コーヒーを抽出するのに、ペーパードリップこそ、最も家庭で店の味を再現できる手段と考え、啓蒙活動に取り組んできました。しかし、バッハはエスプレッソコーヒーもお出ししています。以前はイタリア製の手動式のマシンで淹れていました。それだけ注文が入ったのです。

バッハがある地域には、靴や革製品に携わる会社が数多くあります。靴や革製品の本場はイタリア。イタリアといえばエスプレッソコーヒーです。

バッハの地域には、革製品のお仕事でイタリアに行かれた方も多く、本場のエスプレッソを体験しています。そうした方に、日本でもエスプレッソを楽しんでもらいたい、バッハではそう考えて、ペーパードリップだけでなくエスプレッソのコーヒーもお出ししています。カフェ発祥の地であるヨーロッパには１００年を超えるカフェが数多くあります。それは樹齢１００年を超える大きな樹がそうであるように、多くの人々を惹き付けてやみません。

田口 護

編集　相 和晴
撮影　田中 慶
ブックデザイン　金坂義之（オーラム）
デザイン　金坂幸子（オーラム）

第一章

小さな店からスタートし、地域と共に歩み、成長して地域の人気店になったカフェ

01−05

生まれ故郷にUターン。10畳ほどの小屋に焙煎機を置いて開業。地域の評判店に。

01　ダックスファーム

富山・入善町

木本 昇さんが生まれ故郷の富山県下新川郡入善町にUターンして『ダックスファーム』を開業したのは1985年12月14日、44歳の時である。以来、地域の人たちにおいしいコーヒーと安らぎの場を提供し、30年にわたって愛され、今も多くのファンを集めている。

『ダックスファーム』のダックスはアヒル、ファームは農家の英語です。こんなユニークな店名の自家焙煎コーヒー店が、富山県下新川郡入善町にあります。

入善町といっても、どのような場所か知らない人も多いと思います。富山県の北東部に位置する町で、日本海に面しています。黒部川が形成した広大な扇状地を中心としたエリ

周囲を田んぼに囲まれ、立山連邦を望む自然の中に『ダックスファーム』はある。

アで、チューリップや入善ジャンボ西瓜などが特産品としてよく知られています。入善ジャンボ西瓜は別名黒部スイカとも呼ばれており、日本一大きなスイカとして紹介されているので、ご存知の方がいるかもしれません。

さて、町の説明はこのくらいにして、『ダックスファーム』の話に戻ります。初めて店を訪れたお客様はちょっとびっくりするかもしれません。店の脇にある小さな池にアヒルがあっちにいったり、こっちにきたり気持ちよさそうに泳いでいるのを目にするからです。お客様の中には、窓越しにアヒルを眺めながら、おいしそうにコーヒーを楽しんでいる方がいます。時には、店の外に出て、お店が用意したパンの耳の餌をアヒルにあげているお客様の姿を見ることもできます。

都会にあるカフェからは到底想像できない、なんとも穏やかで、心安らぐ光景ではないでしょうか。喧騒の東京から遠く離れて、緑と水と大地に恵まれた富山の入善町にある『ダックスファーム』を訪れました。

お母さんが病で倒れ、生まれ故郷の入善町へUターン

『ダックスファーム』は、現在、木本昇さんと奥様の繁子さん、息子の亙さん、それにベテランスタッフの中林喜代美さんの4人で運営しています。

木本さんが『ダックスファーム』を開業したのは、今から30年前の1985年（昭和60年）12月14日。この時、木本さんは44歳でした。

自家焙煎コーヒー店『ダックスファーム』の歩みは、木本さんが生まれ故郷の入善町にUターンした時から始まります。それまでは、コーヒーとはまったく関係のない仕事に携わっていました。その経歴が少し変わっていますが、それもまた現在に至るまでの店づくりにも関わってきているように思うので、本人に伺ってみました。

「十代で外国航路の船乗りになりました。その後、大検を受けて慶応大学に入学し、卒業後は旅行代理店のツアーコンダクターの仕事に就きました。この会社に2年ほどいましたが、退社して友人と共同出資で学習塾を開校しました。学習塾は、当時の受験ブームの波に乗って順調に業績を伸ばしました。34歳で同郷の今の家内と結婚し、浦和市に家を購入しました。ところが、私が41歳の時に母が病で倒れ、余命少ないと聞かされ、家内と子供を連れてUターンすることにしました」（木本さん）

その頃、木本さんのお母さんは肺ガンに冒されていて、余命1年ほどでした。Uターン

店の脇の小さな池には、店名にもなっているアヒルが気持ちよさそうに泳いでいる。

にあたっては、3人の子供がまだ幼くて、悩んだそうです。その当時、木本さん夫妻には男の子が1人、女の子が2人いました。男の子は小学生の3年、上の女の子は小学生1年、そして下の女の子はまだ幼稚園でした。最終的には、"もう少し子供たちが大きくなってから入善町に戻ったのでは、地域の風土や人々に馴染めないかもしれない。帰るなら今のうちだ"と、子供たちのことを優先してUターンすることにしました。

43歳の時に家族一緒に入善町に戻って、お母さんの看病につとめました。その年にお母さんは帰らぬ人となりました。享年71歳でした。

コーヒーの専門書を見てコーヒーの道へ

生まれ故郷の入善町へUターンすることを決めたものの、その後なにをやったらよいか。木本さんは、いろいろと悩みました。そんな時、目にしたのが私も登場していた『ブレンド』というコーヒーの本でした。

「『ブレンド』という本を見て、世の中にはこんな商売があるのか。始めて自家焙煎コーヒー店というのを知りました。それだけ、コーヒーの世界とは無縁の世界にいたわけです」(木本さん)

コーヒーに興味を抱いたものの、なにもコーヒーのことは知らない。困った木本さんは、コーヒーのことを知るために東京で名店と言われる店を片っ端から回りました。それでもコーヒーの味はよく分からなかったと言います。

コーヒーの名店とは？ おいしいコーヒーとは？ とにかく分からないことだらけ。いろいろ考えてもよい答えはでませんでした。

本を見て、コーヒーに興味を持った木本さんですが、東京・南千住にあるカフェ・バッハには初めから訪れるつもりはなかったとか。いろいろな名店を回った後に、最後に訪れることになりますが、良い機会なのでその理由を聞いてみました。

「田口さんには申しわけありませんが、本当を言うと、なぜかカフェ・バッハには足が向きませんでした。それは、東京の山谷という日雇い労働者の町にあったからです。その考えが大きな偏見で、浅はかだったことはその後、田口さんにお会いし、お話を伺ってから分かるのですが、その頃は何も見えていなくて…」（木本さん）

　結局、最後の最後にカフェ・バッハを訪れることになりますが、それが今の『ダックスファーム』への第1歩となります。

「カフェ・バッハへ2回目に行った時のことです。田口さんはいなくて、ママさんが対応してくれました。〝田口マスターは、木本さんにまた来てほしいようなことを言っていました〟〝もう1回いらっしゃい〟と優しい言葉をかけられ、それでその後、もう一度カフェ・バッハを訪れ、田口さんとゆっくり話しをする機会を得ました」（木本さん）

　この時の話が、木本さんにとってはたいへんインパクトがあったようで、自家焙煎コーヒー店への道を決定づけたようでした。

「今でもはっきり記憶していますが、田口さんのおっしゃる言葉の中に本質的なものを感じて、それで自家焙煎コーヒー店をやろうと決めました。これから自家焙煎コーヒー店を目指す人たちにも参考になると思うので、その時の印象的だった言葉のいくつかを、この場を借りてご紹介させていただきます。

　1つめは、なにが良いコーヒーで、なにが悪いコーヒーかが分からないので教えてほしいという質問に対して返ってきた言葉でした。

『あのコーヒーはおいしいとか、このコーヒーは不味いとか言う人がいます。これはその人が飲んだコーヒーに対する1つの評価であって、それはそれで大切なことですが、あくまでもその人の好みで絶対的なものではありません。ただし、はっきりしていることはあります。それは良いコーヒーは体に良い、悪いコーヒーは体に悪い。これははっきりしています』

　2つめは、カフェ・バッハのある場所についてお伺いしたことに関する答えでした。私が店を訪れた時はちょうど日本経済が景気の良い時で、カフェ・バッハのある東京・山谷（今は町名変更して日本堤に）には日雇い労働者があふれていました。カフェ・バッハもそうしたお客様で賑わっていました。たいへんな場所で商売しているなと感じまして…その時、田口さんから次のような言葉が返ってきました。

『カフェ・バッハは、東京の山谷にあって、東京の中心地の銀座にあるカフェとはまったく異なる客層の人たちにお客様として来ていただいています。山谷に店があると言うとた

店内から入善の自然を満喫することができる。

いへんな場所で商売しているねとか、そんな場所でよくコーヒー店が成り立つねといったことを言われたことも決して少なくありません。でも、そう言う人には次のようにお話ししています。カフェ・バッハに来てくれるお客様は、長い人生の中で成功も失敗も経験している人たちです。中には、世界の国々を回っていて、世界の味を知っているお客様もいらっしゃる。そうしたお客様は本当のおいしさや不味さを知っている。そうしたお客様にうとまれたら、決して商売はうまくいきません。そうしたお客様に真摯に取り組み、満足していただけることがバッハの誇りです』

　私は山谷という場所に行ったこともないのに、風評にまどわされ、偏見を持っていました。田口さんの言葉には、体験に裏打ちされた本質がありました。その本質によって、私の偏見は見事に打ち消され、目が覚めました。

　3つめは、40代で店を始めるという年齢的なものから生じる不安でした。そんな気持ちを察して、田口さんから言われたのが次のような言葉でした。

『40歳代というのは、自家焙煎コーヒー店を始めるにはちょうどいい年齢です。その理由は、若いお客様の、また年輩のお客様の気持ちも、その両方の人たちの気持ちが分かり、心配りができるからです』

　このアドバイスには、その時、私自身ずいぶん勇気づけられました。

　4つめは、入善町という場所に対する不安でした。なにしろ、これから店を出そうという場所は、駅から1㎞も2㎞も離れており、道路には車が1台も通りすぎないような辺鄙なところ。はたしてお客様が来てくれるのか。

　そんな気持ちになっている私に言った言葉が、次のようなものでした。

『自家焙煎コーヒー店は誰でもできる。ただし、できた後がたいへん。やってみなきゃわからない。大切なのは、来店されたお客様を大切にすることです。最初はどうせ暇なのだから、来店された1人のお客様ととことん喋る。次のお客様が来るまで喋る。それが、常連になるかならないかの分かれ道。お客様がいない時こそ、お馴染みのお客様をつくる絶好のチャンスです』

　実際、『ダックスファーム』では、この時の言葉を実践することで、この場所で30年にわたって営業を続けることができています」（木本さん）

注文ごとに、ペーパードリップで丁寧に抽出している。

小さなプレハブ小屋で豆売りからスタート

　1985年12月14日に、プレハブ小屋の店をオープンしました。

　その頃はとにかく資金がなかったといいます。店の看板は発泡スチロールのボード。そこに『ダックスファーム』と書いてスタート

ハンドピックによって不良豆を取り除き、クリーンで産地の特性を生かしたコーヒーの提供に努めている。

しました。およそ10畳くらいのスペースに焙煎機を置き、4～5人くらい座れる客席を確保するのがやっと。しかも、周りは雑木林。鶏やアヒルが放し飼いされているような場所です。

「農作業をしながら、プレハブ小屋に戻ってコーヒー豆の焙煎をする。場所が場所ですから、お客様が来ない日が何日も続くこともありました。でも、幸いなことに、12月にオープンしてその4ヵ月後に、地元の全国紙の記者が取材にきて記事にしてくれました。その後も何度も取材にきていただき、それもあって少しずつ店を知っていただくようになりました」（木本さん）

木本さんは、自家焙煎コーヒー店をスタートさせる時、同じプレハブ小屋で宅配便の仕事も始めます。

今でこそ、宅配便はコンビニエンスストアでも取り扱っていますが、その当時はそんな便利なものがない時代。しかも、駅からも遠く離れた淋しい場所。周辺に住む農家の人にとっては、たいへん珍しく、またありがたかったようです。都会に出ている子供に荷物を送ろうと、地元のお爺さんやお婆さんが品物を持って、木本さんのプレハブ小屋を訪れたそうです。そうした人たちと親しくお喋りし、時には木本さんが焙煎した豆で抽出したコーヒーを試飲していただく。そして、『ダックスファーム』のコーヒーについて話をしたそうです。

これは、何十年も生まれ故郷を離れていた木本さんが、地元の人たちとの交流を深めるのに、また地域の人たちの考え方や生活環境を改めて知る良い機会となりました。

そして、こうした地域の人たちとの交流を経て、オープンから2年後の新店舗開業へとつながっていきます。

開業から2年後の1987年に現在の新店舗をオープン

現在の店舗を開業したのは、1987年（昭和62年）9月14日。プレハブ小屋でスタートしてから2年後のことです。敷地は100坪。店舗面積はおよそ30坪で、客席数は40席。冒頭で紹介したように、店のすぐ脇にはアヒルが泳げる小さな池があります。広い窓ガラスを通して、客席から池の先に自然の山並みと緑を眺めることができます。

「オープンの時は、カフェ・バッハの中川さんが1週間泊り込みで応援にきてくれました。お陰様でオープンの3日間はたいへんな賑わいでした」（木本さん）

オープンした9月14日前後は、ちょうど農繁期。農家の人にとって1年の中でも、とりわけ忙しい時期です。そんな忙しい中、なんとか時間をやりくりして来店されるお客様もたくさんいました。また、地元だけでなく、店から遠く離れた地域から来店されるお客様もいて、朝の9時から夕方の5時までお客様でいっぱい。40席の客席に、1日に300人ものお客様が来店して、座る席がない人もでるくらいの賑やかさだったといいます。

その頃のこんなエピソードを木本さんから聞いたことがあります。

ある夫婦が『ダックスファーム』の豆を買い、自宅でコーヒーを淹れていると、年老いた親御さんがやってきたそうです。親御さんもそれを飲みたいというと、夫婦は驚いたように「お茶ではないよ。コーヒー飲むの?」と聞きました。すると親御さんは「飲むよ。ダックスさんのコーヒーはおいしいもの」と答えたそうです。

夫婦は、親御さんがコーヒーを好きなこと、ましてやすでに『ダックスファーム』のことを知っているとは想像もしていなかったので、とても驚いたとか。

この親御さんは、『ダックスファーム』がまだプレハブ小屋で営業していた頃、宅配便を利用していただいたお客様で、コーヒーも飲んだことがあったようです。

親御さんからしてみれば、若い夫婦が地域で話題になっている店のコーヒーを早速買ってきた姿が微笑ましく映ったことでしょう。心の中で〝私がずいぶん前に飲んだコーヒーだ〟と少し誇らしい思いで。そして若い夫婦は、次も『ダックスファーム』でコーヒーを買うことでしょう。今度は自分たちだけでなく、親御さんのためにも。

こうしたエピソードに〝地域密着とは何か〟というテーマに対する本質的な答えが隠されているように思います。

『ダックスファーム』がある地域には農家の方がたくさんいます。そんな地域の人たちが、農作業をした後に気軽に利用できるような店づくりがなされています。例えば、農家の人が靴の汚れを気にせず入れるように床はフローリング貼りに。裏には入口をもう1つ設け、そこでは汚れた靴を水洗いして入れるようなスペースも設けています。また、小さな子供連れのお客様が気兼ねなく利用できるための配慮も行き届いています。床をフローリングにしてあるのは、先ほどの理由に加え、小さな子供が素足で歩いても大丈夫なように採用したと聞いています。

コーヒーを抽出する木本 昇さん。

前列左が木本 昇さん、右が奥さんの繁子さん。後列右から息子の亙さん、ベテランスタッフの中林喜代美さん、長女の橋本有為子さん。

また、お母さんが赤ちゃんのオムツを替えるのに便利なようにベンチシートを設けています。

さらに、地域の婦人会のカルチャー教室にも積極的に参加して、コーヒーの普及に努めています。

「婦人会のカルチャー教室にも取り組み、1年に5〜10回ほどコーヒー教室を開催しています。1987年9月には田口さんに講演に来ていただきました。その際、参加お願いのDMを発送して、たくさんの方からお返事をいただきました。この時、参加できない方からも欠席届けがきましたが、その理由が丁寧に書かれていたのには驚きました。地域とは何かを、改めて考えさせられました」（木本さん）

この木本さんの、創業以来から守り続けてきた地域に寄り添った店づくりは、今、息子の亙さんに確実に受け継がれています。

亙さんは、会社勤めを経て、28歳で生まれ故郷に戻り、お父さんの創業した『ダックスファーム』に入って10年目を迎えます。

「バッハさんの主催する海外研修などにも誘っていただき、たいへん勉強になりました。また、それによって自分の足りないものも分ってきて、これまで以上にコーヒーに、仕事に真摯に取り組んでいく必要があると痛切に思うようになっています。時代とともに周囲の環境も、社会状況も変化しており、そうした変化の中でいかに地域に密着した商売を続けていくかが、これからの課題だと思っています」（亙さん）

『ダックスファーム』と地域との豊かな関わりは、これからも確かに受け継がれていくことでしょう。

人と人とのホットな関わりを大切にして地域の人たちに大人気。

02 珈琲音《かひあん》

栃木・佐野市

栃木県・佐野にある『珈琲音《かひあん》』は、今から30年以上も前、1985年に店を始めました。ご夫婦が力を合わせて育ててきた同店の魅力は、自家焙煎のコーヒー、自家製のお菓子やパン、そして何より、人と人とのホットな関わりにある。

「田口さんですね」

そう言って私の顔を見るなり、温かく迎えてくれたのは、今回訪れた自家焙煎 自家製パン・洋菓子『珈琲音』のオーナー・奥澤啓一さんのお母さんである奥澤トシさんでした。

「ご無沙汰しております。その節はお世話になりました」

90歳と高齢にもかかわらず、お母さんは

しっかりした口調でそう言って私を店へ迎え入れてくれました。そんなトシさんの元気な笑顔を見て、私自身、このうえない嬉しい気分になっていました。

思い起こせば、トシさんに最初にお会いしたのは30年以上も前のこと。啓一・順子さん夫妻から〝自家焙煎のコーヒー店を開業したいので相談に乗ってほしい〟という依頼を受けた時のことでした。

最寄駅の東武佐野線吉水駅。東武佐野線は栃木県の南部を走るローカル線で、吉水駅は佐野駅から2つ目にある無人駅。

早いもので、ご夫婦が1985年（昭和60年）に店を始めてから30年以上になります。その間、山あり谷ありを乗り越えて、今では地域で評判の人気店に成長しています。その原点は、地域で長い間にわたって床屋を経営してきたトシさんにあるのではないか。トシさんと再会した時、ふとそんな考えが頭をよぎりました。床屋とカフェ、業種は異なりますが、地域にいかに密着していくかということでは同じです。お母さんの笑顔を見て、改めて地域密着カフェとは何か、ということを考えさせられました。

周りは畑、畑、畑。人影のない淋しい無人駅の近くに開業

栃木県佐野市新吉水町345。これが、今回、ご案内する『珈琲音』の所在地です。

栃木県佐野市といっても、読者の方にはその場所がなかなかイメージできないかもしれません。まずはごく身近な知識として、最近、テレビなどのグルメ番組に登場するご当地ラーメン・佐野ラーメンの街とでも認識しておいてください。

最寄駅は、栃木県南部を走る東武佐野線吉水駅。いまは無人駅になっています。そこから歩いて5分ほどの場所にあります。

いまでは住宅が立ち並んでいますが、開業時の30年前は、駅の周辺は畑、畑、畑…最初に訪れた時は、駅を下りて、畑の中の一本道を歩いて店まで行った記憶があります。

そんな場所で、カフェを始めようとしたのですから、周囲からもかなり反対されたようです。そんなこともあって、私のところに相談にこられました。最初に駅を下りて思ったのは、〝この地域の人たちと豊かに関わる商売ができれば十分にやっていける。バッハがそうであるように〟ということでした。そんな縁で、バッハグループの一員になり、自家焙煎のコーヒー店開業へとスタートすることになりました。

現在の店舗（30坪・33席）は、オープンして10年後に建て替えたものですが、開業時はわずか11・5坪のスペースで、啓一さんが1人で始めました。トシさんが経営していた床屋をすぐ近くに移し、その後に店舗を作って

開業しました。

それが、今では店売りとテイクアウトで1ヵ月平均700kgのコーヒー豆を売る繁盛店に成長。店内は終日、コーヒー好きのファンで賑わうほどの人気を博しています。

立地に頼らない。コーヒーのお客様を創造することに力を注ぐ

それでは、周囲を畑に囲まれた場所で、『珈琲音』はどのようにしてお客様を掴んでいったのでしょうか。

30年前の、しかも佐野市新吉水町という地方の淋しい場所。その当時の、新吉水町の様子を啓一さんに伺うと、次のように話してくれました。

「その当時は、コーヒーより日本茶。インスタントコーヒーも飲まないという人たちが多かったという地域でした。そんな状況ですから、始めは正直しんどかったです。1～2年は苦しい状況が続きました。店の売上だけではやっていけないので、妻は生活費を稼ぐために昼間だけ親戚の店へ手伝いに行っていま

注文ごとにハンドドリップで丁寧にコーヒーを抽出する店長の木村玲子さん。

した。最悪のケースも考えて、妻は母がやっている床屋の仕事ができるようにその方面の勉強もしていました」（奥澤さん）

そうした苦しい状況の中で、奥澤さんが何にもまして力を注いだのが、コーヒーファンのお客様をつくるための地道な取り組みでした。

1日に来店するお客様は数えるほど。来店したお客様にさく時間はたっぷりありました。店に来たお客様を大切に、その一人ひとりにコーヒーに対する思いや、こだわりを熱心に伝えるようにしたと言います。例えば、新しいお客様が来店すると、ハンドピックについて丁寧に分かりやすく説明しました。

看板商品の「珈琲音ブレンド」600円（税込）。

「ハンドピックとは、欠点豆を取り除くことです。欠点豆が入った状態でコーヒーを抽出すると雑味がでてくるので、焙煎する前と後でハンドピックしています。だからおいしく飲んでいただけると思います」（奥澤さん）

欠点豆と普通の状態の豆を透明のガラス瓶に入れておき、それをお客様に見せながら説明する。時には、ハンドピックの作業風景を撮影したビデオを見てもらうことで理解を深めてもらいました。

また、コーヒー豆を購入しに来店されたお客様に積極的に行なったのが、待ち時間を利用した試飲サービスです。

「デミカップに3分の1くらいの量のコーヒーを入れて試飲していただくようなこともしました。例えば、ブレンドコーヒーのコーヒー豆を買いに来ていただいたお客様に、コロンビアです、どうですか、試飲してくださいといって提供したのです」

「中煎り、浅煎りの2種類のコーヒーを用意して飲み比べていただき、コーヒーが苦手というお客様にもコーヒーが好きになってもらうようにしました。そうすると、お客様の中にはこの前試飲したコーヒーはおいしかった、それが欲しい、と言うお客様もでてきて、少しずつコーヒー好きのお客様が増えていきました」（奥澤さん）。

この試飲サービスは今でも行っており、豆売りを増やす原動力になっています。

カフェは立地条件がすべてとも言われます。でも、それは客席の回転率で稼ぐセルフサービスカフェのような店には当てはまりますが、個人経営のフルサービスのカフェにおいては当てはまりません。立地特性を活かしてお客様をつくっていく、まさに立地創造産業です。そこに、立地条件がすべてのカフェでは得られない、地域と豊かに関われる喜びがあるのです。

奥さんのコーヒー豆の産地視察が飛躍の大きな契機に！

個人経営のカフェの場合、奥様の果たす役割はたいへん大きなものがあります。これについては、これまで、いろいろな機会にお話をさせていただきました。

お店のコーヒーについて、お客に説明する店主の奥澤啓一さん。

ガラス製のキャニスターにコーヒー豆を入れて並べている。

『珈琲音』はまさに、奥様の役割の大切さを証明しているカフェです。

というのも、『珈琲音』が大きく飛躍する転機となったのが、奥様である順子さんのコーヒー豆の産地視察にあったからです。

バッハグループでは、コーヒーの知識を深めるために参加者を募ってコーヒー豆の産地視察を行っています。この産地視察に順子さんが参加したのは、店を開業してからちょうど4年目の1989年（平成元年）でした。

「バッハさんからコーヒー産地視察の話しがあり、夫婦で参加するのが難しいなら、奥さんだけでもどうかというお誘いを受けて、正直なところずいぶん悩みました。経営的にはまだ軌道に乗っていない時期で、厳しい状況でしたので」（奥澤さん）

早い段階で奥さんが産地に行き、そこで得た知識や情報は必ず『珈琲音』にとって大きな財産になる。また、何より、カフェのママさんとしての資質が高まる。そうすれば自信を持ってお客様と関わることができる。こうした考えにもとづいて、啓一さんに提案したのです。事実、コーヒー豆がよく売れている店は、ママさんが活躍しています。資質が高い女性は、購買に直結する営業ができる。それが、売れ行きを伸ばす大きなカギになるのです。

奥澤さんが素晴らしいのは、まずは自分がとは考えず、快く奥様を視察旅行に送り出したことです。その頃は金銭的な余裕がなく、農協からお金を借りてまで、奥様の視察旅行を実現しました。それがひいては、『珈琲音』にとって、また自分たちの人生にとって、かけがえのないものをもたらすと信じて。

産地視察は24日間。コロンビア、グアテマラ、ブラジルといった国々を周りました。この間、啓一さんは1人で店を切り盛りしました。

この産地視察で大きく変わったのが、順子さんのコーヒーに対する考え方、取り組む意識でした。

「コーヒー産地の人たちが一所懸命仕事をしているところを間近に見て、こんなふうにして汗水流しているのかと思ったらもの凄く感動して… 収穫のたいへんさが分かったことで、コーヒーを扱う意識も大きく変わりまし

た。また、自分の目で産地の様子を見て、お客様にも自信を持っておすすめすることができるようになりました」(順子さん)

この意識の変化は、帰国後の日々の営業にすぐに表れました。コーヒーについてのお客様からの質問にも、また、これはというコーヒー豆のおすすめも自信を持って説明することができるようになりました。

「その効果はてきめんでした。妻が産地視察から帰ってから、コーヒー豆の売行きが急激に伸びました。無理をしてでも行ってもらってよかったと、その時つくづく思いました」(奥澤さん)

さまざまな催しを通して地域との豊かな関わりを育む

『珈琲音』では、スタッフとお客様、お客様とお客様との関わりをとても大切にしています。啓一さんは、コーヒーを通してはもちろん、カメラや釣り、音楽などの趣味を通して積極的にお客様との関わりを深めていくように努めています。趣味を通したつながりで集まってくるお客様も多く、そうした人たちにとって『珈琲音』はコミュニケーションの場としてなくてはならない存在の店になっています。

例えば、カメラ好きのお客様に参加してもらって自慢の写真のコンテストを行ったり、釣り好きのお客様を集めて一緒に釣りを楽し

上：啓一さん愛用のギター。時には、お客のリクエストに応えて店内で弾くこともある。下：お客とのコミュニケーションツールの1つとして、手作りの独楽やけん玉なども用意している。

んだり、店内で音楽コンサートを開催するなど様々な催しを実践しています。

時には突然店内がコンサート会場に変身することもあります。

『珈琲音』の店内には啓一さん愛用のギターが置いてあり、お客様からの要望で啓一さんやスタッフが演奏することは珍しくありません。

また、来店されたお客様がその日誕生日だったことを知り、「ハッピーバースデートゥーユー」とギターを演奏しながら歌ってお祝いしたというエピソードもあります。予期せぬ誕生祝いに、そのお客様は大喜びしたとか。地域密着のカフェらしいアットホームで、心癒されるシーンです。

夫妻をサポートしてきた啓一さんのお母さんのトシさん。

また、若いミュージシャンを応援したり、地域の自治会の依頼でコーヒーの講習会を行ったり、さらに月1回親子連れカフェの日を設けるなど、いろいろな形で地域との関わりを大切にしています。

「だいぶ前のことになりますが、吉水駅前で路上ライブをやっている若い女性がいて、もっと人の集る佐野の駅前でやったらいいよ、といったアドバイスをしたのがきっかけで応援するようになりました。リーダーがたかこ、サブリーダーがまりえで、グループ名は『さのっこ』というのですが、店内を発表の場に使ってもらうようなこともしました。無名の頃に知り合って、10年くらいの関わりになります」（奥澤さん）

親子連れカフェは、2児の母親でもある木村玲子店長の意見を取り入れて始めたもの。赤ちゃんや幼稚園に入る前の小さな子供のいるお母さんは、おいしいコーヒーを飲みたくても、また、気の合った友達とお喋りを楽しみたいと思っても、子供連れではなかなかカフェを利用しにくいもの。そんなお母さんたちに気兼ねなく利用してもらえるように、定期的に親子連れカフェの日を設けています。

売上とか経営効率といった観点だけではなかなか発想できないことです。店で働いているスタッフの意見を柔軟に取り入れて実践している点も素晴らしいと思います。

店を維持していくために必要な売上を確保することは重要です。それと同時に、地域の利益のために活動することが、カフェを長く続けていくためには必要です。

創業10年目を機に店を建て替え、お菓子、パンを自家製に

先にも少し触れたように、『珈琲音』は、創業してから10年後の１９９５年（平成7年）に現在の店舗に建て替えました。これを機に、それまで市内の店から仕入れていたケーキやパンを自家製に切り替えます。

これが、今の飛躍へとつながる大きな契機になったのではないかと考えています。自家製に切り替えるに当たっては、バッハもいろいろと相談を受けました。その上で啓一さんと順子さんがよく話し合い、スケジュールを

詰めて計画的にきちんと進めたことが、その後の成功につながっています。

　中には、もう少し早く自家製に切り替えられたのではないか。そうすればもっと儲かったのに。そんな考え方もあるかもしれません。しかし、目先の売上を優先して、肝心のコーヒーがしっかり提供できないうちに、また、きちんとしたお菓子、パンづくりの調理技術を修得しないままに安易に自家製を始めると、後で取り返しのつかないことにもなりかねません。『珈琲音』は、それをよく理解したうえで、余裕を持って自家製に切り替えていきました。

1985年の創業時より二人三脚で今日の『珈琲音』を築き上げてきた奥澤啓一・順子さん夫妻。

　奥様の順子さんは、自家製に切り替えるまでの10年間、毎年春と夏の2回、ホテルに滞在して大阪の辻調理師学校でお菓子、パンづくりの勉強をしています。こうした地道な積み重ねがあって始めて、コーヒーにプラスしてお菓子やパンがお客様から支持され、高い評価を得ることができました。

　『珈琲音』がお菓子やパンを自家製に切り替えたのには理由があります。それは〝コーヒーに合うお菓子、パンをお客様に召し上がっていただきたい〟という順子さんの思いです。その思いを受け継いで、今は店長の木村さんがアトリエに入ってお菓子、パンづくりに奮闘しています。

　その木村さんが、コーヒーの香りを邪魔しないように新たにメニューに加えたのが、自家製のイギリスパンを使用したトーストメニューです。シンプルな「トースト（ジャム・バター付）」460円（税込）があります。周辺に食事がとれる店が少なく、以前からコーヒーに合う食事メニューの開発は不可欠でした。そうした地域特性を踏まえ、〝コーヒーを飲みながらおいしく食べられるように〟と開発したものです。

　奥澤さんご夫妻との話を終え、『珈琲音』を出ようとしたとき、以前の訪問の際にもお会いした常連のお客様もちょうど帰られるところでした。

　再会を喜んで言葉を交わしていると、息子さんが車で現れました。ご高齢になったそのお客様を迎えにきたのです。

　『珈琲音』がある佐野の国道沿いには巨大なショッピングモールがあります。それは佐野だけでなく全国の郊外にどんどんできています。そこには何でも揃っています。のどかな周りの風景とは別世界です。しかし、そこに人と人との豊かな関わりはあるでしょうか。高齢になり、車の運転ができなくなったとき、家族に送り迎えをしてもらってまで、そこに行きたいと思うでしょうか。

　全国的に高齢化、単身世帯の増加が進む中で、人と人が豊かに関われる場所が身近にもっと必要になるはずです。その場所こそ、『珈琲音』のようなカフェに他なりません。

03　椏久里《あぐり》

福島・福島市

2011年の東日本大震災で飯舘村を離れ、福島市内で再出発して一層の飛躍を図る。

飯舘村で19年もの間、お客に愛されてきた『椏久里《あぐり》』。福島第一原子力発電所事故により飯舘村を離れ、福島市内で営業を再開し、再出発してさらなる飛躍を図っている。

2011年（平成23年）3月11日。東日本大震災が起きた日ですが、この大震災によって福島第一原子力発電所事故が起こり、放射線量が高い福島県相馬郡の飯舘村全域が計画的避難区域となりました。その飯舘村で19年もの間、コーヒー店を営業してきたのが市澤秀耕・美由紀さん夫妻が経営する『自家焙煎珈琲 椏久里』です。今回は、飯舘村を離れ、福島市内で再出発し、奮闘している市澤さん夫妻を訪ねました。

人口わずか7000人にも満たない小さな村で開業

『椏久里』は、店を始めてから26年になりますが、これまでの歩みを読者の方に知っていただくために、ホームページの「The history」で掲載している文章を抜粋して次に紹介しておきます。

1989年（平成元年）／市澤農園が県道12号線沿いに無人の野菜直売店を設置

1991年（平成3年）／田口護氏主宰のバッハグループに入門

1992年（平成4年）／『野菜と自家焙煎珈琲の店・椏久里』開店

1994年（平成6年）／バッハコーヒー田口氏らと、初のコーヒー産地研修で中南米へ

1997年（平成9年）／辻製パンカレッジで製菓製パン技術研修開始

1998年（平成10年）／製菓製パン工房を設置、製菓製パン事業開始

2011年（平成23年）4月／飯舘店、避難に伴い休業

2011年（平成23年）7月／福島店、福島市野田町に開店

2015年（平成27年）10月／福島店、福島市東中央に移転

店を始めた飯舘村は、阿武隈高地の山間にあり、人口がわずか7000人（創業時）にも満たない小さな村です。市澤さんは地元の兼業農家で、以前は村役場に勤務していました。村役場では村おこしの仕事に一所懸命取り組み、いろいろな人とのネットワークを大切にしてきました。その後、村役場を離れて、個人的に自分が情熱を傾けてきた村おこしに役立つことはできないかと考えるようになったそうです。

「その当時、道路の脇で野菜の直売店をだしていて、野菜を買いにくるお客様がゆっくりできる場所をつくったら喜ばれるのではないか。そう考えたのが、今の店を始める原点になっています」（市澤さん）

店を出すにあたって、いろいろな相談を受けたことは今も鮮明に記憶しています。奥様の美由紀さんが南千住にあるカフェ・バッハに、自家焙煎コーヒー店をやりたいということで訪ねてくれました。

「女性が焙煎することなどすぐには引き受けてくれませんでした。それでも、高校時代に合唱をやっていたことや、合唱コンクールでヨーロッパツアーを体験したことなどの話を通して私の思いを理解していただき、バッハグループに入門させていただくことになりました。椏久里が創業し、現在まで続けられている最初の一歩はここにあると思っています」（美由紀さん）

2015年10月、福島市野田町から東中央に移転してオープンした福島店。住宅街の中にあり、17台収容できる駐車スペースを備えている。

上：入口を入ってすぐにショーケースを置き、洋生菓子や焼き菓子を並べて販売している。コーヒーとお菓子のマリアージュを提案しており、コーヒーと一緒に注文するお客も多い。下：『自家焙煎珈琲 椏久里』のオーナー市澤秀耕さん（左）と、奥さんの美由紀さん（右）。

最初は奥様の美由紀さん1人でスタートしました。場所が場所だけに、想像していたとはいえ、1日に一人のお客様しか来ない時もあり、辛くて惨めな日が続いたそうです。

そんな苦しい日々の中で、奥様の美由紀さんが第一に心掛けたことは、来店していただいた一人のお客様を大切にすることでした。心を込めて丁寧にコーヒーを淹れることはもちろん、お客様の顔と飲んだコーヒーを覚えておく。そして、次回来店してくれた時は、さりげない話の中からお客様の好みを見つけて、提供するように努めたそうです。そうした地道な取り組みを通して、少しずつお客様を掴んでいきました。その後、パンとケーキを導入。これにより、客層の幅も広がって、お客様も飛躍的に増やすことができました。

飯舘店を休業。福島市内に店を移して営業再開！

２０１１年4月、東京電力福島第一原子力発電所の事故により、避難のために飯舘村の店は休業となりました。

そして、3ヵ月後の7月に福島市内に店を移して福島店を営業再開します。

福島店の建物は、二本松市東和町から移築した古民家で、築１００年を越していました。面積が70坪近くある建物で、「百の匠屋」と名付けられ、『椏久里』の他に、それぞれ別の人が教室とギャラリーを営業していました。

市澤さん夫妻と、飯舘村で一緒にやってくれていた若いスタッフ3人で再スタートしますが、初めは場所にも機械の配置具合にも馴れずたいへんでした。以前のようにうまく焙煎できなかったり、思っているような味づくりができないということで苦しい日が続いたそうです。そうした辛い日を支えてくれたのが飯舘村時代からのお客様で、それが２０１５年10月の福島市東中央への移転につながっていきます。

今回、訪問したのは移転オープンした新店舗ですが、落ち着いた色調のブラウンを基調にしたゆったりした空間が印象的でした。１階はカウンター席とテーブル席からなり、フロア奥に焙煎室を設置。客席から窓ガラスを通して、焙煎している様子がよく見えます。

2階はコーヒー教室などの自主企画ができるように設けたセミナールームで、ゆくゆくはバッハでやっているような展示会やワークショップなどが開催できたら素晴らしいと思います。

とくに目についたのは、ベビーカーのお母さんや車椅子のお客様でも気軽に利用できるように入口まわりにスロープを用意したり、トイレのスペースを広くとっていることでした。地域の幅広いお客様においしいコーヒーを飲んでいただきたいという市澤さん夫妻の優しい心づかいが伝わってきます。

「移転オープンには不安もありましたが、お陰様で土曜日や日曜日は入りきれないほどのお客様にきていただき感謝しています。この場所でしっかりお客様に向き合って、自分たちの居場所を作ることが一番。第二の故郷を作っていくことが使命だと思っています。コーヒーに支えられ、それを拠り所にしてきたお陰で今がある。これまで以上に本気になってコーヒーに取り組むことを大きな力にして再スタートしたいと思っています」（市澤さん）

倉庫代わりに使っていた家屋を手直ししてスタート。地域になくてはならないカフェに。

04　自家焙煎珈琲屋 コスモス

静岡・牧之原市

『コスモス』はカフェ・バッハに勤務していた蒔田大祐・暢子さん夫妻が2005年に開業した店。豆売りからスタートし、着実に地域のカフェとして成長している。

グループ店の中にはカフェ・バッハに何年間か勤務して、自分の店を持った人もいます。蒔田大祐・暢子さん夫妻が経営する『自家焙煎珈琲屋 コスモス』もそのケースで、ご主人の蒔田さんは10年間、奥様の暢子さんは4年間カフェ・バッハに勤務していました。2人とも、どんな仕事にも真面目に取り組んでくれて、裏表なくカフェ・バッハを支えてくれました。2人はカフェ・バッハに在籍中ゴールインし、その後、ご主人の実家がある静岡に戻って自分たちの店を持ちました。

今回は、その蒔田さん夫妻が経営する『コスモス』を訪れました。店があるのは、静岡市牧之原市静波。すぐ近くには静波ビーチがあり、穏やかな住宅地の中に3年ほど前に立てた建物は1階が店舗、2階が住まいという住宅店舗兼用の一体型です。

20歳でカフェ・バッハに入り自家焙煎の技術を修得

蒔田さんが『コスモス』を開業したのは2005年（平成17年）。蒔田さんが30歳の時でした。

スタートは豆売りから。その3年後に貸し店舗に移転して豆売りと喫茶で再オープン。その店で5年間頑張り、その後、現在の店舗を新築し、今に至っています。無理をせず、ホップ、ステップ、ジャンプと、着実に店を発展させてきています。

蒔田さんがカフェ・バッハに入ってきたのは20歳の時でした。

「高校卒業後に大阪の辻調理師学校の製菓で勉強していた時、コーヒーの授業があり、そこで田口さんのお話を伺いました。それがコーヒーの道へ進むきっかけとなりました。専門学校を卒業してからすぐ上京し、カフェ・バッハに入社しました」（蒔田さん）

奥様の暢子さんは、蒔田さんより6年くらい後にカフェ・バッハに入りました。出身は北海道で、東京の辻調理学校製菓を卒業して、接客サービスを勉強したいということで入ってきました。カフェ・バッハの接客サービスの土台は、蒔田さんの奥様によって確立していったように思っています。

2人は蒔田さんが29歳、奥様が22歳の時に結婚し、その1年後に独立・開業することになります。

静岡と御前崎を結ぶ国道150線と静波ビーチの間にある住宅街の一角。1階が店舗で、2階が住まい。

実家近くの倉庫に焙煎機を置いて豆売りからスタート

オープンは資金的に余裕がなくて、たいへんだったようです。蒔田さんの実家のすぐ近くに倉庫代わりのように使用していた家屋があり、そこに焙煎機を置いて豆売りからスタートしました。道路の反対側に入口があり、外から店の存在を知ることができないような場所でした。

「その頃はインターネットが今のように普及していない時代で、まず店の存在というか、コーヒーの豆売りをしていることを知ってもらうために苦労しました。手書きのチラシを

「コスモスブレンド」500円と「コスモスママさんのシュークリーム」300円（税込）。

作り、自転車で周辺の家に配りました。暇だったので、そのための時間はたっぷりありました」（蒔田さん）

　ふらっと立ち寄ってくれるお客様には試飲サービスをしました。お客様の中には、〝美味しい〟と気にいってくれて、何杯もお替りするお客様もいたそうです。そうしたお客様にも快く応対して、『コスモス』のコーヒーについて話をし、理解してもらうように努めたとか。そんな地道な取り組みを通して、少しずつお客様を掴んでいきました。

　現在、蒔田さん夫妻には2人のお子さんがいます。

　2人とも男の子で、上の子は遊樹《ゆうき》君といって7歳、下の子は陽生《はるき》君といって2歳です。

現在の店舗を新築したのは、子供の育児を大切に考えて、店舗兼住宅一体型にしたかったというのが一番の理由でした。

「以前は貸し店舗だったので、最初の子供が生まれた時は、店に出る前に実家の両親のところに預かってもらっていましたが、手元において育児しながら営業が続けられればと考えて、今の店舗を新築しました。下の子も産まれて、焙煎室に子供を寝かせながら店に立つこともあります」（暢子さん）

子育てのお母さんのための ケーキ教室を開催

　入口を入ると、正面にカウンター席があって、カウンターの中から蒔田さん夫妻がお客様を迎えてくれます。

　入口左側のスペースが広くとってあり、窓側に沿ってテーブル席を設けていますが、なによりも目についたのはコーヒー関係の商品などを並べた販売コーナーでした。

　コーヒー豆、自家製の焼き菓子、コーヒーや焼き菓子の詰め合わせギフトセット、コーヒーカップや抽出器具などのコーヒー関連商品などを並べて販売しています。それらの商品と一緒に並べてあるもので、とりわけ目を引いたのがオリーブ葉パウダーや小物やブローチなどの雑貨類でした。

　聞くところによると、オリーブ葉パウダーはすぐ近くのオリーブ農園の製品で、小物やブローチなどの雑貨類も地元の人たちによる手作りとか。

「地元の特産品や良いものは多くの人に知って、お買い上げいただければと思って店に置いて販売しています。コーヒーを通して知り合った地域の人たちのお手伝いをすることで、お互いに発展していければということで行っています」（蒔田さん）

　大都会と違って、地方においては限られた

マーケットの中でいかに営業を維持していくかが重要になってきます。その時、必要になってくるのが地域との共生です。その地域との共生という意味では、蒔田さん夫妻が5年前から始めた〝子育てお母さんのためのケーキ教室〟も素晴らしいと思います。これは、奥様が上の子が生まれてから始めたもので、地元のコミュニティセンターを借りて、1ヵ月に1回くらいのペースで開催しました。ケーキ作りは覚えたいけど、子供が小さいのでできない。そんなお母さんを対象にしたもので、毎回10〜20人くらいのお母さんが参加して行われました。

「私も子供が生まれてすぐだったので背中におぶってやりました。お母さん方もお互いに子供のめんどうを見ながらケーキ作りを学べるということで喜んでいただきました。コミュニティセンターの掲示板やブログで告知して参加者を募りました。このケーキ教室でコスモスのお客様になっていただいた方も少なくありません。今は2人目の子供が生まれて中断していますが、近々再開します」（暢子さん）

こうした地域に対する取り組みが認められ、蒔田さんは牧之原市家庭教学級の講師にも任命され、さらに広報活動に積極的に取り組んでいます。

つい最近、行ったことの1つに東京からの移住者説明会への参加がありました。最近は、いろいろな地方で過疎対策の一環として都会からの移住を誘致する活動が各地で取り組まれています。牧之原市でも、そのための説明会があり、市の要請で説明会の講師の1人として参加したそうです。こうした広報活動を任されるようになったのは日頃からの取り組みが認められたからで、これこそまさに地域密着カフェと言えるのではないでしょうか。

左から『コスモス』奥さんの蒔田暢子さん、ご主人の大祐さん、スタッフの弓田淳也さん（今は海外青年協力隊で海外へ）。

小さなプレハブ小屋で豆売りから始め、地域の人たちに愛される店に成長。

05　自家焙煎珈琲 カフェ・プラド

山梨・河口湖町

『自家焙煎珈琲 カフェ・プラド』は、すぐ目の前に富士山が眺望できる山梨県富士河口湖町船津にある。崎山竜輔・恵さん夫妻が2000年に開業。プレハブ小屋で豆売りからスタートし、その2年後に、ホテル内に店舗を移して営業。2010年に現在の場所に店舗を新築し、地域に密着した店づくりを目指して、さらなる飛躍を図っている。

〝美しい富士山を目の前に眺めながらおいしいスイーツと自家焙煎コーヒーが楽しめる〟と人気を集めているのが、崎山竜輔・恵さん夫妻が経営する『自家焙煎珈琲 カフェ・プラド』です。

崎山さん夫妻はカフェ・バッハで働いてい

たことがあり、その真面目な仕事ぶりは今も私の脳裏に強く残っています。とくにご主人の崎山さんは、一時期店長としてカフェ・バッハを支えてくれた人であり、久しぶりに会うのを楽しみにしていました。

東京から車でおよそ2時間、この日は11月の下旬とは思えない小春日和の温かな日で、昼過ぎに山梨県の富士河口湖町船津にある『カフェ・プラド』に到着しました。車を下りて入口に向かって歩いていくと、ガラス張りの入口ドアを通して、崎山さん夫妻の優しい笑顔が目に飛び込んできました。久しぶりに見る崎山さん夫妻の元気な顔を見て、なぜかほっと心安らぐものを感じました。

周りを山々に囲まれており、自然に溶け込んだ落ち着いた佇まいの『自家焙煎珈琲 プラド』。窓ガラスを通して、店内から富士山がよく見える。

製菓専門学校を卒業してカフェ・バッハに就職

崎山さんの出身地は兵庫県姫路市です。高校卒業後、大阪にある辻製菓専門学校に入学しました。この頃、私は辻製菓専門学校にコーヒーの講師として招かれていました。

その授業を受けていた1人が崎山さんでした。20年以上も前のことになります。

「田口さんのことは授業を受けていたのでよく知っていました。その当時、お金があるならどこに勤めてもいいけど、ないのであればバッハにきたらいい。しっかり修業すれば、小さくてもお店が持てる。でもそのためにはいい商品を作って、本物の人間にならなくてはいけないというようなお話しを伺って感銘して…。じつは卒業してからは神戸のコーヒー店への就職が決まっていましたが、それを撤回して東京のバッハで修業しようと決めて就職することにしました」（崎山さん）

その時の事情はじかに相談を受けたので、今でもよく覚えています。崎山さんは小学生の時にお父さんを交通事故で亡くし、生活もたいへんだったようで小さい頃から独立心が強く、東京に出てきても頑張ってくれると考えて来てもらうことにしました。

実際、カフェ・バッハに入ってからは、コーヒーの基礎、店主としての経営感覚、人としての考え方などを真面目にコツコツと学んでくれました。独立独歩でやるタイプで、あまり手がかからなかったように記憶しています。

1年目からカウンターでコーヒーの抽出を任せられるようになり、入社して3年目には店長として店を支えるまでに成長してくれました。

余談になりますが、崎山さんが店長の時にカフェ・バッハに入ってきたのが奥様の恵さんでした。恵さんは、崎山さんと同じ辻製菓専門学校の卒業生。崎山さんの後輩にあたります。卒業後、東京の洋菓子店で4年間勤務し、その後、東急ハンズ新宿店に勤務して調理器具の販売などの仕事に携わりました。

東急ハンズ新宿店に2年間勤務した後、カフェ・バッハに入社しました。カフェ・バッハではコーヒーの基礎を、またバッハのママからカフェの接客サービスやママの役割などを学んでくれました。

この時、崎山さんと奥様の恵さんとのお付き合いが始まってゴールイン。その後の『カフェ・プラド』開業へとつながっていきます。

小さなプレハブ小屋で、豆売りからスタート

『カフェ・プラド』が開業したのは2000年(平成12年)10月1日。崎山さんが31歳、奥様の恵さんが28歳の時です。

今でこそ、敷地360坪に面積40坪の立派な店舗を構えていますが、スタートした時の店舗は粗末なプレハブ小屋でした。とにかくお金がありませんでした。今から18年前のことです。

サービスカウンターから見た店内。店づくりでこだわったのは、サービスカウンターでコーヒーを抽出しながら、ショーケースの中や、入口からの入店客、テーブル席のお客などをすべて見渡せるような設計にしたことである。

「本当は、最初から今のような店舗を作りたかったのですが、とにかくお金がありませんでした。その頃の手持ち資金は500万円ほど。とても必要資金には程遠い状態でした」(崎山さん)

その時、崎山さんには次のようなアドバイスをしました。借金してまでお店を出すな。自分たちの資金でやれる範囲の商売から出発しなさい。というのも、借金をして無理に背伸びして開業すると、目先の損得に目を奪われて商品の質を落とす。その結果、店をダメにしてしまう。そんなケースを数えきれないほど見てきたので、そうしたことをアドバイスしました。

そんな私の言葉に、崎山さん夫妻は素直に耳を傾けてくれました。

そうしてスタートしたのが、山梨県にある恵さんの実家の庭先にオープンした自家焙煎コーヒー豆を販売する挽き売りの店舗でした。わずか2・5坪という敷地に、ホームセンターで購入してきたプレハブ小屋を置き、その中に焙煎機を入れてスタートしました。

これが『カフェ・プラド』の第一歩となりました。

「ちょうど阪神淡路大震災の時に使われていたプレハブ小屋が近くのホームセンターで売り出されていて、これを50万円で買ってきて、そこに焙煎機を入れて店を開業することにしました」(崎山さん)

真面目な仕事が認められ地元のホテルに招かれる

オープンしてからは、豆売りの月間の販売目標を200kgに設定して、ご主人の焙煎した豆を奥様の恵さんが販売するという二人三脚で店を運営していきました。

店を開業したからといって、すぐに必要な売上を確保するのは難しい。生活するための安定した収入を得るために、夜はアルバイトをするという生活を続けたそうです。

スタートした当初は、〝プレハブ小屋でやっていけるのかな?〟と周囲の人たちには随分と心配をかけたそうです。実際、目標を200kgと設定したものの、始めは30kgくらいしか売れませんでした。

それでも朝市へ出かけるなどして、お客様に試飲をすすめながら、豆売りに努める。積極的にイベントに参加することで、『カフェ・プラド』の味を多くの人に知ってもらうようにしました。

そうした地道な努力が少しずつ実を結び、店の評判がクチコミで広がり2年後には、100kg近い豆売りを確保することができるようになりました。

プレハブ小屋で営業を始めて2年ほど経った頃、崎山さん夫妻に大きな転機が訪れます。それが、お客様だったホテルのオーナーの息子さんから〝ホテルの1階でカフェを開業しないか〟というオファーの話でした。

プレハブ小屋から卒業していつかカフェをと考えていた崎山さん夫妻にとっては、たいへんいい話でした。しかも、オファーの理由が崎山さん夫妻の経営に対する取り組みが、あるべき商売の原点として信頼してくれたことにあったということ。これも崎山夫妻にとっては、なによりも嬉しいことでした。

でも、この時カフェ開業に踏み出すことへの一抹の不安もありました。

「当初の販売目標200kgに達成していなかったこと。それとホテルの中に入って、果たして必要な売上を確保することができるのか。そんな不安も頭をよぎって迷いました。でも、ホテルの宿泊客の朝食サービスがあり、豆売りの売上も見込めるので、家賃を払っても最低限生活していけるお金が残る。それに、将来さらに店を飛躍するには必要なステップと思って開業を決意しました」（崎山さん）

　オープンまでの費用は、居抜きを最大限に活用することで、約350万円とできる限り抑えた金額にしたそうです。実際にかかった費用で、一番大きかったのはショーケースでした。

　ホテル内に開業した店舗で8年間、崎山さん夫妻は頑張りました。その後、2010年10月1日に現在地に移転し、新築オープンしたのが今の店舗です。

　冒頭に紹介したように、すぐ目の前に富士山が眺望できる場所で、ここに240坪の敷地を購入し、店舗を新築しました。15台の駐車スペースを備えた店舗は、面積40坪、客席数20席の明るく開放的な造りです。入口を入ってすぐにおいしそうなケーキを並べたショーケースが目に飛び込んできます。その奥にカウンターが設置してあり、お客様の注文に合わせてペーパードリップで丁寧にコーヒーを抽出してサービスしています。

お客の注文に合わせて抽出したコーヒーは、トレイにのせてスムーズにテーブル席へ。

注文ごとに、ペーパードリップで丁寧に抽出して提供している。お客に合わせた〝オーダーメイド〟サービスも大きな魅力の一つだ。

　現在の店舗を開業してから早いもので8年になりますが、今では地域の人たちになくてはならない店になってきています。プレハブ小屋からスタートし、その2年後にホテル内に移転、その後現在の店舗を新築。開業から18年、ホップ、ステップ、ジャンプと着実に成長してきています。2015年には、マイホームと社員用駐車スペースを増築しました。

自分の考え方を変えていくことからスタート

　地方の、それも周りを自然の山々に囲まれた山梨県河口湖町で、崎山さん夫妻はどのようにして現在の『カフェ・プラド』を実現したのでしょうか。

　私は、これから自家焙煎コーヒー店の独立・開業を目指す人たちによく言うことがあります。

それは、〝目先の利益に心をまどわされず、自分ができることから無理のない範囲で着実に実現していくこと。それが結果として、ホップ、ステップ、ジャンプと自分自身を、また店を成長させることにつながっていきます〟ということです。まさにそれを忠実に実践して、自分たちの夢を実現していったのが崎山さん夫妻ではないでしょうか。

今回のインタビューでとくに感じたことがあります。それは、崎山さんが自分自身の意識変革に真摯に向き合ってカフェ経営に取り組んできていることでした。

「スペシャルティコーヒーを取り扱うことで、自分の店が地域一番乗りし、スペシャルなコーヒー店として人々が認知し、必要としてくださるものと思っていました。でも、これは大きな勘違いだと気づかされることになりました」（崎山さん）

この時、崎山さんが気づくことになったのが意識変革の必要性でした。まずは〝自分の考え方から変えていかなければならない〟と思ったそうです。

「プラドコーヒー」。ポットサイズとカップサイズがあり、写真はカップサイズ。ケーキは「モンブラン」「ショートケーキ」「ベリーのタルト」。

ショーケースの中には、一番人気の「モンブラン」をはじめ、山梨ならではのフルーツをふんだんに使用した「タルト」などを並べている。

スペシャルティコーヒーが、自分や店をスペシャルにしてくれるのではない。まずは自分たちが地域の人たちに認められ、信用を築き、地域住民としてまた社会人として受け入れられていくことで初めて、店や商品がお客様からスペシャルと評価されるものだということを知りました。

「町の中で、大きな信用のある方々のクチコミで〝評判がいい〟と広がっていくことで、人として、店として信用されるようになり、スペシャルなコーヒーを飲みにきていただける流れが生まれてきました」（崎山さん）

そうした意識改革の中で、崎山さん夫妻が今日まで大切にしてきたものがあります。その一つが信用の構築でした。

人脈もコネもなく、わずかな資金でスタートした崎山さん夫妻にとってこれといった武器は何もありませんでした。そんな崎山さん夫妻にとって唯一武器になるものが信用でした。

そこで、店の中でただじっと待つのではなく、外に出て、仕事とは関係のないところでも積極的に汗を流すように努めました。

「コーヒーがおいしいとかどうとかより、夫婦の仲が良いとか親も働き者などと噂されていれば人が流れる店になっていったりします。見えない力、例えば親の信用（徳）だったり、応援してくださる人の信用（徳）といった力が働くことで、いつからか人が流れ出し、自分たち以上の信用の風が町中に広がっていきました」（崎山さん）

また、崎山さん夫妻が店を発展させていく段階で、とくに力を入れて取り組んできたことの一つにママさんスタッフの育成があります。

カフェ経営にとって、気のきく女性の役割はたいへん重要で、大きな戦力となります。

店が大きくなると、ママさん1人では回しきれなくなります。そこで次に必要なのが、ママさんに代わるママさんスタッフの力です。第二、第三のママさんスタッフを1人でも多く育てていくことで、お店が大きくなっても、質を落とさない強い店づくりになります。様々なニーズや年齢層のお客様へのちょっとした気づかいのできるママさんの対応がお客様に安心感を与えてくれ、カフェの運営においてとても重要になってきます。

「5年、10年勤めてくださるスタッフがいることで、時にはママさんに代わってお客様にも対応してくれたりします。ただ主婦を雇えばいいということではありません。5年、10年かけて働く側と店側が信用を築き合って、共に成長していくことが大切です。地方では、コーヒーマイスターやQグレーダーの資格より、その地域に住むママさんスタッフの信用の方が何倍にも役に立ちます」（崎山さん）

〝例えば出産をおえたベテランスタッフが1日でも手伝いにきれくれるだけでも、ママさんの大きなサポートになります〟という崎山さん。多くの主婦や女性スタッフにとって〝やさしい職場〟を作っていくことを課題として、崎山さん夫妻は今も奮闘しています。

個人店が生き抜いていくために大切にした3つのこと

崎山さん夫妻が、個人店が生き抜いていくために大切にしてきた3つの事柄があります。

その一つは、人とのつながりです。店を支えてくれる人たち、店を応援してくれるお客様たち。その人たちの言葉を大切にできる人が、個人店を長く経営していくことができる。そのことを18年という長い年月を通して、身をもって体得することができたと言います。

「私は今40歳代後半になりますが、これまでを振り返って、親、家族、幼馴染から社会人になるまでの先生方、カフェ・バッハの師や仲間、多くの支えてくださったお客様、福祉に携わった5年間に出会った多くの方々から心ある言葉の数々をいただきました。そして山梨へ来て、18年間応援してくださった方々との出会いの1つ1つ。そうして出会った方々の思いや言葉を大切にしていくことのできる人が強いカフェに成長していけると思って頑張ってきました」（崎山さん）

大震災時には、心配した近所の人がコーヒー豆を購入しにきてくれました。また、保育園時代の先生から心配のメールも届いたそうです。そうした人たちへの感謝の気持ちを忘れずにカフェ経営に取り組むことこそ、個人店が大手チェーンに対抗して生き残っていける重要な要素の一つと崎山さん夫妻は考え

カウンター内でコーヒーを抽出する、オーナーの崎山竜輔さん。

ています。

二つ目に大切にしているのは、〝幸福の提供者になる〟ということを目指していることです。

自分の存在、店の存在、そして商品力など様々な力を結集して人々にささやかな幸せを届けたい。そんな提供者になるというのが崎山さん夫妻が、目指しているカフェ経営でもあります。

「店に来ていただくことで、またコーヒーを飲んでいただくことで、誰かの心が元気になるようにお手伝いをする。そんな店作りができたら、自然と人々が集まり、お客様で賑わうのではないでしょうか」（崎山さん）

そして、最後の三つ目に大切にしているのが〝オーダーメイド〟ということでした。

この〝オーダーメイド〟とは、お客様一人一人に合わせたサービスや提供方法を工夫するということです。大手チェーン店にはできないことで、個人店だからこそできることとして非常に大切に考えています。

1杯のブレンドコーヒーを例にとってみます。高齢の女性のお客様には、少し熱めで軽めのブレンドを。朝一番に来店される方と、夕方くらいに来られるお客様ではちょっと濃さを変えて。着物のお客様には小さめのカップで上品に。若いカップルや、コーヒー初体験のお客様には苦味を抑えて、飲みやすく熱くしすぎずに。いつもの常連さんには、いつもの味を、いつもの会話で。

このように、同じブレンドコーヒーでも、お客様に合わせて提供するように努めています。

オーダーメイドで、さりげなく気をきかせてくれるカフェの方が、居心地が良いと気付いてお客様は来店してくれます。そうした地道な取り組みを積みかさねていくことで、『カフェ・プラド』は1人から10人、100人へとお客様を増やしていきました。

「スペシャルティコーヒーにはスペシャルになるだけの手間と努力の理由があるのと同じように、生き残っていくカフェには生き残っていく手間と努力の理由があります。良いコーヒーを作るにはコーヒーの本質を知らなければならないように、良いカフェを作るのにもカフェの本質を知る必要があります。システム型のカフェを作るのは誰にでもできますが、その地域に住む人々と共に、ゼロからその土地の人たちにとってなくてはならないカフェを作り上げていくことはたいへん難しいものがあります。でも、その難しさに挑戦し、自分たちの夢を実現していく。それこそが、地域に根ざすカフェがやるべきことの一つではないでしょうか」（崎山さん）

第二章

全国各地で頑張る素晴らしいカフェの仲間たち

06−54

女性1人で奮闘して地域の人に愛されている店

06 カフェ ルミーノ

東京・船堀

コーヒーを通して地域の人が心やすらぐ場所を提供。

東京・船堀にある『カフェ ルミーノ』は面積10坪・客席14席の小さな店だが、おいしいコーヒーを味わいに、またお喋りを楽しみに来店するお客で賑わっている。

『自家焙煎珈琲 カフェ ルミーノ』は、東京・江戸川区船堀の閑静な住宅街の中にあります。江戸川区は東京23区の一番東の端にあり、近年は子育て支援に熱心な区として注目されています。高齢者も多いが、子供もたくさんいて、23区内で最も区民の平均年齢が若いそうです。そんなことも聞いており、江戸川区にある『カフェ ルミーノ』の今回の訪問は楽しみでした。

面積およそ10坪、客席数14席の小さな店で、入ってすぐのカウンターの中で、店主の小林純子さんがお客様のコーヒーを抽出している姿が目に飛び込んできました。私の姿を見るなり、作業中の手も休めず、カウンターの中から笑顔で私を迎えてくれました。

おいしいコーヒーの店を出したい！

小林さんが『カフェ ルミーノ』を開業したのは2007年（平成19年）2月。今から11年前のことです。小林さんは小さい頃から作ることが好きだったようで、高校卒業後に働き始めたのが飲食店の厨房関係の仕事でした。

「高校を卒業してからは、老人ホームや居酒屋の厨房に入って仕事をしていました。居酒屋で働いていた時には、仕込みから営業まですべてやっていました。また喫茶店でアルバイトしていたことがあり、その時の経験が今につながっていると思います。その当時は、一度に大量にコーヒーを抽出しておいて、お客様の注文ごとに温め直して提供するような店があって…。お客様の注文に合わせて豆を挽き、1杯ずつ抽出した方が断然おいしい、将来は、そんなおいしいコーヒーがだせる店をやりたい。そんな思いを強く抱くようになりました」（小林さん）

自家焙煎コーヒーに興味を抱くようになり、いろいろ勉強していく中で目に触れたのが私の書いた自家焙煎コーヒーに関する1冊の本でした。この本を読んでカフェ・バッハの存在を知り、わざわざ店まで訪ねてくれました。

『カフェ・ベルニーニ』で4年間勉強して独立

カフェ・バッハから紹介されてコーヒーの勉強を兼ねて働くようになったのが、東京・板橋区志村にある『カフェ・ベルニーニ』でした。

店は地下鉄都営三田線志村三丁目駅からすぐ。駅の近くですが、昼間でもほとんど人通りのない住宅街の一角にあります。店主は岩崎俊雄さん。大手のコーヒー会社での活躍を経て、53歳で独立。独立の際にはカフェ・バッハで焙煎の技術を習得し、以来17年間にわたって地域密着の経営を続けています。いまや自家焙煎コーヒーの名店として多くのお客様に愛されています。

小林さんは、この『カフェ・ベルニーニ』で4年間勤務し、自家焙煎コーヒー店に必要な知識と技術を身につけました。その後、1年間の準備期間を経て今の店を開業します。『カフェ・ベルニーニ』では、コーヒーのこ

住宅街に溶け込んだ、素朴な佇まいの外観。

とだけでなく、お客様との、また地域の人たちとの接し方といったことまで学んだようで、それが今の店づくりにも役立っています。

小規模ながら 1人でやれる店づくりを目指す

小林さんが生まれたのは江東区深川。その後、両親と一緒に現在店を構えている江戸川区船堀に移り、中学、高校の6年間を過ごしました。

社会人になって江戸川区船堀を離れることになりますが、両親が高齢のこともあり実家の近くで店を開業したいということで今の場所に出店しました。

2階が大家さんで、その1階部分を借りて店を開業。始めから1人ですべてをやるということで、無理のない店づくりをしました。

入口を入って左側奥に6席のカウンター席を設置。入口を入って左側にカウンターの中から見えるように窓側に8席のテーブル席を設けています。テーブル席は窓側がベンチシートで、テーブルは2掛けのテーブルが4卓。お1人様はもちろん、2名から4名、8名まで、お客様の人数に合わせてテーブルをつけてすぐ対応できるように2人掛けのテーブルを採用しました。お客様がいない時は、カウンターの端でハンドピックを行う。また、カウンターバックの壁に、簡単な作業ができる調理台を取り付けています。普段は邪魔にならないように壁に張り付けるように収納していますが、必要な時は壁の留め具を外してすぐ使えるようにしています。これから1人で店を開きたいと考えている人に参考になる工夫が随所に見られます。

コーヒー豆の棚などは、サイズや配置を細かく工務店に指示して製作。

地域の人たちが ほっと寛げる場所を提供

『カフェ ルミーノ』には、いろいろなお客様が来店します。若い女性から子供連れのお母さん、働きざかりのお父さん、近くの町工場に勤めるお兄さん、年輩のご夫婦まで、年齢性別を問わずいろいろな人たちがコーヒーを楽しみにやってきます。

小林さんが素晴らしいのは、そのどのお客様とも分け隔てなく、いつもにこやかに優しく接していることです。

だから、お客様はなんでも安心して小林さんに話をすることができる。お客様にとって、『カフェ ルミーノ』は我が家と同じ寛ぎの場であり、お客様と小林さんが、またお客様とお客様がお喋りを楽しむ場になっています。

「すぐ近くのスーパーで、今安売りしているわよ」

「駅の近くに新しいカフェができたけど、行ってみた?」

「最近、体の具合はどう?」

「散歩を始めたので調子いいわ」

こんなお客様とお客様のやりとりが、ごく普通に交わされています。カフェには、地域の人たちを結ぶコミュニティの場としての役割があります。それをごく自然な形で実現しているのが『カフェ ルミーノ』です。

もっともっとコーヒーを好きになってほしい!

今回、『カフェ ルミーノ』を訪問し、小林さんとお客様とのやりとりを見ていて痛切に感じたことがあります。

それは、地域の人たちにもっとコーヒーを手軽に楽しんでほしい。もっとおいしく飲んでほしい。そして、もっともっとコーヒーを好きになってほしい。そんなコーヒーに対する、またお客様に対する小林さんの思いが知らず知らずのうちに伝わってきます。

お客の目の前で、注文ごとにペーパードリップで丁寧に抽出して提供。

店を開いてすぐの時間に若い女性のお客様が来店されて、コーヒー豆を注文しました。「これからお出かけ?」と小林さん。「歯医者の帰りです」と答えるお客様。

「今月のおすすめはグアテマラですけど」という小林さんのおすすめに、「それください」とお客様は嬉しそうにコーヒー豆を購入していきました。

聞けば、その若いお客様はコーヒーが好きで、3~4年くらい前からお店に来るようになったとか。最初は店で挽いたコーヒーを購入していましたが、ある時、〝飲むたびに挽いた方がおいしく飲めるよ〟と小林さんがアドバイスしてから豆で購入するようになりました。そのお客様も、改めてコーヒーのおいしさを知ったようで、それからは2週間に1回だったのが1週間に1回の割合で、コーヒー豆を購入するようになったそうです。
「時には、〝家でペーパードリップで淹れるけど、こちらの店で飲むコーヒーと違う〟といってくるお客様もいます。そんな時は、カウンターの目の前で実際にコーヒーを淹れながら、おいしく淹れるコツを教えてあげることもあります」(小林さん)
また、新しいコーヒー豆が入った時は、タイミングを見計らってお客様に小さなカップに入れて試飲していただくということもしています。こうした日々の地道な取り組みが、コーヒー好きのお客様を育て、この店を支えるリピート客の、また新しいファンの獲得につながっています。

07 カフェ・ポンテ

東京・昭島市

カフェを、コーヒーを通じて地域活動にも積極的に取り組む。

1軒を店内で仕切って、〈自家焙煎珈琲〉と〈手打ち蕎麦〉を隣合わせに営業しているユニークな店。そのうちの自家焙煎コーヒー店が『カフェ・ポンテ』である。

「入りにくく、ややこしい店ですみません。当店は、夫が〈手打ち蕎麦〉を、妻が〈自家焙煎珈琲〉をそれぞれやっています。入口はひとつですが、中で分かれていますので必要に応じ、気軽にお立ちよりください。決して怖い店主たちではありませんよ（笑）」

店の前に立つと、入口脇のメニューボードにこんな貼り紙がしてありました。引き戸を開けて中に入ると、入口を入って右側に奥様の矢崎まゆみさんが経営する自家焙煎珈琲

『カフェ・ポンテ』が、左側にご主人である和夫さんの手打ち蕎麦・塾『和（kazu）』がありました。

私を見るなり、奥様は『カフェ・ポンテ』から、ご主人は『和』から出てきて優しい笑顔で迎えてくれました。

ご主人の実家（長屋・築70年）で、空き家となっていた建物を改装し、真ん中を仕切って1軒に『カフェ・ポンテ』と『和』の2店舗を開業したもので、そのユニークな造りに正直なところびっくりしました。

一軒に自家焙煎コーヒー店と手打ちそば店が併設

『カフェ・ポンテ』の所在地は東京都昭島市玉川町。JR青梅線東中神駅からすぐ、表通りから少し入った路地にあります。

オープンは、8年ほど前の2010年（平成22年）8月2日。この時、奥様の矢崎さんは54歳。『カフェ・ポンテ』と『和』は同時オープンで、ご主人の和夫さんは59歳でした。

「もともとコーヒーが好きでした。主人とは共働きで、仕事と主婦の両立で喫茶店などにコーヒーを飲みにいく時間がありませんでした。コーヒー豆を買ってきて家で飲んでいましたが、どうにもおいしくなくて自分で手網焙煎を始めました。その後、新鮮なコーヒーに出会い、もっと探求したくなって、カフェ・バッハのセミナーを受講しました」（矢崎さん）

2006年（平成18年）4月、30年以上にわたって勤めてきた会社を50歳で早期退職。2008年（平成20年）からカフェ・バッハのセミナーに参加し、自家焙煎コーヒー店の開業を目指しました。

ご主人の和夫さんは、サラリーマン時代から20年以上蕎麦打ちを趣味としており、定年を機に改めて蕎麦打ちの技術を見直して勉強し、手打ち蕎麦・うどん店を開業しました。

「私と妻の、両方の家の親を働きながら介護し、双方とも見送りすることができました。私の母が他界してから7回忌も終わり、お互いを認め合いながら夫婦の長い人生を歩みたいと、空き家となっていた実家を改装して、自家焙煎コーヒー店と手打ち蕎麦・うどん店を同時オープンすることにしました」（和夫さん）

1軒屋を仕切った店舗は、『カフェ・ポンテ』が約9・3坪。客席スペースは約7坪で、9人収容できるカウンター席を設けています。カウンター席の奥に約2・3坪の焙煎室を設け、オリジナル焙煎機「マイスター焙煎機」（2・5kg）を設置しています。

『和』のフロア面積は約8・5坪。手前にテーブル席、奥のオープンキッチンの前にカウンター席があり、合わせて7席の客席を設けています。営業時間はお昼の11時30分から14時

中深煎りの「ポンテ・ブレンド」500円（税込）。

入口を入って右側にある自家焙煎珈琲『カフェ・ポンテ』。カウンターの中に入って、お客と楽しそうに会話を交わしているのはオーナーの矢崎まゆみさん。入口を入って左側にある手打ち蕎麦・塾『和(kazu)』。

までで、その後、15時から21時は手打ち蕎麦塾『和(kazu)』として手打ち指導を行なっています。

店づくりでおもしろいのは、以前の長屋の造りを随所に生かし、再利用していることです。

亡くなったお母さんは、生前、ご近所さんに「お寄りなさいよ」と言っては、掘りごたつでお茶のみ話をしていたそうです。昔から近所交流の場だったので、改装後もそのような場所にしたいということで、以前のもので使えるものは最大限に活用しました。

例えば、外の掲示板にこたつの格子板を使用しているのもその一つです。また、縁側で使っていた波板ガラスの戸も再利用しています。

オープン当初は、〝蕎麦とコーヒーの店が一緒になっていて分かりにくい〟とか〝入りにくい〟ということをよく言われたそうです。でも、一度来店したお客様はそれがかえって印象に残るらしく、リピーターになる方も少なくなかったようです。また、〝ちょっとユニークな店〟ということで、クチコミでお客様の輪も広がっています。

「オープン当初は、〈だしの香り〉と〈コーヒーの香り〉が闘っていましたが、今では、どうも融合したようです」と明るく笑う矢崎さん夫妻。

そばとコーヒー、業種は違いますが、専門性を追求した味づくりがお客様に信頼され、両方の店を行き来するお馴染みのお客様も確実に増えているのは心強いです。

地域の人との絆を大切に
地域活動に取り組む！

矢崎さんが『カフェ・ポンテ』を開業した時に打ち出したコンセプトを伺いました。

1つ目は、近隣地域との協調。

2つ目は、丁寧かつ誠実なコーヒーづくり。

3つ目は、コーヒーマイスターとしての知識をお客様に。

2011年には、カフェ・バッハが主催する産地研修にも参加してくれました。この時は、中米4カ国（グアテマラ、パナマ、コスタリカ、ニカラグア）を訪問しましたが、この時の見聞がその後の営業にたいへん役立っているそうです。

また、この店で注目したいのは人と人との絆を大切に、地域活動に積極的に取り組んでいることです。2014年には、店とつながっている隣家の長屋を購入しました。地域のお年寄りたちに場所を提供(月1回お茶のみ会)したり、昭島市出身の落語家「桂竹わ（かつらちくわ）・前座」さんを招いて『〈たまいち〉長屋の落語会』を開催しています。落語会は、地域の高齢者に笑いの場を提供するために1年に2回開催しており、回を重ねて第5回目が開催され、大好評を博しました。

〈たまいち〉は、店の住所が玉川町1丁目11番地11号ということから付けたもので、昭島市社会福祉協議会にサロン活動として申請し、3年目となりました。

また、お客様を対象とした『ぽん亭落語会』といったことも定期的に行っています。

さらに、ご主人と協力して、発達障害の子供たちを対象にした出張蕎麦打ち教室の食事場所として提供するといったことも実施しています。

「昭島市産業祭り」へ出店したり、コーヒー教室を開催するといったこともしています。自分たちでできる範囲で、地域の人たちにお役に立つことを自然体でやっていければいいと思っています。地域の人たちに喜んでいただけるのがなによりもうれしいことです」（矢崎さん夫妻）

小さな積み重ねですが、地道な地域活動を肩ひじ張らず、自然体でやっているというのが矢崎さん夫妻の素晴らしいところだと思います。

これからも地域の人たちと共に歩んで行くことを願っています。

『カフェ・ポンテ』のオーナー矢崎まゆみさん（左）と、矢崎さんのご主人で『和（kazu）』を経営する和夫さん（右）。

08 カフェ ヴェーク

大阪・南堀江

女性1人で開業。コーヒーとお菓子が楽しめる店を目指す。

久保美幸さんは福島・飯舘村の『椏久里』（現在は福島市内に移転）で6年間勤めた後、大阪に戻って『カフェ ヴェーク』を開業。コーヒーとお菓子の店として奮闘中だ。

久保美幸さんは、現在営業している福島市内に移転する前の、福島県相馬郡飯舘村にあった『椏久里』に6年間勤め、その後、出身地である大阪に戻って自家焙煎珈琲店『カフェ ヴェーク』を開業しました。

久保さんについては、私もよく知っています。カフェ・バッハが主催したコーヒーの産地研修で、『椏久里』の市澤さんたちと一緒に参加してくれた時のことはよく覚えています。

年輩者である私のことを気遣ってくれて、

自分は小さなポシェットだけの身なりで、空いた背中や両手に私の荷物を背負ったり持ってくれました。行く先々で、産地研修中ずっとそのように気遣ってくれました。

私もこれまで若い人と一緒に数えきれないほど産地研修に行きましたが、これほど気を使ってもらった記憶はありません。こうした人に対する思いやりや気遣いは、教えてもなかなかできるものではありません。久保さんの中に、そうした資質が自然に備わっているからできることだと思います。

私が、機会あるごとに言ってきたことがあります。それは、どんなにおいしいコーヒーを提供しても、その人が嫌われたらお客様は来てくれない。一所懸命努力しても、おいしいコーヒーと評価してくれないということです。おいしいコーヒーを提供するように努めることはもちろんですが、その前に人としての資質を磨くこと。それが、カフェを成功させる一番大切なことです。そんなことを思いながら、久保さんの経営する『カフェ ヴェーク』を訪れました。

店の所在地は大阪市西区南堀江。オープンしたのは10年前の２００８年（平成20年）12月23日。11坪・16席の小さな店で、久保さん1人で店を運営しています。住宅とオフィスが混在した町で、周辺には競合店も多くたいへん厳しい場所にあります。そうした中で、お馴染みのお客様もついてきて着実に売上を伸ばしています。

カフェでの独立・開業を目指して専門学校に入学

久保さんは若い頃から〝将来はカフェの開業を〟と考えていたそうで、その第一歩としてパンづくりを勉強するために大阪にある辻製パンマスターカレッジに入学しました。

その頃、私は依頼を受けてコーヒーの特別講習を行っていました。その講習を久保さんが受講して、それがその後のカフェ経営とつながっていったようです。

「田口先生の特別講習を受けて、以前にも増してカフェに興味を抱くようになりました。学校の夏休みを利用して、東京のカフェ・バッハにも行きました。カレッジの受講が、今の自家焙煎コーヒー店の独立・開業へと進む第一歩になりました」（久保さん）

カレッジ卒業後は、1年半ほど神戸のパン店に勤務しました。その後、カレッジで知り合った友人の紹介で『椏久里』で働くことになります。

前にも触れたように、その当時、『椏久里』は福島県相馬郡飯舘村の山奥にありながら、たくさんのお客様を集めて大人気を博していました。

1月から2月にかけては雪が積もり、店が休業するという山奥にある店です。都会に住み慣れた若い女の子には、なかなか勤まるものではありません。でも、久保さんは車で5分ほどのところにある村営住宅に住まいを借り、ここで6年もの間、頑張ることになります。

「椏久里での6年間が、今の店のベースになっています。お菓子やコーヒーの勉強だけでなく、お客様や地域の人たちとの関わり方といったことを学ぶことができました」（久保さん）

その後、出身地である大阪に戻ってカフェの開業を目指すことになります。

裏通りの小さな道路を挟んで高台橋公園がある。入口はガラス張りで、外から店内の様子がよく見える。

アルバイトで開業資金を蓄えながら、東京・南千住にあるカフェ・バッハのトレーニングセンターに通って焙煎技術の修得に努めました。大阪から東京へのバッハ通いは2ヵ月に1回のペースで、3年ほど続きました。こうした地道な取り組みを経て、『カフェ ヴェーク』が開業することになります。

コーヒーとケーキが楽しめるカフェを目指す

店名の『カフェ ヴェーク』の〝ヴェーク〟とはドイツ語で道という意味だそうです。何故、その店名にしたかは聞きそびれてしまいましたが、それを象徴するような〝1本の道〟の写真が額に入れて壁に飾ってあります。久保さんが産地研修に行った時に現地で撮った写真の1枚ですが、久保さんの目標に向かって真摯に取り組む姿勢とオーバーラップして印象に残っています。久保さんが、オープン以来、目指しているカフェがあります。それは、ドイツやオーストリアといった国々でみられる、パティスリーとカフェを併設したコンディトライです。

「以前研修旅行で行ったウィーンにあるカフェのように、地域の人たちがいつでも気軽に利用でき、コーヒーとお菓子でゆっくりくつろげるカフェを目指しています。その実現に向けて頑張っていけたらと思っています」（久保さん）

現在、自家焙煎コーヒーを提供しながら、専門学校で学んだ調理技術をベースにドイツやウィーンのお菓子を用意して、お客様に楽しんでもらうようにしています。

私が伺った時は、3種類の「クッキー」、カスタードクリームのバタークリームをまいたロールケーキ「バウム」、チョコレートのロールケーキで、アクセントにダーク

地域の美容院や和食店、ビストロといった店のパンフレットやショップカードを置いて、来店客に自由に持っていってもらうようにしている。

「ヴェークブレンド」480円と「クッキー3種」160円（税込）。久保さんが作る自家製のクッキーはコーヒーに合うと好評だ。

チェリーを使用した「ショコラーデンルラーデ」、仏ナンシー地方のバターケーキで、チョコレートとアーモンドをたっぷり使用した「ショコラドナンシー」といったお菓子がありました。たくさん作らず、1人で作れる範囲で丁寧に作ったものを提供しており、そのクオリティーの高さがお客様からも高い評価を得ています。

　自家製パンを使ったパンメニューもあります。「ハニートースト」「ミニハムサンド」「ハムチーズサンド」といったものがありますが、この店ならではの1品として人気になっているのが「ポテトパン」です。蒸したジャガイモを練り込んだ小ぶりのパンで、1つ200円。これを目当てに来店されるお客様もいるそうです。

『カフェ ヴェーク』にはこれまでも何回か訪れていますが、今回訪問して改めて感じたことがあります。

　それは、地域との共生ということです。地域に住んでいる人たちや営業しているお店と共に生き、発展・成長していくかは個人店にとって非常に大切なことです。これについては、これまでもたびたびお話しをしてきました。そのことを改めて考えさせてくれたのが、店の棚にさりげなく置かれていた美容院や和食店やレストランなどのパンフレットやショップカードでした。聞けば、いずれも地域の店で親しくお付き合いしているお店とか。美容院のオーナーは、店のコーヒーを気にいってくれて、コーヒー豆をよく購入してくれる方だそうです。また、和食店の女性経営者は同い年で、久保さんがアレルギーがあることを知っり、店に行くと特別メニューを作ってくれるそうです。

「コーヒーを通して親しくさせていただいた方もあり、そうした方々のお役に立てればということでパンフレットやショップカードを置いています」（久保さん）

　ただし、店に置くパンフレットやショップカードは久保さんが信頼を寄せる店に限っています。そのパンフレットやショップカードを見て、その店へ行ったお客様に喜んでもらうためです。そこに信頼という絆で結ばれた、個人経営の素晴らしさがあるように思います。

家事に、育児に、仕事に、家族に支えられ、コーヒーとケーキの店を目指して奮闘。

納屋を改造した店舗で豆売りからスタートし、現在地に移転オープンしたのが２０１５年10月。コーヒーとケーキの店を目指して奮闘している。

09 マグダレーナ

広島・三原市

広島県三原市の糸崎から港町に移転オープンして奮闘しているのが、長井綾子さんが経営する自家焙煎コーヒー屋『マグダレーナ』です。カフェ・バッハでおよそ8年半勤めた後、地元に戻り、ご両親が住んでいる自宅の納屋を改造して、豆売りだけの自家焙煎コーヒー店を開業しました。

この糸崎の店をオープンしたのは２０１１年3月14日。この店で、4年半ほど頑張り、地道に力をつけて２０１５年10月12日に移転

駐車場に面して全面ガラス張りの外観。横長の店名看板が目を引く。

オープンしたのが、今回訪れた新生『マグダレーナ』です。店があるのは、JR山陽新幹線三原駅のすぐ近く。表通りから一歩入った、細い道路の一角にあります。駐車スペースを備えた店舗は、以前の〝小屋〟といった方がよいくらいの店とは比べものにならないくらい立派で、店を訪れた私もびっくりしました。

店内は採光が十分にきいた明るい空間で、カウンター席とテーブル席からなる親しみのある客席づくりがしてあります。

店に入ると、長井さんと女性スタッフが、カウンターを挟んで、お馴染みのお客様と楽しそうにお喋りしているのが目に飛び込んできました。

育児と家事と仕事で
連日、大忙しの毎日

前にも触れましたが、『マグダレーナ』が現在地に開業したのは２０１５年10月ですが、どのような経緯があって、移転することになったのか。そのあたりの経緯を、直接長井さんに聞いてみました。

「納屋を改造した小さな店で、豆売りから始めました。開業前に、店を知ってもらおうと、地元の知り合いに無料で焙煎したコーヒー豆をお届けしたこともあります。また、いろいろな人の声を聞きながら良いと思ったところは改善し、少しずつコーヒーのおいしさや素晴らしさをお伝えし、お客様になっていただくように努めました。そうした地道な取り組みにより少しずつリピーターのお客様を増やしていきました。そんな取り組みを認めてくれる方がいて、今の場所に出店しないかと声をかけていただきました」（長井さん）

町の活性化ために出店しないかというお誘いのようでした。出店条件もよかったようでしたが、改造費用などのこともあり、始めは出店した方がいいのかどうか、長井さん自身相当悩んだようです。でも、せっかく声をかけていただいたこと、そして次の飛躍へステップする良いチャンスと判断して、今の場所に移転することに決めました。

移転を決めたのは、今の店を開業するおよそ3ヵ月前の２０１５年7月。翌月に契約を済ませて改装工事に着工。糸崎の店は9月中頃まで営業し、その後、新店舗開業の準備に入って、移転オープンということになります。

でも、新店舗を開業してからがまたたいへんでした。

「オープンして3ヵ月経過した頃に、妊娠していることが分かり、それからはバタバタで

今月のケーキの「ティラミス」400円と「ダークチェリーのクラフティ」400円（税込）。

した。お蔭様で、翌年の8月末に元気な男の子を授かり、今は育児と家事と仕事で、大忙しの毎日を過ごしています」（長井さん）

長井さんの旧姓は新谷さんで、2014年に、地元の会社に勤めるご主人と結ばれ、今に至っています。

2人の間に生まれたのは男の子で、名前は優希くん。早いもので、私が訪れた時には「生まれて10ヵ月になります」と嬉しそうに話してくれました。そんな事情もあって、今、長井さんは、育児に家事に、そして仕事に大忙しの毎日です。

長井さんが起きるのは朝早い6時。育児と家事に追われ、住まいのある宮浦を出るのは7時頃。ご主人の通勤の車に、息子の優希くんと一緒に乗って、家から5分くらいのところにある仕事場の店へ。営業開始時間は午前10時ですが、それまでコーヒー豆の焙煎や、お菓子の仕込みなどの作業をします。

営業開始1時間前の9時くらいに、長井さんのご両親が糸崎の実家からやってきて、開店前の掃除や片付けを手伝ってくれます。開店時間の10時になると、ご両親がお孫さんの優希くんを連れて自宅に帰ります。いったん優希くんをご両親に預けて、昼間は店の仕事に集中することになります。

閉店時間は夕方の6時ですが、その少し前にご両親がお孫さんを連れて、店にやってきます。ご両親は後片付けを手伝って、お孫さんを長井さんに預けて自宅へ。一通りの後片付けを終えた夕方の6時30分頃、長井さんは優希くんと一緒に自宅に戻ります。家に戻ったら夕食の準備。その間、優希くんの世話もしなければなりません。育児に、家事に、仕事に、1日中休むひまもなく動きまわっています。

これが長井さんの1日です。私は男なので、小さな子供のいるお母さんオーナーのたいへんさは頭で理解していても、〝やれるか？〟と言われたら〝絶対にできない〟と答えるでしょう。

この長井さんの頑張りの原動力はどこからくるのか。それを支えているのがご主人であり、また長井さんのご両親です。なにより、可愛い優希くんの存在が長井さんのエネルギーのもとになっているのでしょう。そして、『マグダレーナ』を応援する地域のお客様の笑顔も。長井さんの誰にでも優しく誠実な人柄に触れて、改めてそのことを強く感じました。

コーヒーとケーキが楽しめるカフェを目指す

「製菓学校には1年半通いましたし、カフェ・バッハではコーヒーだけでなく、製菓の仕事にも長く携わっていました。資金的な制約もあって豆売りからスタートしましたが、いつかコーヒーとケーキの店を実現したいと考えていたので、その第一歩の店として、さらに上を目指していけるように頑張っていきたい」（長井さん）

だいぶ前の話になりますが、カフェ・バッハが製菓・製パン部門をスタートさせた頃、店に入ってきたのが長井さんでした。そして、長井さんの頑張りもあって、製菓・製パン部門を軌道にのせることができました。その時の経験を踏まえて、〝コーヒーとケーキが楽しめるカフェを目指しています〟と聞いて、とても嬉しい気持ちにさせられました。

現在、ケーキは「今月のケーキ」として、できる範囲で高品質のものを楽しんでいただきたいということで種類は限定しています。訪問時は7月で、「ダークチェリーのクラフティ」400円と「ティラミス」400円の2品。コーヒーとケーキのマリアージュを楽しんでもらえるように、お得用の「ケーキセット」もあります。この時は、今月のケーキ1点と本日のコーヒー「ブラジル・ウオッシュト」のセットで、800円で提供していました。この他に、「メープルクッキー」200円、「バニラキプファルン」150円、「アナナス」200円といった焼き菓子があります。「焼き菓子は、コーヒーに添えてお出ししています。焼き菓子付にすることで、少しでもお客様にコーヒーとケーキのマリアージュの楽しさを知っていただきたい。それによって、コーヒーの楽しみ方がこれまで以上に広がれば嬉しいと思っています」（長井さん）

オーナーの長井綾子さん（右）と女性スタッフの中村子美礼さん（左）。

夫婦が力を合わせて頑張っている店

10　風光舎

岩手・雫石町

コーヒーが大好きで雫石町の大自然の中でコーヒーの店を始める。

岩手郡雫石町の岩手山が眺望できる場所に2009年1月にオープン。土曜日や日曜日は車でわざわざ来店するお客でいっぱいになる。

岩手県岩手郡雫石町《しずくいしちょう》。観光スポットとして知られる小岩井農場まきば園がある町として、ご存知の方がいるかもしれません。すぐ近くには日本百名山の1つに数えられる岩手山《いわてさん》が望めます。その美しい山並みが〝おいしいコーヒーを飲みながらゆっくり眺望できる〟とお客様に喜ばれているのが、今回訪問するコーヒー焙煎『風光舎』です。

店を経営するのは、箱崎光良・みきさん夫妻。箱崎さん夫妻はバッハのセミナーに参加

落ち着いた色調のダークブラウンを基調にした、誰もがほっとくつろげる店内。

周りを木々の緑に囲まれたロッジ風の店舗は、自然の環境に見事に調和して来店するお客の心を和ませてくれる。

してくれた時から知っていますが、誰にでも分け隔てなく接する温かい人柄が大好きで、お会いするのを楽しみにしていました。箱崎さん夫妻に接するとなぜか、心和むものがあり、それもこの店の大きな魅力になっていると思います。おいしいコーヒーと、都会では味わえない自然環境、そして箱崎さん夫妻の温かい人柄。個人カフェの魅力とは何か。改めて、そのことを考えながら箱崎さん夫妻の店を訪れました。

20年勤めた会社を辞め、47歳でコーヒー店を開業

『風光舎』がオープンしたのは2009年（平成21年）1月19日。箱崎さん夫妻が47歳の時です。

箱崎さん夫妻は、外資系航空会社に20年間勤務し、店を開業するために店を出す2年前、一緒に退社して準備に取り掛かりました。

自家焙煎コーヒー店を目指したのは、2人ともコーヒーが大好きだったから。家でコーヒーを飲みながらほっとくつろぐ時間を大切にしてきており、そんな日々の暮らしを通して、次第に〝自分たちでコーヒー店をやってみたい〟という気持ちを強く抱くようになっていったそうです。

「コーヒーを飲みながらゆっくり過ごす時間が大好きで、いつのまにかコーヒーの世界へのめり込んでいきました。コーヒー豆を買ってきて、最初は手網焙煎していましたが、それでは飽き足らず1kgのロースターを購入して自分で焙煎していました。焙煎したコーヒー豆で淹れたコーヒーを知り合いにすすめて飲んでもらうようなこともしていました」（みきさん）

とくに奥様のみきさんが熱心で、次第に自家焙煎コーヒー店の開業を考えるようになっていったそうです。自分で焙煎したコーヒー豆を販売したいという思いが強くなっていくにつれ、〝自分で店をやるには、自信を持っておすすめできるようなコーヒー豆を販売しなければいけない。それにはプロとしての専門知識と技術を修得する必要がある〟と考えるようになったとか。

「コーヒーに関するいろいろな本を読んで、

庭に設けたテラス席。

行き着いたのが田口先生でした。1からコーヒーの勉強をしたいと思い、バッハのグループに入らせていただくことにしました」（箱崎さん）

箱崎さん夫妻が、〝自家焙煎コーヒー店をやりたいのでグループ店に入りたい〟といってカフェ・バッハに来てくれた時のことは今でもはっきりと覚えています。ご夫婦で来られましたが、2人で力を合わせて店を出したいという思いが伝わってきたので、全面的に応援することをお約束しました。

店をオープンする前の2年間を準備期間とし、その間、自家焙煎コーヒー店開業のために必要な知識と技術の修得に努めました。その当時、千葉県の成田に箱崎さん夫妻の住まいがあり、そこからカフェ・バッハのトレーニングセンターのある南千住まで通ってくれました。

現在地に店を開業することにしたのは、ご主人の箱崎さんの生まれ故郷が盛岡だったため。箱崎さんが長男ということもあり、盛岡に戻って店を開業する予定でしたが、市内では条件にあった物件がなく、盛岡市から少し離れた現在地に土地を購入。そこに住まいと店舗兼用の今の建物を新築して開業することにしました。

3000坪の敷地を購入し、そこに1、2階合わせておよそ50坪の建物を新築し、1階を店舗として使用することにしました。間近に岩手山が眺望できる自然に囲まれた場所で、店内から岩手山を見ながらコーヒーが楽しめるような設計にしました。

「盛岡市内と違って人通りどころか、人気が全然ありませんが、車社会ですし、都会では味わえない自然環境があるので、おいしいコーヒーをお出しすれば必ずお客様はついてくださると考えました。開業にあたっては、成田にあった住まいを売却した資金と退職金、それに借入金を加えて必要な資金を調達しました。どうやってお金を借りられるかといったことも、ゼロから勉強し、

事業計画書も作製して開業にこぎつけました」(箱崎さん)

コーヒーに対するひたむきな姿勢がお客の輪を広げる

『風光舎』が開業したのは、寒さが一番厳しい1月のこと。建物が完成したのが前年の11月末で、1ヵ月ほどのトレーニング期間を見込んでオープンしました。でも、箱崎さん夫婦にはもう1つの考えがありました。それは、雪の多い一番悪いシーズンからスタートして、着実にお客様を掴んでいこうという強い思いでした。

そこに、焦らずによいコーヒーを提供して、地道にお客様の輪を広げていこうという箱崎さん夫妻のひたむきな姿勢を見ることができます。

「オープンした時に、ローカルのテレビがニュースで流してくれましたが、宣伝活動はまったくやっていません。それでも少しずつお客様に来ていただけるようになったのは、お客様のお蔭です。お客様がお客様を連れてきてくださる。お客様に助けていただき、今があると思っています」(箱崎さん)

現在、店内にテーブルとカウンター席が合わせて18席、戸外の庭に設けたテラス席が4席あります。22㎞離れた盛岡から車で来店するお客様が多く見られます。最近は、評判を耳にして県外から来店するお客様も少なくありません。土・日曜日は1日50～60組の来店客があり、忙しい時には20人以上のお客様が並ぶこともあります。

また、5年ほど前から箱崎さんの子供時代の友達から誘われて、盛岡の老舗百貨店の試飲販売会へも冬の期間、月に2～3日の期間限定で出店しています。これがたいへん好評で、新規客の開拓にも結びついているようです。

「子供の頃の同級生から、試飲販売会をやってみないかと声をかけてもらって出ることにしました。出店してから5年になりますが、これによって店の存在を知ってもらうことができ、新しいお客様も増えています。地元に戻って、いろいろな人に助けられて今があると感謝しています」(箱崎さん)

窓を通して、すぐ目の前に岩手山が眺望できる。

コーヒー焙煎『風光舎』の箱崎光良・みきさん夫妻。

11　カフェ・ブレンナー

秋田・潟上市

〝人と人が行き交う場所を作りたい〟という思いを込めてスタート。

『カフェ・ブレンナー』が開業したのは2002年2月。「峠」のように人と人とが行き交う店を目指して、今も佐藤知儀・幸子さん夫妻の挑戦は続いている。

今回、訪れたのは秋田県潟上市《かたがみし》にある『自家焙煎珈琲 カフェ・ブレンナー』です。店を経営するのは佐藤知儀・幸子さん夫妻。店名の「ブレンナー」はドイツとイタリアの間にある峠の名前からとったとか。峠とは人と人とが行き交う場所。そんな峠のように、人と人とが交流する場に『カフェ・ブレンナー』がなれれば素晴らしい。そんな思いを込めてつけたそうです。店のある潟上市は、秋田市の北西、男鹿市の南東に位置し、八郎潟や日本海を臨む場所にあります。２００５年（平成17年）3月に、南秋地区の南秋田郡天王町、飯田川町、昭和町が合併して誕生しましたが、その3年前の２００２年2月11日に『カフェ・ブレンナー』はオープンしました。

このあたりの冬の寒さは、想像以上に厳しいものがあります。『カフェ・ブレンナー』がオープンした日も、朝から雪がふぶいてたいへん寒かったとか。〝なにはともあれ無事に1日を過ぎてくれれば…〟という気持ちで初日を迎えたそうです。誰でも経験したことがあると思いますが、佐藤さん夫妻もまた夢と不安が入り混じった気持ちで第1歩を踏み出しました。初めはコーヒーの豆売りからスタート。その後、地域の人たちの応援もあり、店内でゆっくりコーヒーが飲めるテーブル席を設け、早いものでオープンから16年目を迎えるまでになりました。

生まれ故郷の秋田に戻って
自家焙煎コーヒー店を開業

『カフェ・ブレンナー』は、佐藤さんが脱サラし、生まれ故郷である秋田（出身は秋田県男鹿市）に戻って、奥様の幸子さんと一緒にオープンした店です。

「コーヒーが好きで、いろいろなお店のコーヒーを飲み歩いていました。その中で、カフェ・バッハで飲んだコーヒーにたいへん感銘を受けました。雑味がなく、すっきりして飲みやすい。すっかりファンになってしまいました。その頃は、漠然とですが、将来こんな素晴らしいコーヒーを生まれ故郷の秋田でだせたらいいなというようなことを考えていました」（佐藤さん）

その後、茨城県の製造会社を辞めて、生まれ故郷の秋田に戻って地元の会社に再就職。地元に戻ってもカフェ・バッハのコーヒーが忘れられず、東京から宅配便で取り寄せては家で楽しんでいたそうです。

そんな日が続く中で、次第にカフェ・バッハのコーヒーを秋田で広めたいという気持ちが強くなっていき、私のところに連絡をしてくれました。

それが縁でカフェ・バッハのグループに入り、本格的に自家焙煎コーヒーの勉強に取り組むことになります。店を開業する3年前の、１９９９年のことです。

「会社を辞めて、コーヒーの技術修得に専念するという選択肢もありました。でも、これだとまったく収入がなくなる。開業資金を確保しながら、かつ自家焙煎コーヒー店に必要な技術を身につけるにはどうしたらよいか。その解決策が、会社の休みを利用して東京のカフェ・バッハに通うことでした」（佐藤さん）

会社の休みの日である土曜・日曜を利用し

JR秋田駅から4つめの出戸浜駅で下りる。この出戸浜駅から車で10分ほどのところに『カフェ・ブレンナー』はある。少し歩けば、目の前に日本海が広がってくるような場所だ。

『カフェ・ブレンナー』のオーナー佐藤知儀さん（上）と、奥さんの幸子さん（下）。

て、1ヵ月に2回くらい秋田から東京へ通う。こうした東京のカフェ・バッハ通いは、店を開業するまでのおよそ3年間続きました。

焙煎技術の修得が進んで、ある程度の自信がついた頃から、練習用に焙煎したコーヒー豆を大きなザックに入れて秋田に持ち帰るようにしました。練習といっても、5種類も6種類ものコーヒー豆を焙煎するから相当の量になる。8kgから10kgもの重さになります。家に持ち帰ったコーヒー豆は、ハンドピックして悪い豆を取り除く。それを小分けして小さな袋に入れ、知り合いやコーヒー好きの人たちに配りました。

「コーヒー豆の自家焙煎の勉強をしています。私が焙煎しました。お試し下さい」「自家焙煎のコーヒー店を開こうと思っています。練習用に焙煎したものです。試しに飲んでいただけますか」

このような言葉を添えて、コーヒー豆を配布した人たちは100人以上にもなりました。その人たちが、店を開業してから応援してくれて、今も大切なお客様として続いています。

現在、お店の売上構成は店内での喫茶が20～30％（客単価700～800円）で、コーヒーの豆売り（客単価約1500円）が半分以上（その他ケーキのテイクアウトもある）となっています。

この豆売りで大きなウエイトを占めているものにコーヒー豆の配達があります。オープン時から実施しているもので、200g以上から配達しています。配達日は水曜日と金曜日の2日。配達エリアは車で行ける20km圏内。配達先はおよそ30軒。水曜と金曜で配達エリアを分けて、効率的に回れるように工夫しています。

配達するのはご主人の佐藤さん。お客様にじかに手渡しするので、お客様とのコミュニケーションをとる絶好の機会にもなっています。

入口を入ってすぐの左側にカウンター席を設置。

秋田版カフェコンディトライを目指して奮闘中！

今、佐藤さん夫妻は秋田版カフェコンディトライを目標にして、さらなる飛躍を目指しています。

「オーストリアのウィーンには、コーヒーと手づくりのケーキを食べさせてくれるカフェコンディトライという店があります。若者からお年寄りまで、幅広い層に愛されています。秋田でそんな店が創れたら、こんな素晴らしいことはありません」（佐藤さん）

そのために6年ほど前に、フロアの一角に製菓室を設けました。また奥様の幸子さんは、スイーツを勉強するために店の休みの日を利用して、東京のカフェ・バッハにも通いました。

そんな地道な取り組みが実を結んで、ケーキをお目当てに来店するお客様も目立ってきています。コーヒーとケーキを一緒に楽しむお客様も増えているようです。ケーキのテイクアウトも増えて、今や売上の10％を占めるまでになっています。ケーキは、コーヒーとともに店を支える魅力商品に成長しつつあります。

最後に、佐藤さん夫妻が店を通して行っている様々な催しについて紹介しておきます。例えば、4月から実施しているコーヒー教室もその1つです。3〜4年前からは音楽会もスタートさせました。2015年11月には〝クラリネットの生演奏を聴きながら…〟というミニコンサートを店で開催。お客様に〝演奏を発表する場として、当店をご利用されませんか？〟という提案に応えていただいたもので、たいへん多くのお客様にも喜んでいただいたとか。また、12月にはお客様を講師にして「アメ細工体験教室」という楽しい催し物も実施しました。

佐藤さん夫妻が〝峠〟を象徴する言葉として「ブレンナー」と店名につけたように、『カフェ・ブレンナー』は、人と人とが交流する場として地域の人たちになくてはならない店として着実に成長しています。

早期退職し、第二の人生として自家焙煎コーヒー店を開業。

12 岳山珈琲

宮城・仙台市

宮城県にある泉ケ岳スキー場の近くに2013年8月10日にオープン。緑豊かな山奥にあって、土曜や日曜には店内はお客でいっぱいになるほどの人気を集めている。

訪問先は仙台市泉区福岡字岳山にある『自家焙煎 岳山珈琲』です。泉が丘スキー場の少し手前の県道沿いにあるということで、JR仙台駅前でレンタカーを借りて車を走らせました。

途中、山道に迷い込んだこともあって、店に到着したのは予定時間をオーバーして、お昼を回った12時30分頃でした。日曜日ということもあって、山の中という場所にもかかわらず、店の中はお客様でいっぱい。入口を入って真正面にあるカウンターの中では、奥様の菅野幸子さんがお客様のコーヒーを淹れているところでした。私が入ってくるのに気づいて、昼の忙しい中、コーヒーを淹れながら優しい笑顔で迎えてくれました。その奥様の笑顔がなんとも素敵なこと。道に迷ったこともすっかり忘れて、なぜか心が和んできました。〝おいしいコーヒーはもちろん、この奥様の素敵な笑顔に会いたくて来店されるお客様もいるのでは…〟と思ったりしました。〝笑顔は最高のおもてなし〟と言った人がいます。そんな言葉が一瞬頭をよぎりました。奥様の笑顔に、改めてカフェ経営の楽しさ、素晴らしさを見た思いがしました。

夫婦が力を合わせて 自家焙煎コーヒー店を目指す

『自家焙煎 岳山珈琲』がオープンしたのは、2013年（平成25年）8月10日。菅野潤一さんが55歳、奥様の幸子さんが54歳の時で、早いもので開店してから5年目を迎えます。

菅野さん夫妻は、それまで地元の学校で美術の教鞭をとっていましたが、早期退職して第二の人生として選んだのが自家焙煎コーヒー店でした。

「母の介護があって仕事を辞めましたが、退職後、何かやろうと考えていました。住まいがログハウスだったので、改装してカフェでもやろうと。私自身コーヒーが好きで、手網焙煎していたこともあって、自家焙煎コーヒー店に興味を持っていました。それならコーヒーをもっと勉強しなければと思い、田口先生のセミナーを受講してコーヒーの奥深さを痛感し、バッハグループに入りました。その頃、娘が大学在学中で南千住にアパートを借りており、そんな巡りあわせもあってアパートからすぐ近くのトレーニングセンターに月1回（3日）のペースで1年半ほど通うことになりました」（幸子さん）

初めは奥様の幸子さんがトレーニングセンターに通っていましたが、その後、潤一さんも合流して一緒に自家焙煎コーヒーに必要な知識と技術を修得することになります。

奥様の幸子さんがバッハのトレーニングセンターに通い始めた頃、菅野さんは、宮城県名取市にある名取市立閖上中学校で教鞭をとっていました。ご存知の方も多いと思いますが、学校のあった地域は2011年3月11日に発生した東日本大震災による大津波の被害が大きかったところです。その日、奥様の幸子さんは南千住のトレーニングセンターにいてこの時の様子をテレビで知り、びっくりして地元に戻ったそうです。

手作りにこだわった自家製ケーキの「クラシックショコラ」と「ベイクドチーズ」各450円（税込）。

ログハウスをイメージして内装した寛ぎの店内。菅野さん夫妻お気に入りの、北欧のヴィンテージ家具で統一。

「テレビを見たら、主人の車が流されていて驚きました。車で12時間かけて戻りました。幸い主人は無事でしたが、生徒さんが何人もお亡くなりになって…。そんなこともあって、主人は1年ほどして学校を退き、一緒にトレーニングセンターに通って店の開業を目指しました」(幸子さん)

山の中に開業。地道に地域のお客を増やしていく

東日本大震災によって、菅野さん夫妻の住まいは半壊。新たに住まいと店舗を兼ねた物件を探すことになります。もともとログハウス風のカフェをやりたいという思いがあり、山の方での物件を探していたところ、現在地の土地が売りにだされているという情報を得て購入。そこに、住まいと店舗兼用の2階建てを新築することになります。1階がログハウス風の店舗で、2階が住まい。建物は地元の大工さんに依頼しましたが、内装や看板は潤一さんが自ら手掛けました。おじいさんが大工さんということもあって、大工仕事は大

好きで娘さんたちも手伝い3ヵ月かけて内装を完成させたそうです。

辺鄙な山の中ですから1日に1人とか2人しか来ない日もあり、覚悟していたとはいえ軌道にのるまで不安もあったようです。オープンしてすぐに地元の情報誌に紹介されたのが幸いして、クチコミで少しずつお客様が増えていったようです。仙台市内から車で来店されるお客様が多く、お馴染みのお客様も増えているとか。すぐ近くに団地があり、そこから毎日来店され、コーヒーを飲みながら静かに読書されていくお客様もいると伺いました。良いお客様に恵まれているようですが、これも菅野さん夫妻の人柄の良さに負うところが大きいと思います。

「仙台市からですと車で片道1時間くらいかかります。バスもありますが、1日4本しかありません。そのバスに乗って来店される方もいます。ありがたいことです」（幸子さん）

現在、近辺の団地、仙台市内など20km圏内のコーヒーの配達も行っています。1週間に2〜3回のペースで、夕方の買い物ついでに配達しており、売上を支える柱の1つになっています。

コーヒーを邪魔しない範囲でランチを提供

一般的にコーヒーにこだわるお店ではランチはやりませんが、この店では10食限定で11時30分〜14時の時間帯に「ランチセット」1460円を提供しています。

「車で1時間もかけてわざわざ来店されるお客様もいます。中には〝コーヒーと一緒に少しお腹を満たしたい〟という方もいるでしょう。そんなお客様の声に少しでも応えられればということでランチセットをご用意しました。コーヒーの邪魔にならない内容のメニューにしています」（菅野さん）

自家製ライ麦パン付で、その日によって内容は変わりますが、手作りのローストポークなどを見た目にきれいに盛付けて提供しています。調理するのは菅野さん。美術を教えていたこともあって、その盛付けがじつに素晴らしい。

また、このランチセットでもう1つ素晴らしいと思ったのは、手作りにこだわっていることです。ライ麦パンもローストポークもすべて手作り。これこそ個人カフェの最大の魅力であり、強みではないでしょうか。

左からスタッフの牛山実咲さん、菅野潤一さん、奥さんの幸子さん、スタッフの楠本 藍さん。

喫茶業態から転換。自家焙煎コーヒー店として再出発する。

13 カフェ アランチャート

東京・世田谷

『カフェ アランチャート』は2012年に、それまでの喫茶業態から現在の経営形態に転換。自家焙煎コーヒー店として再出発し、顧客づくりに奮闘している。

深澤賢一・美津代さん夫妻が経営する『カフェ アランチャート（Roaster Cafe Aranciato）』は、東急目黒線奥沢駅から徒歩1分ほどのところにあります。途中、車が渋滞して店に着いたのは夕方の6時過ぎ。忙しい中、深澤さん夫妻が外まで出て、私たちを気持ちよく迎えてくれました。

店名の「アランチャート」とはイタリア語でオレンジ色。〝その意味は、太陽を表し、人を元気にする。太陽の恵みをたくさん浴びた新鮮なコーヒーを通じてお客様の心を癒し、皆さんが楽しく集えるカフェになるようにと名付けました〟と、私を店へ招き入れながら深澤さんは話してくれました。

店内に入ると、入口すぐに設けられた棚の上にさりげなく置いてあるミニサイズのお客様ノートが目に飛び込んできました。なにげなく覗いてみると、そこには〝トーストもコーヒーもおいしかったです。奥沢に来た時にまた飲みにきます。ご馳走さまでした〟と書かれていました。

このお客様のメッセージに、深澤さん夫妻とお客様とをつなぐ絆のようなものが感じられて、なぜか心温まる思いがしました。

自家焙煎コーヒー店へ転換。店名も変えて再出発

深澤さんが、それまでの喫茶業態の店舗から、店名を『カフェ アランチャート』と変え、現在の自家焙煎コーヒー店へと業態変更したのは6年前の2012年（平成23年）1月5日。この時、深澤さんは45歳。新業態への挑戦でもあり、また現状を打開するための再出発でもありました。

深澤さんがコーヒーの道へ進んだのは18歳の時。高校卒業後、大手コーヒー会社のFC店に13年間勤務。その後、1998年（平成10年）、現在の店舗がある奥沢に3代目オーナーとしてFC店をオープンしました。このFC店を15年ほど経営してきたものの、売上の限界と将来への不安を感じて、現在の経営形態へ転換しました。

「いろいろな対策を講じて頑張ってきましたが、なかなか売上が伸びなくて…。将来への不安を感じてい時、SCAJのサイフォンコンテストで知り合ったカフェ・ベルニーニの岩崎俊雄さんから、自家焙煎へ挑戦したらどうかというアドバイスをいただきました。もともと家族ぐるみでバッハさんの大ファンで、いつかはバッハさんのようなコーヒーをお客様に提供したいと思っていました。ですから迷うことなくバッハ主宰の開業セミナーに応募し、バッハグループに参加させていただきました」（深澤さん）

深澤さんはFCの店を経営しながら、およそ3年間、南千住にあるバッハのトレーニングセンターに通って自家焙煎コーヒー店開業のための基礎を修得してくれました。

改装コストを最小限に抑えるために、以前の客席はそのまま活用。新しい店名看板に取り換え、入口入ってすぐにオリジナル焙煎機「マイスター焙煎機」（2・5kg）を導入し、自家焙煎コーヒー店として再出発しました。

店のPRのためにファーマーズマーケットに出店

現在、コーヒー豆の焙煎とコーヒーの抽出はご主人の深澤さん、フードメニューの調理や接客サービスは奥様の美津代さんが主に担当し、2人で力を合わせて頑張っています。

同じ喫茶業態とはいえ、営業内容ががらりと変わってしまい、お客様の層も大きく変わったそうです。自家焙煎コーヒー店として、新規のお客様の掘り起こしとリピート客の獲得に迫られており、そのための地道な取り組みが求められています。

店頭に「FRESH ROASTED GOOD COFFEE」と書いたボードを置いて、店の存在を道行く人に訴求している。

「以前のお客様は来られなくなり、お客様の層は90％以上が変わりました。それだけに今は自家焙煎コーヒー店、カフェ アランチャートのお客様を着実に掴んでいくことが一番大切だと考えています。社会人になった長女と、大学生になった次女の2人の娘がいますが、忙しい時は時間をやりくりして手伝ってくれます。私たち夫婦にとっては心強いサポーターです」（深澤さん）

自家焙煎コーヒー店へ転換して、新たに始めたことがあります。その一つが「青山ファーマーズマーケット」への出店でした。毎週、日曜日に出店して、コーヒーの試飲とコーヒー豆の販売を行なっています。現在は、代官山の朝市にも出店しており、日曜日は朝一番（7時〜11時30分）で代官山に店を出し、その後に車で「青山ファーマーズマーケット」に移動し、午後4時まで営業しています。

この出店を通して、『カフェ アランチャート』という店を多くの人たちに知ってもらい、コーヒー豆の販売はもちろんのこと、奥沢の店舗の来店へ結びつけたいと深澤さんは考えています。そうした取り組みは、少しずつ実ってきているようです。

「青山は東京の中心部にあり、いろいろな方が見えます。それだけに、カフェ アランチャートのコーヒーを知っていただく絶好の機会だと思っています。お蔭様で、青山のお客様が、その後、電車に乗って奥沢に店に来てくれることもありますし、ネットでコーヒー豆の注文をしてくれるケースも増えており、少しずつですが良い結果がでてきています」（深澤さん）

期間限定のオリジナルブレンドを開発しておすすめ

『カフェ アランチャート』では、こだわりの自家焙煎コーヒーをより多くのお客様に知っていただくために、時季に合わせた期間限定のオリジナルブレンドの開発にも積極的に取り組んでいます。

ニューイヤーブレンドやバレンタインブレンドといったブレンドコーヒーもその一つです。

例えば、ニューイヤーブレンドは〝新年を迎えるのにふさわしいグレープフルーツのような爽やかなテイストにいたしました。お正月のお腹いっぱい食べたご馳走の食後にいかがでしょうか〟といったコメントをホームページにのせてPRしています。

「バレンタインブレンドは、バレンタインの日に合わせてグァテマラをベースにしたブレンドコーヒーにしました。お客様から聞かれれば、時間の許す限り丁寧に説明するようにしています。次はどんなコーヒーを考えているのといったことを質問してくるお客様もいます。お客様とお話しをするよい機会にもなっています。同じコーヒー豆でも、焙煎によって味わいが違ってきます。いろいろなコーヒーの楽しみ方を知っていただくことで、カフェ アランチャートのファンになっていただければ嬉しいです」（深澤さん）

世界地図の上にコーヒーベルトを分かりやすく書いたボードを壁に掛けている。

「アランチャートブレンド」620円（税込）。

左から深澤賢一さんと次女の萌子さん、奥さんの美津代さん。

14　デレクト コーヒー ロースターズ

東京・元代々木町

おもてなしの心を大切に、夫婦が力をあわせて大人のコーヒー店に挑戦。

『デレクト コーヒー ロースターズ』が開業したのは2016年7月。おもてなしの心を大切に、夫婦が力をあわせて大人のコーヒー店を目指して頑張っている。

東京・渋谷区の元代々木町は、近くに応神天皇を主座に祀る代々木八幡宮、そして緑豊かな代々木公園があり、近年はお洒落な店が目立つエリアとして人気の町です。

その元代々木町に、２０１６年（平成28年）7月21日にオープンした、田治俊行・亜紀子さん夫妻が経営する『デレクト コーヒーロースターズ』を訪ねました。

訪問したのは、3月の終わりにもかかわらず、小雨の降る肌寒さの残る日でした。店に近づくと、雨にもかかわらず、店の外に出て、お客様を見送る奥様の姿が見えました。お馴染みのお客様なのか、親しそうに話をする奥様のなにげない所作に何か心安らぐものを感じました。

店の中に入ると、オーナーでありご主人の田治俊行さんが、テーブル席に座っているお客様と丁寧に会話する姿がありました。

それとなく耳を傾けると、お客様はメニュー表にある「ハイチ」というコーヒーにたいへん興味を持ったらしく、〝ハイチというコーヒーはどんな香りですか?〟と聞いていました。すると、すぐに田治さんは「ハイチ」のコーヒー豆を少しだけ挽いて、そのお客様に手渡して香りを確かめてもらいました。そして、「ハイチ」という豆について、産地などの情報を盛り込みながら優しく説明し始めました。

小田急線の代々木八幡駅と代々木上原駅の、ほぼ中間の場所に開業している。

後で奥様から聞いた話では、忙しい時はなかなか難しいけれど、できる限り一人ひとりのお客様の要望に応えてコーヒーについての話をするように心掛けているそうです。

カフェ・バッハのコーヒーに出会ってコーヒー店の開業へ

田治さんが『デレクト コーヒー ロースターズ』を開業したのは57歳の時。それまでは家業を継いで、まったく別の仕事をしていました。

「若い時からコーヒーは大好きで、東京のみならずいろいろな場所で飲み歩きました。また学生時代にはカフェでバイトをしたり、もちろん自宅でもコーヒーを淹れていましたが、自分の求める味にはなかなか出会えませんでした。ところが、ある日ふと立ち寄ったカフェ・バッハ、この時いただいたバッハブレンドとの出会いが、その後の人生を大きく変えました。それはまさに自分が追い求めていた味であり、衝撃でした。その後バッハでコーヒーセミナーがあることを知り、さっそく参加しました。そこで伺った田口さんのお話の数々。コーヒーを学ぶことは、すなわち歴史・文化・地理・宗教・生物学・科学等々あらゆる分野につながることを知り、また、人としての資質を高めることが、コーヒーの味に反映されるとのお話は目から鱗でした。昔から好きな言葉に近江商人の〝三方よし(買い手よし・売り手よし・世間よし)〟がありますが、カフェはまさにこの精神に合致している、やりがいのある仕事になると確信しました。その後バッハグループに入会し、自家焙煎コーヒー店の開業を目指すことにしました」(田治さん)

田治さんが、バッハ主催のセミナーに参加したのは２０１１年(平成23年)の10月。１年後の２０１３年1月にバッハグループに入会し、店を開業する２０１６年までのおよそ４年間にわたって南千住のトレーニングセンターに通ってくれました。

店を開業する前には、中米のパナマとグアテマラ、南米のブラジルとコロンビアの２回にわたって産地研修に参加してくれました。この時の経験が開業後にたいへん役立ったということを聞いて、私自身嬉しく思っています。

地元にて1年半、持ち帰りコーヒーを販売

バッハグループに入ってから開業まで、およそ４年間の日時を要していますが、その期間は田治さんにとってはたいへん貴重な時間だったのではないか、と私は考えています。

田治さんは、すぐに店をだそうとせず、通っていた地元のケーキ教室の協力を得て、毎週火曜日のコーヒー販売をプレオープンとして始めました。

「週１回とはいえ、今の店を出す前まで１年半にわたってコーヒーの販売を実施できたことは『デレクト　コーヒー　ロースターズ』を地元の人たちに知ってもらう良い機会だったと思います。その時のお客様が、開業後もそのまま応援してくださり、今の店を支えてくれる大切なお客様になっています。良いご縁をいただけ、ありがたく思っています」（田治さん）

田治さんのいう縁、これも個人店カフェを成功させる大切な要素の一つです。でも、その縁は人と人の絆を大切にする田治さん夫妻の優しい気持ちがあったからだと私は考えます。

縁とは不思議なもので、じつは今の店舗を借りることができるようになったのも、そうした縁が大きくかかわっています。

「今の店舗は、プレオープン時の店からも

フロア奥、客席すぐの横に置かれたオリジナル焙煎機「マイスター焙煎機」（5kg）。

テーブル席には、おもてなしの心を表現してオリジナルの真鍮プレートをセットし、そこにコーヒーカップを置いて提供している。

カウンターバックの棚に整然と並べられた、コーヒー豆を入れたガラスキャニスターが目を引く。

ほど近い作家物を扱う和食器屋さんでした。ケーキ教室で知り合った方のご子息の器を見に行ったところ、そこの店主とのわずかな談笑の中で、店を探していることを伝えると、1年半後には店をやめるので、その後ここで始めたらどうかと声を掛けてくださいました。店舗の持ち主の方もコーヒーにたいへんご理解があり、地元で開業したいと思っていたので、本当にありがたかったです」（田治さん）

　田治さんは、地域の人たち、若い方から年輩の方までが落ち着いて寛げる〝大人のコーヒー店〟を目指しています。〝コーヒーでおもてなしする〟という気持ちを大切にしており、そのおもてなしの心を少しでも理解するために、開業前に田治さん夫妻は茶道講座に通って勉強しました。

　コーヒーを通して、いろいろな事柄に興味を持って勉強するという田治さんの前向きな姿勢が、これからのさらなる飛躍につながると期待しています。

「お客様ご自身で淹れられるコーヒータイムが、少しでも豊かなひとときになればと思い、そのための提案も積極的にしています。なかなか上手に淹れられなくて…という方へちょっとしたコツをお伝えして、次回の来店時に〝すごくおいしく淹れられるようになりました〟と声をかけていただけると、とても嬉しく思います。器や四季折々のしつらいによる空間の楽しみ方も、その一助となれば喜びです」（田治さん）

　今回の訪問で伝わってきたのは、地域の人たちと共に歩み、成長していくという田治さんの真摯な姿勢でした。

「近隣の飲食店には私も行きますし、お客様にも積極的にご紹介しています。それによってお互いが少しでも協力し合えれば、これほど素晴らしいことはないと思っています」（田治さん）

　店名の「デレクト（DELECTO）」とは、ラテン語でデリシャスという意味だそうです。〝皆様にほんのひとときでも「DELECTO」できるように心をこめて珈琲と向き合いたいという思いを込めてつけました〟という田治さんの真面目な人柄が伝わってくる店名です。いつまでも初心を忘れずに、お客様においしいコーヒーを提供することを願っています。

夫婦が力を合わせて頑張っている店

15　カフェ・フーガ

東京・東村山市

地域の人に寄り添った
コーヒー屋を目標に
夫婦が助けあって奮闘。

『カフェ・フーガ』が開店したのは2009年6月。夫婦が力をあわせ、地域の人に寄り添ったコーヒー屋を目指して奮闘している。

地域に寄り添った店づくりでお客様に親しまれている木下 博・智穂美さん夫妻が経営する『カフェ・フーガ』を訪問しました。お店は、西武新宿線「久米川駅」のすぐ目の前、徒歩1分の場所にあります。

店舗面積はおよそ8坪、カウンター席3席にテーブル席12席（4人掛け×3卓）、合わせて客席数15席の小さな店です。入口を入ると狭い通路の右側に設置された、外装を真っ赤にペイントしたオリジナル焙煎機「マイスター焙煎機」（5kg）が目に飛び込んできます。

店内は木下さんの趣味である木工の技術を生かした手作り感あふれるつくり。店内のあちこちに、木下さんの人柄が伝わってくる様々なアイデアが見られます。木下さん夫妻の誰にでも打ち解けて優しく接する人柄と相まって、家に帰ってきたようなアットホームな雰囲気があり、なぜかほっと心が癒されるから不思議です。この場所に店を開業して丸8年を過ぎ、〝お陰様で、地元の方を中心にお馴染みのお客様も増え、気軽にコーヒーを飲みにきていただいています〟という木下さん夫妻の言葉が、店に来て肌で感じることができました。

輸入雑貨の店から転換。55歳でコーヒー店を開業

木下さんが『カフェ・フーガ』を開業したのは、2009年（平成21年）6月18日。55歳の時です。

「長いこと輸入雑貨の店を経営していました。その間、土曜日と日曜日を利用して、ここから、さほど遠くない埼玉の秩父の山に小屋を作り、釜めしやカレー、コーヒーなどを出す店をやっていましたが、年齢的にもきつくなり、それなら地元久米川で好きなコーヒーの店をやろう。そう思って今の店を始めました」（木下さん）

木下さんは、それまでいろいろな店に行ってコーヒーを飲み歩いてきました。その飲み歩きで、コーヒーを飲んだ後に必ず現れるのが腹痛の症状でした。カフェ・バッハにもお客の一人として来店したようですが、その時は飲んだ後に必ず起きる腹痛の症状がでなかったとか。その違いはなにか。それは〝きちんとハンドピックしていて、不良豆が入っていなかったからということが後で分かりました〟と木下さんは私に話してくれました。

そんなこともあって、〝自家焙煎コーヒー

店頭に船のランプを置いており、久米川駅からもよく見える。常連客の中には、このランプの灯りで営業中であることを確認してから来店する人もいる。

の勉強をするならカフェ・バッハで〟ということで、私どものグループに入りました。その後、輸入雑貨の店をやりながら、店を出す3年ほど前の2006年から南千住のトレーニングセンターに通い、自家焙煎コーヒー店開業に必要な知識と技術を修得しました。

コーヒーが気軽に親しめ、楽しめる店づくりを目指す

コーヒー専門店というと、一部のコーヒーマニアを対象にした、ちょっと敷居の高い店をイメージする人がいるかもしれません。木下さん夫妻が目指したのは、そうしたイメージの店ではなく、地域の人たちが気軽においしいコーヒーに親しめ、楽しめる自家焙煎コーヒー店でした。

〝地域の人たちが肩ひじ張らずに、気軽にコーヒーに親しみ、楽しんでほしい〟、これが開店以来、木下さん夫妻が心掛けていることです。それが一番よく表れているのが、木下さんが自ら手作りで仕上げた店舗です。

「店内はガスの配管とか焙煎機の設置などは別として、内装からトイレ、床、棚まで、ほとんど自分でやりました」（木下さん）。

この手作り店舗でおもしろいのは、コーヒーを話題にしてお客様とのコミュニケーションが図れるような工夫が随所に見られることです。例えば、入口を入ってすぐに焙煎室のコーナーがあります。焙煎室といっても、天井から手書きの「コーヒー焙煎室」というボードを吊るしてあるだけで、客席との間を特別仕様のドアで仕切っているわけではありません。手を伸ばせば、すぐ届くような場所に焙煎機が置いてあります。ボードには「この焙煎機でコーヒー豆を煎ってます」という言葉が書かれています。

入口を入ってすぐに置いてあるオリジナル焙煎機「マイスター焙煎機」（5kg）。焙煎機の表面が真っ赤に塗装してあり、店に入るとお客の目にダイレクトに飛び込んでくる。

『カフェ・フーガ』の代表、木下 博さん(右)と奥さんの智穂美さん(左)。

コーヒーに興味のあるお客様なら、〝この焙煎機でコーヒー豆を煎っているの?〟〝どんなふうにして焙煎するの?〟と質問したくなります。そうした質問に木下さんは、丁寧に応対し、そうした会話を通して自店の自家焙煎コーヒーの特長を理解してもらうようにしています。

カウンターに目をやると、「ハンドドリップ見学コーナー」と書かれた手作りのPOPが掛けてありました。こんなPOPを見るのは初めてなので、木下さんに聞いてみました。

返ってきたのは、〝お客様に気軽に声をかけていただき、うちの店のコーヒーを知っていただきたいとの思いから作ったものです。カウンターに座ってコーヒーの淹れ方を見たいというお客様もいます。その時はこちらへどうぞと、おすすめしています〟という言葉でした。

小さなサイズの手作りのPOPですが、これがお客様と木下さんをつなぐ大切なコミュニケーションツールになっており、そこからお客様の輪が広がっているように思いました。

それと、もう一つ感心したのは奥様である智穂美さんの接客サービスです。

個人経営のカフェにおける奥様の役割についての大切さは何度となくお話しをしてきました。個人店においては、その店のオーナー以上に、奥様のお客様への対応の仕方が顧客づくりを大きく左右します。

奥様の智穂美さんの接客サービスで素晴らしいのは、誰にでも分け隔てなく優しい心づかいで接していることです。それを自然体でしていることに、すごく好感を持ちました。たぶん、お客様もそんなふうに感じているのではないでしょうか。

聞けば、この店では、場所柄、小さな子供連れのファミリーが来店することもあるそうです。

小さな子供連れだと、コーヒーが好きで飲みたくても、人の目が気になって遠慮してしまうものです。

そうした小さな子供連れでも、気兼ねなく気軽に利用してもらうようにしているのもこの店の特徴であり、魅力です。時には、ぐずつく小さな子供をあやして、両親が楽しくコーヒーが飲めるようにしてあげるようなこともしています。

「周辺にマンションがあって、小さい赤ちゃんを抱っこして来店するお客様もいます。コーヒー好きの気持ちが分かるので、気兼ねせずにコーヒーを楽しんでもらえたらいいですね。赤ちゃんがぐずったら、私が代わりにあやすこともあります」(智穂美さん)

〝わたしって、小さな赤ちゃんをあやすのがうまいんですよ〟と明るく笑う智穂美さんに、個人経営のカフェの素晴らしさを見る思いがしました。

16　カフェ・シュトラッセ

長野・朝日村

中古のプレバブを購入してオープン。6年後に店舗を新築して再出発。

『カフェ・シュトラッセ』は17年前に児玉理《さとし》・千代美さん夫妻が開業した自家焙煎コーヒー店である。中古のプレハブからスタートし、今では地域になくてはならない店に成長している。

自家焙煎珈琲『カフェ・シュトラッセ（Kaffee Straße）』は、周りを田畑に囲まれた長野県東筑摩郡朝日村にあります。児玉 理・千代美さん夫妻が、この店を開業したのは2001年1月。早いもので、オープンして17年になります。

今では周辺の田園風景にすっかり溶け込んで、地域の人たちにとってなくてはならない店に成長しています。

長野で働きながら休日を利用してコーヒーの勉強のために上京

児玉さんが『カフェ・シュトラッセ』を開業したのは37歳の時でした。それまで児玉さんはカフェレストランで10年ほど働いていましたが、自家焙煎コーヒー店をやりたいという思いが強くなっていったそうです。

「はじめは会社勤めをしていましたが、いつかは独立して自分で何かやりたいと思い、その第一ステップとしてカフェレストランに転職しました。そのうちコーヒーに興味を抱くようになり、独立するなら自家焙煎コーヒー店だと思うようになりました。ちょうど33歳くらいの時で、その気持ちが次第に強くなりカフェ・バッハで働いて勉強しようと思い、そのことを手紙に書いて田口先生のところに送りました」(児玉さん)

この時のことは私もよく覚えています。私がその時、心配だったのは児玉さんの年齢でした。確か33歳か34歳という年で、若いスタッフと一緒にゼロからコーヒーのことを勉強するのは難しい。それも、長野に奥様を置いて、1人で上京することになる。生活のこともあり、そうした諸事情を考えてその話はお断りしました。その代わり、カフェ・バッハのグループに入り、地元で働きながら、休みの土曜・日曜日を利用して上京し、南千住にあるトレーニングセンターに通って勉強する。その方がいいのではないか、とすすめました。

そうした私の助言を素直に耳を傾けてくれて、それから3年間、仕事場の休みの日を利用して上京し、自家焙煎コーヒー店開業に必要な知識と技術を修得してくれました。

「以前、働いていたカフェレストランのオーナーにも自分の将来の夢を話し、理解していただくようにしました。お蔭様で辞めた後も応援してくれて、今はコーヒー豆を購入していただくお得意様になっています。これも、その時、田口先生から働いてお世話になっているオーナーにはきちんと話しておくようにという助言をいただいたお蔭で、人と人のつながりの大切さを改めて教えていただきました」(児玉さん)

中古のプレハブを買って自家焙煎コーヒー店を開業

今の店舗は、開業してから6年経った2007年12月に、現在地に場所を移して新たに建てたものです。最初の店舗は、中古の3棟プレハブでした。この中に焙煎機を置き、少しばかりのテーブルを置いた本当にシンプ

田園風景が広がり、近くには「山鳥場遺跡」もあるような穏やかな場所に開業している。

ルなものでした。お金がなかったので、排煙用の煙突は自分で取り付けました。

プレハブを置くスペースは、お兄さんが経営する運送会社の駐車場の一角を借りたものです。お兄さんにも事情を話して協力してもらいました。

お店が軌道にのるまで、お兄さんの運送会社でドライバーとして雇ってもらいました。

昼はドライバーとして仕事をし、その仕事が終わって車から降りて、店の仕事に携わる。

木の温もりが感じられる落ち着いた雰囲気の店内。

児玉さんがドライバーとして外に出ている間は、奥様の千代美さんが店を仕切る。そんな生活がオープンしてから2年半ほど続き、その間、少しずつお客様を増やしていき、ドライバーの仕事をしなくてもやっていけるという状態に持っていきました。

そのプレハブ時代の『カフェ・シュトラッセ』が、お客様のブログ〝自家焙煎珈琲店めぐり〟に写真入りで紹介されています。2002年8月訪問と書き込まれており、お店を出してちょうど1年半くらい経った頃と思われます。お馴じみのお客様から、〝ブログで紹介されているよ〟とコピーしたものを見せられたそうです。そのコピーを児玉さん夫妻は、今も宝物のように大切に保管しています。

そのブログには〝かなり辺鄙なところにプレハブのような建物がある。玄関でスリッパに履き替え中に入る。女性の店主らしいとても清潔で気持ちのいいお店である…〟と書かれています。

このお客様はたぶん奥様の千代美さんを店主と思ったのでしょう。この時、児玉さんは

『カフェ・シュトラッセ』のオーナー、児玉 理・千代美さん夫妻。

雑味のない味わいで人気の「シュトラッセ ブレンド」410円（税込）。

ドライバーの仕事をしていて、店にはいませんでした。もちろん奥様も店主には違いありませんから、この紹介文に間違いはありません。

ここで私が言いたかったのは、『カフェ・シュトラッセ』はまさに児玉さん夫妻2人のお店であり、奥様の支えがあって現在につながっているということです。そこに、個人経営のカフェの強みがあり、また楽しさや素晴らしさがあると思います。

100坪の敷地を購入して住居兼用店舗を新築

オープンしてから6年経過した2007年に、店舗兼住宅の建物を完成させ、新たなスタートをきります。

100坪の土地を購入し、その敷地の一角に現在の店舗を新築。それが今の店舗です。児玉さん夫妻の店づくりで感心するのは、目先の儲けにまどわされることなく、できる範囲で無理をせず、一歩ずつ着実にステップアップしていることです。

店を出す前の準備段階から開業、そして開業後も、この姿勢は変わらずに今日まで続いています。

新店舗をオープンして3年後の2010年には、それまでの懸案だった入口まわりの補修工事に取り掛かって無事に終了。さらにその3年後の2013年には、ケーキ作りのための製菓室を完成させています。

「新店舗を作る時にすべて完成すれば一番なのですが、資金的なこと、作業的なことを考慮して段階的に取り組んできました。入口まわりも、冬場は足下が凍って危険だったのですが、やっとお客様に安心してきていただけるようになりました」（児玉さん）

現在、カウンターの中は主に奥様の千代美さんが切り盛りし、その間、ご主人の児玉さんは車でコーヒー豆の配達に飛び回っています。現在、配達エリアは店から14kmから50kmくらいまで、木曽、安曇野、松本、諏訪といった地域をカバーしています。児玉さんのコーヒー豆の配達を心待ちにしているお客様もいて、地域の人にとってなくてはならない店になっています。

17　ユナイトコーヒー

長野・大町市

県外から長野県大町市に移り住んで開業。小さな子供を抱えて大奮闘。

『ユナイトコーヒー』は松浦周平・京子さんが県外から長野県大町市に移り住んでオープンした店である。開業以来、地域に根ざした店づくりを目指して奮闘中だ。

大町市は長野県の北西部に位置し、立山黒部アルペンルートの長野県側玄関口としてよく知られています。周辺には白馬八方尾根をはじめ、いくつものスキー場があり、冬はスキーヤーやスノーボーダーで賑わう人気のスポットです。

この大町市に県外から移り住んで自家焙煎珈琲屋『ユナイトコーヒー（UNITE-COFFEE）』を開業し、小さな子供2人を抱えて奮闘しているのが松浦周平・京子さん夫妻です。

松本と長野のほぼ中間にあり、途中車窓から田畑を眺めながら店に向かいました。店のある大町市大町は周りを自然に囲まれた、静かな佇まいの町。その一角に『ユナイトコーヒー』はあり、車が店に着くなり、店主の松浦周平さんと奥様の京子さんが外に出て迎えてくれました。京子さんは背中に、生後9ヵ月になる凛《りん》くんを背負っていました。後から聞いた話では、松浦さんがコーヒー豆の配達で外に出ている時は、奥様の京子さんが小さな子供をおぶりながら店を守っているとか。改めて、〝母は強し〟という思いを強くしました。

『カフェ・シュトラッセ』との運命的な出会い

店主の松浦さんの経歴が少し変わっています。生まれは兵庫県加古川市。1979年（昭和54年）8月15日生まれで、今年38歳になります。

「小学校の時から陸上競技を始め、その後、中学、高校、大学と13年間やって引退しました。大学卒業後はスノーボードに没頭し、長野に移住しました。雪山中心の生活をしている中で、旅行先の自家焙煎コーヒー店に入り、初めてブラックでおいしいコーヒーに出会い衝撃を受けました。これがコーヒーの道へ進む第一歩となりました」（松浦さん）

松浦さんが入った自家焙煎コーヒー店は、金沢市にある『チャペック』さんでした。その店が、カフェ・バッハのグループ店だったことを知った松浦さんは、長野県内でグループ店がないかいろいろ調べたそうです。

それで知ったのが、児玉　理さんが経営する『カフェ・シュトラッセ』でした。

その後、松浦さんは児玉さんの店へ何回も通いました。独学でコーヒーを学ぶことに限界を感じていた時、児玉さんから勧められたのがカフェ・バッハの主催する「自家焙煎珈琲セミナー」の参加でした。

「セミナーを受けて、勉強するならカフェ・バッハのグループに入るしかないと思い、面談を受けることにしました。当時、私は妻と結婚し、長野に住んでいましたが、妻のお母さんがカフェ経営にたいへん興味を持っていたので支援してくれるということで、私と妻とお母さんの3人で田口先生のもとを訪れました。その時、先生から言われたことで非常に記憶に残っていることがあります。それは、コーヒーの勉強をするのも大切だが、スノーボードを捨ててはダメだよということでした。深い意味は分かりませんでしたが、もの凄く嬉しかったのを覚えています」（松浦さん）

松浦さんは、スノーボードのことはすっぱり捨てて、コーヒーに没頭しろと言われると思ったのかもしれません。でも、私はちょっと違う考え方をしました。松浦さんは、一時プロのスノーボーダーを目指したほどの技能を持っていますし、実際にインストラクターの資格もあります。奥様の京子さんもスノーボードが大好きで松浦さんと知り合い、子供までもうけました。

それほど一生懸命やってきたことを捨てることはありません。スノーボードを通していろいろな人たちと知り合いました。スノーボードを通して、いろいろなものを学び、そ

コーナーを利用してアール状の客席を設けている。

れが今の松浦さんの人となりを作っています。

そうしたスノーボードで培ってきたものを捨てるのではなく、コーヒーの世界でも生かしてほしい。それによって、カフェ・バッハとは違った松浦さん独自の自家焙煎コーヒー店を実現してほしい。そのように考えて、〝スノーボードは捨てないで〟と言いました。

地域に密着した店づくりを目指してオープン！

『ユナイトコーヒー』がオープンしたのは、今から9年前の2009年5月。

現在の店舗は、知り合いの紹介で、訳あり物件を安く借りてオープンしたものです。道路に面しておよそ15坪の店舗スペースは、その奥に住まいがあります。できる限りお金を切り詰めるために、居ぬき物件を自分たちで改修。店内から外まわりまで、コツコツと手作りでなんとか形を作っていったようです。

「田口先生のセミナーに参加して、地域に寄り添った店づくりをしようと思っていたので、始めから大町市で店を出そうと思っていまし

『ユナイトコーヒー』のオーナー、松浦周平・京子さん夫妻。奥さんが抱っこしているのは息子の凛（りん）くん（9ヵ月）。

「ベイクドチーズケーキ」350円と「ユナイトブレンド」450円（税込）。

た。私は兵庫、家内は埼玉出身ですが、2人ともスノーボードが好きで20代前半に長野に移住して、結ばれましたから、ここで頑張ろう。この街で地域の人たちに喜んでいただけるコーヒー屋になろうと思っています」（松浦さん）

初めは、地元の人たちから奇異な目でみられたそうです。お客様の中には、〝なんで、若いのに、こんな場所でコーヒーの店を始めたの〟と、不思議がって、そんなことを聞いてくる人も少なくありませんでした。

そんなお客様には、〝スノーボードが好きで長野に移住し、おいしいコーヒーを出したくてカフェ・バッハで勉強して、今の店を出しました〟と、これまでの経緯を丁寧に話しました。

そうした真面目な姿勢が地域のお客様に少しずつ理解してもらい、コーヒー好きのファンが少しずつ増えていきました。

周辺は農家が多く、農作業が終わった後に来店されるお客様もいます。そうしたお客様の中には、〝うちでとれた野菜だ〟といって持ってきてくれる方もいて、地域の人たちとの距離も縮まってきています。

スノーボードのシーズンには、インストラクターとして呼ばれることもあります。そんな時は、店を奥様に任せて快く引き受けています。店の周辺にはいくつものスキー場があり、その中にはカフェやレストランが入っていて、そこから〝ユナイトコーヒーさんのコーヒー豆はおいしいから〟とコーヒー豆の注文が定期的にあり、今では大切なリピート客になっています。

その中には、松浦さんがスノーボードに夢中になっていた若い頃にアルバイトで働いていた店もあります。スノーボードは、コーヒー屋になった今でもお客様をつなぐ大切な絆になっています。

店名の「ユナイト」という言葉は結びつけるという意味で、人と人を結びつけるコーヒー屋でありたいという思いを込めて松浦さんがつけたと聞きました。

今年でオープン9年目を迎えますが、そんな思いを実現するためにも、長野県の大町という場所でより一層頑張ってもらいたいと願っています。

金沢市の郊外でコーヒーとケーキの店「カフェ コンデトライ」を目指す。

10年ほど前に、金沢市の中心街から現在地に移転オープン。コーヒーとケーキの店「カフェ コンデトライ」を目指して、夫婦が力を合わせて頑張っている。

18 カフェコンデトライ ラインハイト

石川・金沢市

金沢駅から車で中心街を通りぬけてしばらく行くと、浅野川に出ます。その川の橋を渡ってすぐの、閑静な住宅街に『カフェコンデトライ ラインハイト』はあります。オーナーは今年51歳になる中野 要・ゆき絵さん夫妻。

金沢市の近江町市場で12年にわたって喫茶店を営業

中野さんは、現在地へ移転オープンする際

に、〝もう一度ゼロから自家焙煎コーヒーの勉強をしたい〟ということでセミナーに参加し、その後、バッハグループに入りました。

中野さんの生年月日は1967年（昭和42年）7月14日。

金沢市に生まれ、当初パティシエを目指し、高校卒業後に地元のケーキ店に入って修業したそうです。

その後、26歳でお母さんが経営していた喫茶店を引き継ぐことになります。店名は『カラヤン』で、金沢市の中心街の近江市場にありました。

「母が開業した喫茶店をそのまま引き継いで始めました。昼にご飯をだすような喫茶店で、見よう見まねで自家焙煎もやりました。今、考えるとお恥ずかしい話ですが、豆を茶色にするのが焙煎というくらいにしか考えていませんでした。そんなわけですから、当然おいしいコーヒーも出せないという状況でした。この店でおよそ12年間、営業していましたが、道路拡張による立ち退きにより移転オープンしなければならなくなり、それを機にもう一度ゼロから自家焙煎コーヒーの勉強をしようと決意し、移転オープンの2～3年前から田口さんのセミナーに参加するようになりました」（中野さん）

その時のことは私もよく覚えています。金沢からバッハのある東京まで、2年間にわたって自家焙煎の知識と技術を修得するために通ってくれました。中野さんの強い意志と実行力が、現在の『ラインハイト』につながっているように思います。

道路拡張による立ち退きを機に郊外へ移転オープン

現在、店がある金沢市田上さくらは金沢市の郊外にあたる場所。郊外といっても、住宅地として開発される前は、中野さんの言葉を借りれば〝金沢の果て〟のような場所とか。そんな場所に、移転先として選んだのには理由がありました。

それは、ゼロから再出発したいという中野さんの強い思いでした。

「住宅地として新たに開発される場所で、私自身もゼロから生まれ変わりたい。そんな思いがあって、移転先を田上さくらに選びました」（中野さん）

店名の『ラインハイト（Reinheit）』は、ドイツ語で〝純度〟〝純正〟〝純粋〟といった意味の言葉だそうです。

「不純物を丁寧に取り除いた〝純度〟の高いコーヒーを…という思いを込めてつけました」（中野さん）

中野さんの自家焙煎コーヒーに対する真摯な取り組みをストレートに表現した店名だと思います。新天地での、再出発の意気込みが

金沢市の中心街から離れた田上さくらにある『ラインハイト』。

店内の一角に焙煎室を設け、以前の店舗で使用していた富士珈機の焙煎機「フジローヤル」(3kg窯)をそのまま移設して使用している。丁寧にハンドピックし、コーヒー豆の特性を最大限に引き出した焙煎に日々努めている。

伝わってきます。

しかし、新天地での再出発は決して生易しいものではありませんでした。とくに最初の1年目はたいへんでした。その年の冬は大雪で、店の前に積もった雪を2時間かけて除雪。それでも、お客様の来店する気配がまったくなかったとか。その後も、数えるほどのお客様しか来ない日が続きました。

「オープン当初は、正直どうなるか不安でした。とにかく、来店されたお客様一人ひとりに対し、丁寧なサービスを心掛けました。私自身、あまり話は得意な方ではありませんが、私なりに心を込めてラインハイトのコーヒーに対する取り組みなどをお話しさせていただくようにしました」(中野さん)

お客様との会話の中で、大切なのは話術ではありません。あまりスムーズに話されると、逆に印象に残らないこともあります。話し方がつたなくても、一生懸命相手に伝えることが大切なのです。

また、『ラインハイト』では、地域の小中学校や地元新聞社のコーヒー教室にも、講師として積極的に関わっています。これは、地

ケーキづくりは奥さんが担当しており、常時5〜6種類を揃えて提供している。

コーヒーとケーキのマリアージュをテーマにおすすめし、お客に喜ばれている。

域の中でお客様の信頼を得るうえで非常に大事なことです。近年は、小さなイベントを通して地域の人たちとの絆を強めていくような取り組みも始めています。昨年店を会場にして実施した朗読会も、その一つでした。

「この夏には地域の人たちが行うバーベキュー大会にも参加させていただきました。店を早仕舞いしてでも参加させていただくようにしています。地域の人たちとの絆を深める良い機会なので、大切に考えています」（中野さん）

夫婦が力を合わせて
コーヒーとケーキの店を目指す

『カフェコンデトライラインハイト』

この〝コンデトライ〟には中野さんと奥様のゆき絵さんの2人の願いが込められています。コンデトライとは、ドイツやオーストリア、北欧圏などに見られるパティスリーとカフェを併設した店舗のこと。〝コーヒーとケーキ、その両方をゆっくり楽しんでいただける店づくり〟というのが、中野さん夫妻がこの場所で移転オープンした時のもう1つの夢でもありました。もともと中野さんはパティシエ。その知識と技術を奥様が受け継いで、今は奥様がケーキ作りを担当しています。ケーキだけではありません。自分から率先してパン教室に通い、今ではケーキだけでなくパンも自家製を提供するまでになっています。

現在、コーヒーとケーキのマリアージュをテーマに、中野さんは自家焙煎コーヒー、奥様はケーキ作りでお互いに協力し、お客様に喜んでもらえるように日々努めています。

夫婦が同じ目標に向かって頑張っていけば、自然と店の雰囲気を作り、お客様に伝わっていきます。そこに、お客様は心安らぐものを感じて、またその店を利用するのではないでしょうか。

「日曜日の午後は、場所柄、女性同士や中高年のご夫婦が来店されることが多く、ほとんどのお客様がコーヒーとケーキを一緒に注文して、楽しんでいかれます」（中野さん）

コーヒーとケーキを一緒に楽しむというカフェ文化が、金沢市の郊外で着実に根付いていることを実感することができました。

夫婦が力を合わせて頑張っている店

車椅子で頑張るご主人に寄り添って、おいしいコーヒーづくりをサポート。

19　クアドリフォリオ

京都・下京区

『クアドリフォリオ』の山口義夫さんは、車椅子でコーヒー豆の自家焙煎に挑戦し、2013年3月に自分の店を開業した。

『クアドリフォリオ（Quadrifoglio）』の山口義夫さんは、車椅子でコーヒー豆の自家焙煎に挑戦し、2013年3月、京都市下京区西七条北東野町にかねてからの念願だった自分の店を開業しました。

今の店を開業するまでは、開業準備中ということで、マンションの一室に焙煎機を設置し、焙煎に関する様々なデータを記録し、蓄積していました。

その当時から、〝夫婦で力を合わせてコーヒーのおいしさを広めること。そして自分が焙煎したコーヒー豆を、多くの人たちに飲んでもらえたら、これほど素晴らしいことはない〟という独立・開業へ向けた夢を語っていたことをよく覚えています。

コーヒー豆焙煎の仕事に携わったものの大苦戦の連続

山口さんが、車椅子での生活を余儀なくされたのは高校の時とうかがいました。体育の授業中に背骨を折るという大怪我をし、懸命なリハビリにもかかわらず完治しませんでした。以来、車椅子での生活が続いています。

コーヒーの道に進んだのは、50歳になる少し前。それまでは手描き友禅のデザインの仕事に携わったり、パッケージの木型を作る会社に勤めていました。

「病気で7ヵ月間入院していたことがあり、退院後、知り合いから声をかけてもらったのが喫茶店でのコーヒー豆を焙煎する仕事でした」（山口さん）

その後、コーヒー豆の焙煎の仕事に携わるようになりますが、これが想像以上にたいへんだったようです。焙煎技術は、生豆の仕入れ先の人から1週間ほど手ほどきを受けただけ。その後は、独学でやるしかなかったということです。

「当時使用していたのは20年以上前に製造されていた直火式の3kg釜で、店の扉を開けるたびに風量で焙煎の状態が変わる。それまでまったくやったことのない仕事で、誤ってドラムカバーに手を触れて火傷をするといったこともあり、その扱いには本当に苦労しました」（山口さん）

七条御前と七条七本松の間の、七条通り沿いに開業している。

私自身、自家焙煎に最初に取り組んだ時は試行錯誤の連続でした。焙煎しては上手くいかなくて捨てるという日が何日も何日も続いたことがあります。その量の多さに近所の人が驚いて〝間違ってコーヒー豆を捨てているのでは？〟と心配して忠告してくれたこともあったほどです。

それだけに、当時の義夫さんの苦心は痛いほどよく理解できます。

『珈琲大全』との出会いが大きな転機に

きちんとした焙煎技術を修得するにはどうしたらよいか。コーヒー業界に知り合いのなかった義夫さんが参考にしたのは、コーヒーの専門書でした。そうした本の中に、『田口護の珈琲大全』（NHK出版）があったようです。

「焙煎のことが論理的に書かれていて、これだと思いました。カフェ・バッハについてい

左上：カウンターバックの棚にコーヒー豆を入れたキャニスターを並べている。右上：「ハイチ マール ブランシュ」500円（税込）。左下：入口すぐに設置してある半熱風式焙煎機「マイスターシリーズ」2.5kg釜。右下：お客の注文ごとにペーパードリップで、丁寧に抽出している。

ろいろ調べているうちに、同じ京都にグループ店があることを知りました。その店を訪ねたところ、それならばカフェ・バッハ主催の講習会があるので行ってみたら、そんなアドバイスをいただき、講習会へ行くことにしました」（山口さん）

カフェ・バッハの講習会は、朝から夕方まで、計2日間にわたって行われます。この講習会を、義夫さんは2003年から2005年にかけて4～5回受講しました。

「車椅子なので電車での移動はやっかいだと考えて、自分で車を運転して東京の講習会へ行きました。京都から東京までおよそ8時間。会場に着いたら、車から下り、車椅子に乗り換えて講習を受けました。精神的にも体力的にも厳しいものがありましたが、その代わりに得たものも大きかった。とくに、田口さんから〝できるだけ力になるので頑張ってください〟という励ましの言葉をいただいたのが一番嬉しかった。これが私にとっての大きな力になり、今のクアドリフォリオにつながっていると思います」（山口さん）

講習会での技術修得を経て、その後

2006年3月に自宅マンションに焙煎機を設置して自家焙煎コーヒー店への第一歩を踏み出します。

それから2013年3月に店を出すまでの間、自宅マンションの焙煎機で焙煎技術を磨いていきました。最初は200g、500gと少量の豆を挽き、焙煎記録をとっていきました。

焙煎したコーヒー豆は、顧客づくりも兼ねて知り合いやコーヒー好きの人たちに配布し、試飲してもらい、いろいろな意見を聞くようにしました。

こうした地道な努力の積み重ねを経て当初の目標であった、自分の店を開業することになります。現在の物件は、親しくしている工務店の人の紹介で借りることになりました。豆売りの営業形態なので、当初、客席を用意することは考えていなかったようです。しかし、コーヒーを試飲してもらい、そのおいしさを知ってもらった方が豆売りにつながるのではないかと考え直し、カウンター席とテーブル席を設けました。

「店舗は自宅マンションから車で10分くらいの場所にあります。今は、妻も会社を辞めて店を手伝ってくれており、毎朝、一緒に車に乗って店に出ています。オープンして3年目、営業的に厳しい面もありますが、今が踏ん張り時だと思っています。もう少し時間がかかるかもしれませんが、手を抜かずにきちんとしたコーヒーを作り続けていけば必ずお客様はついてきてくれる。そう信じて、妻と力を合わせてこれまで以上に頑張っていきます」（山口さん）

車椅子で頑張るご主人に寄り添い、支える奥様のサポートには頭が下がります。夫婦で頑張る個人経営のカフェの素晴らしさを、改めて再確認することができました。

『クアドリフォリオ』のオーナー山口義夫さんと、奥さんの清子さん。

カフェ・バッハに10年間勤務。奥さんの実家がある京都でコーヒー店を開業。

カフェ・バッハで10年間勤務し、店長も務めた川口 勝《まさる》さんが奥さんの地元・京都でオープン。豆売りからスタートし、着実に地域社会に溶け込んできている。

20　カフェ デ コラソン

京都・上京区

『カフェ デ コラソン』を訪れたのは7月15日の水曜日。祇園祭の最中で、京都の街は、いつも以上に華やかな雰囲気に包まれていました。

大通りから狭い裏道に入り、車で小さな路地をしばらく行くと、『カフェ デ コラソン』に到着しました。

およそ面積9坪・客席数10席の小さな店ですが、カウンター席もテーブル席もお客様でいっぱい。その後も、来店されるお客様がいるほどの賑わいでした。

カウンターの中では、オーナーの川口 勝さんがムダのないスムーズな動きで対応しています。そのプロのコーヒーマンとしての立ち居振舞いを見て、手前味噌にはなりますが、さすがバッハで店長まで務めただけのことはあると、とてもうれしく思いました。

辻調理師学校でバッハと出会い、コーヒーの道へ

『カフェ デ コラソン』がオープンしたのは今から6年前の2012年ですが、まずは開店までの川口さんの経歴を簡単に説明しておきます。

出身は兵庫県神戸市。1977年生まれですから、今年で41歳になります。2000年に大阪辻製パンマスターカレッジに入学。卒業後の2001年に、カフェ・バッハに入り、4年後の2005年には店長に、そして2006年には日本スペシャルティコーヒー協会（SCAJ）コーヒマイスターを取得しました。

およそ10年間にわたってカフェ・バッハを支えてくれました。カフェ・バッハに入ったのは23歳と年齢的に決して早い方ではありませんでしたが、入社してから4年目で店長になりました。

その頑張りは私自身よく知っています。その時の仕事に対するひたむきな取り組みは、自分の店を持つようになってからも生きているのは間違いない。それは今日見た賑わいが証明していると思います。

入口入ってすぐに棚を設置し、コーヒー関連商品を並べて販売。

川口さんは、カフェ・バッハに入社したことが契機になってコーヒーの道へ進むことになります。

「大阪の辻製パンマスターカレッジに通っている時に、田口さんと知り合い、カフェ・バッハに入ることにしました。製パンの他に、自分が興味のあるものを選んで勉強する専攻科があって、私はコーヒーを選択しました。その時に講師だった田口さんの話を伺い、何か心打たれるものがありました。コーヒーという素晴らしい世界があることを知りました」（川口さん）

豆売りからスタートし、1年後に現在の店舗に改装

川口さんは、今年で開店6年目を迎えますが、これまでの道のりは決して平坦ではありませんでした。

現在の店舗は京都市上京区小川通一条上る革堂町にありますが、奥様の友樹さんの知り合いの紹介で借りることになったようです。『カフェ デ コラソン』が開業したのは

客席は入口入ってすぐのカウンター席と、奥のテーブル席から構成している。

2012年1月。現在の店舗は、開店してから1年後の2013年1月に改装したものです。

限られた資金の中で独立・開業しなければならず、当初は豆売りからスタートし、少しずつお客様の信頼を勝ち取っていきました。

開店から1年間は土間に棚を置き、そこに豆を並べて販売する。初めは看板もなくて何屋だか分からないような状態で、道行く人に〝コーヒーを試飲しませんか?〟と声を掛けて、店の存在を、自家焙煎コーヒーの味を知ってもらうように努めたようです。そんな状態ですから、最初の1年間は、営業的にもたいへん苦しかったようです。

「最初の1年くらいはがむしゃらに働きました。生活費を稼ぐためにアルバイトを2つ掛け持ちし、その間、本来の仕事である豆売りも並行してやりました。朝の2時くらいから牛乳配達をし、終わったら家に戻って2〜3時間仮眠をする。その後、自家焙煎コーヒーの仕事をする。それが夕方くらいまで。店を閉めた後、夜の6時くらいから深夜までスーパーで働く。そんな日が続きました。でも、

この時の頑張りが1年後の店舗の改装、そして今につながっていると思います」（川口さん）

今、奥様の友樹さんは店に出て、店を支えていますが、オープンの前年に女の子を授かりました。現在、その女の子も6歳になりますが、赤ちゃんの頃は奥様が背中におぶって店に出たこともあるそうです。

現在、川口さん一家は職住兼用の店舗を借りています。1階が店舗で、2階が住まいです。カフェ・バッハもフロア構成は違いますが、基本的には同じです。いろいろな考え方はあるでしょうが、個人店の場合、地域の中で愛される店づくりを目指すならこのスタイルがいいように思います。

「小さな子供をあやしながら、道行く人にコーヒーを試飲しませんかといって営業をしたこともあります。そんなことも人々に安心感や親近感を与えることになり、思った以上に早く地域の人に受け入れられた大きな要因の1つと考えています」（川口さん）

今回の取材を、勝さんは次のように締めくくりました。

「店名のコラソン（corazón）とは、スペイン語で〝心〟や〝熱意〟といった意味を表した言葉です。熱意を持って良質なコーヒー作りに励んでいこう、という思いで付けました。コーヒーでお腹を満たすわけにはいきませんが、心を満たすことができればこれほど嬉しいことはありません」

通年商品として人気の「チーズケーキ」360円と「コラソンブレンド」550円（税込）。

コーヒー豆は「マイスター焙煎機（5kg）」で焙煎。入店してくるお客によく見えるように、入口入ってすぐのスペースに設置している。

川口さんが焙煎したコーヒー豆をキャニスターに入れて並べ、お客におすすめしている。

家族が力を合わせて店を盛り上げているカフェ

21　カフェ・デ・ジターヌ

青森・青森市

親と子、2世代にわたって家族が力を合わせ、地域のコーヒーの普及に努める。

青森市の青森県立中央病院前に『カフェ・デ・ジターヌ』が開業したのは2005年3月。現在は、青森市の古川と篠田に2店舗の自家焙煎コーヒー店を開業している。1号店を開業してから13年を迎え、今では青森の人たちになくてはならないコーヒー店に成長している。

青森県は東北地方の北部に位置する、本州最北端の県です。南に岩手県、秋田県が隣接し、津軽海峡を渡った北に北海道があります。

冬の寒さは想像以上に厳しいものがあります。そのことは、県内全域が豪雪地帯に指定されていることからも伺われます。冬時になると雪に埋もれる北国にある店にとって、1

年を通して安定して売上を確保するのはなかなか難しいものがあります。北海道で生まれ育った私には、そのことはよく分かります。今回は、そんな北国という立地のハンデを背負った場所で家族が力を合わせて頑張っている自家焙煎コーヒー店を訪れました。青森で、2店舗の『自家焙煎珈琲店 カフェ・デ・ジターヌ』を開業している今井 徹・啓子さん夫妻と、息子の健さんと奥様の聡子さん夫妻です。現在、今井 徹さんがオーナーマスターとして、また息子の健さんがマスターとして店をまとめています。

1号店を開業してから13年目を迎え、今では地域になくてはならない店に成長しています。

家族が力を合わせて自家焙煎コーヒー店を開業

現在、『カフェ・デ・ジターヌ』は青森県青森市の古川と篠田に、2つの店舗を開業しています。

1号店を開業したのは2005年（平成17年）3月19日。場所は青森県立中央病院の前です。この店は現在ありませんが、この1号店での実績を踏まえて、その後、現在の古川店、篠田店を開業することになります。そのあたりの経緯は後で詳しくお話ししますが、自家焙煎コーヒー店の第1歩はこの1号店から始まります。

この時、今井 徹さんと奥様の啓子さんは56歳、息子の健さんは27歳でした。この当時、健さんは独身で、その後2014年（平成26年）2月に今の奥様の聡子さんと結婚し、現在に至っています。

私が『カフェ・デ・ジターヌ』の開業にかかわるようになったのは、オープンの2〜3年前頃からだったように記憶しています。奥様の啓子さんが私のところに、〝息子がコーヒーの店をやりたいといっており、なんとか力になってあげたい。一緒に始めたいのだが、どのようにしたらよいか〟と相談に来たのがそもそもの始まりでした。

「その当時、私はコーヒーとはあまり縁のない仕事に携わっていました。田口先生については、いろいろな書籍や雑誌を通してよく知っていました。そんな関係でコーヒーの店を開業するにあたっては、コーヒーセミナーに参加してお話しを伺っていました。そんなこともあって、先生のところへ相談に伺うことにしました。私は他に仕事がありましたから、最初は息子と家内で始め、その後、軌道に乗ったら私も加わっていこうというようなことで、家内が田口先生のもとへ相談に行きました」（徹さん）

最初にお会いした時、息子の健さんと奥様の啓子さんの2人でスタートするというお話しを伺って、全面的にバックアップさせてもらうことにしました。

開業にあたっては、息子の健さんが自家焙煎コーヒーの知識と技術を修得するために、1年半ほどバッハのトレーニングセンターに通ってくれました。お店を開業してからも1年半ほど来てくれましたから、合わせて3年間〝バッハ通い〟をしたことになります。

ひと口に〝バッハ通い〟といっても、本州の最北端の青森からですから、それはたいへんだったと思います。時には何日か続けて技術の修得に上京することもあり、できる限り経費を切り詰めるためにバッハのすぐ近くにある1泊３０００円くらいの安いホテルに泊まったこともたびたびあったようでした。

そんな頑張りもあって1号店を開業することになります。

1号店を開業した青森県立中央病院前は交通量が多く、地域の人たちに知ってもらい、店の知名度を上げるには絶好の場所だろうということで選んだようです。でも、借家だったので、ゆくゆくは自己所有物件で店をやりたいという希望を持っており、それがその後の古川店、篠田店への開業へとつながっていきます。

1号店の規模はおよそ12坪。バックヤードを含めると24坪。喫茶と豆売りで、息子の健さんと奥様の啓子さんの2人でスタートしました。店の周知が早かったために、当初想定していた以上に早めにお客様に恵まれました。オープン当初とくに心掛けたのは、品質管理と接客サービスでした。

「コーヒーは息子が担当しましたが、とにかく品質管理を徹底しました。一度でもお客様の信頼を失ったら、そのお客様は来てくださらないということで毎日が真剣勝負でした。私は主に接客サービスを担当しましたが、カウンターに座られるお客様に専念しました」（啓子さん）

お客の注文ごとにペーパードリップで丁寧に抽出して提供する「ブレンドコーヒー」400円（税込）。

1号店をオープンした翌年に古川店をオープン

1号店をオープンした翌年の２００６年（平成18年）12月に、青森県青森市古川1丁目に2店舗の古川店をオープンします。

古川店の店舗は、今井 徹さんのお父さんが以前子供相手のお菓子の総合卸をやっていた頃に取得していたものでした。その後、その自己所有物件を活用するために2号店を開業することにしたものです。

この古川店の開業を機に、今井 徹さんはそれまで勤めていた会社を辞め、『カフェ・デ・ジターヌ』の経営に本格的に携わるようになります。

「1号店は母が、2店舗目の古川店は息子である私が運営する。父には1号店と古川店の両方をフォローしてもらうことにしました」（健さん）

1号店と古川店の、2店舗での営業はその後5年ほど続きますが、2011年（平成23年）に1号店を閉め、その代わりにその年の11月に篠田店を開業します。

篠田店は、青森市篠田にある自宅の庭に新築したもので、これは2011年3月11日に発生した東日本大震災が大きな契機となりました。

大災害を目の当たりに見て、今井 徹さんはすべて自己所有物件で運営することを考えたそうです。その結果、到達した結論が1号店をクローズし、その代わりに自宅の庭を活用した篠田店の開業でした。

篠田店の店舗面積は約18坪。イートインの客席はありませんが、豆売りと事務所、それにフロアの一角を仕切って焙煎室を設けました。それまでは1号店で焙煎していましたが、その機能もすべて篠田店に移行し、さらなる発展を目指しました。

「カフェ・デ・ジターヌ」の店名ロゴが目を引く。

古川店をリニューアルし
客席を設けて売上倍増

その後、2014年（平成26年）11月20日に、古川店をリニューアルオープンします。それまでの豆売り主体のスタンディングだけだった店舗を改造して、イートインでゆっくりコーヒーが楽しめるようにテーブル席を新たに設けました。

これによって売上は倍増しますが、それだけに留まらず、それ以上の大きな成果がありました。それは、より幅広い層の地域の人たちに利用してもらうことができるようになったことでした。その意味では、この古川店のリニューアルが『カフェ・デ・ジターヌ』がそれまでと違って、大きく変わることができた大きな転換点になったのではないか。そんなふうに、私は考えています。

「古川店はアーケードの中にあって、スタンディングだけだったので、お客様の中には入りづらいという人もいました。そこで、若い人にもカフェとして気軽にご利用いただけるようにテーブル席を設けることにしました。お陰様で、豆売りだけでなく地域の幅広い層の人たちにもご利用していただけるようになり、店の存在もグンと高めることができました」（健さん）

「もちろん今まで通り豆売りは充実していましたが、テーブル席でゆっくりコーヒーが飲

上：オーナーマスターの今井 徹さん。下：ペーパードリップでコーヒーを抽出するのは、徹さんの息子でマスターの健さん。

めるというのは大きな効果をもたらしてくれました。店で飲み比べて、気にいったコーヒー豆を購入してくれるお客様が増えて、豆売りにも良い結果をもたらしてくれました。現在、売上構成は、豆売り70％、喫茶20％、器具その他10％となっています」（徹さん）

　古川店のリニューアルでもう1つ注目しなければならないのは、それまで倉庫として使用していた2階スペースを改造して「ジターヌコーヒーラボラトリー」としてスタートさせたことです。

　それまでは市民センターなどで定期的にコーヒー教室を開催していましたが、これをより発展させたのが「ジターヌコーヒーラボラトリー」で、これからが楽しみです。

「コーヒー教室は、２００７年にコーヒーマイスターの資格を取得してから始めました。開催スペースがなかったので、市民センターといった場所を借りて定期的に実施してきました。開催場所を確保するのがたいへんやっかいで、いつか自前で開催できるスペースが欲しかったので、古川店のリニューアルを機に2階フロアを思い切ってジターヌコーヒーラボラトリーに改造しました。ＳＣＡＪのアドバンスド・コーヒーマイスターも取得することができ、そこから本格的に始動することにしました」（健さん）

　アドバンスド・コーヒーマイスターとは日本スペシャルティコーヒー協会（ＳＣＡＪ）が認定するコーヒーマイスターの上位資格で、

2014年（平成26年）に新たに設立されました。その第一期21人の中の1人として認定されたのが今井 徹さんです。その後、健さんもアドバンスド・コーヒーマイスターに合格し、認定されました。1つの店舗で、2人のアドバンスド・コーヒーマイスターがいるということは素晴らしいことです。

「カフェ・デ・ジターヌ コーヒーラボラトリー」では、今井 徹さんと健さんが講師になって、青森の人たちにコーヒーをより深く知ってもらい、かつ楽しく飲んでもらうためのマイスターコースという講座を開設しています。これもまた、カフェという店を通して地域の人たちと関わっていくうえでたいへん大切なことのように思います。

「マイスターコースは、月1～2回で全15回というスケジュールで受講生を募っています。春期（Ⅰ期）は広がるコーヒー文化というタイトルでコーヒーの歴史や生豆の見分け方など、秋期（Ⅱ期）はコーヒーを科学するというタイトルで抽出を科学する、成分と健康について、冬期（Ⅲ期）はコーヒー1杯の工程表といったタイトルで世界のコーヒー事情やスペシャルティコーヒーについてといったように、SCAJ主催マイスターテキストに準じた内容で実施しています。この講座を通して、青森の人たちにこれまで以上にコーヒーが好きになっていただければこれほど嬉しいことはありません」（徹さん）

最後に、新たに『カフェ・デ・ジターヌ』に加わった今井 健さんの奥様聡子さんについても少し触れておきます。今井 健さんと結婚して2年ほどしか経っていませんが、今や『カフェ・デ・ジターヌ』を支えるスタッフの1人としてなくてはならない存在になっています。

結婚後にコーヒーマイスターの資格を取得。子宝にも恵まれ、2015年9月に結也君を出産。子育てに、家事に、そして店の仕事にと大忙しの毎日を送っています。

カフェ・バッハでも、コーヒー好きのお客様が店で知り合って仲良くなり、ゴールインしたケースは何組もありました。そのお客様の結婚式に呼ばれたこともありました。そんなことを改めて思い出させてくれました。

「家内は結婚する前、アパレル関係企業に勤めており、その時の経験値を活かし、とりわけ販促面でいろいろと新しいことに挑戦してくれることを期待しています。チラシの作製とかホームページ、SNSを活用した宣伝とか、これまでにないカフェ・デ・ジターヌの可能性を追求してくれるのではないかと期待しています」（健さん）

これからの今井 徹・啓子さん夫妻、そして若い世代の今井 健・聡子さん夫妻の頑張りにエールを送ります。

左から今井 徹さんの奥さんの啓子さん、孫の結也君、今井 健さんの奥さんの聡子さん。

家族が力を合わせて店を盛り上げているカフェ

22　カフェ グート

山形・米沢市

母と子が力を合わせ気軽に会話が楽しめる店づくりに向かってチャレンジ。

市川愛依子さんが米沢市金池に10年ほど前にオープン。カウンセラーの経験を生かして、気軽に会話を楽しめる店づくりを目指している。

米沢市は山形県置賜地方に位置し、上杉家の城下町としてよく知られています。また高地を利用した放牧畜産が盛んで、米沢牛が有名です。

今回は、その米沢市金池にある『カフェグート』を訪れました。東京から山形新幹線に乗ってJR米沢駅で下車。駅前から車に乗っておよそ15分、米沢市役所のすぐ近くに店はありました。

オーナーの市川愛依子さんとはバッハの主

催するコーヒーセミナーや講習会などで何回もお会いしています。

店を訪れるのは3回目になりますが、今回も楽しみにしていました。

訪れたのが営業してすぐの早い時間だったこともあり、店に入ると焙煎室で市川さんはコーヒー豆を焙煎しているところでした。その真面目な仕事ぶりに、コーヒーに対するひたむきな姿勢が伝わってきて、嬉しい気分になっていました。

『カフェ グート』という店名は、英語のgoodからつけたとか。〝全ての良いを提供したい〟という思いを込めてネーミングしたそうです。

地域密着型ポータルサイト「よねざわネット」には、〝グートでは、良質のコーヒー豆（生豆）を焙煎の前後にハンドピックを行い、店内で正しい焙煎することで、コーヒー豆本来の『旨味』『香り』を引き出し、『新鮮なコーヒー』を皆様にお届けします〟といったことが書かれており、〝グート〟という店名をつけた市川さんの店づくりに対する思いを知ることができます。

カウンセラーの経験を生かして コーヒー店を開業

『カフェ グート』がオープンしたのは2008年11月17日。今からおよそ10年前のことです。

それまでは山形市男女共同参画センター『ファーラ』でカウンセラーとして従事していました。その時の経験を生かし、〝気軽に会話を楽しめるお店を〟と考えてコーヒー店の開業を目指しました。

開業に先立ってカフェ・バッハを訪ねてきてくれましたが、そこまでの経緯を少し触れておきます。

市川さんはクリスチャンで、教会の牧師さんを通してグループ店の『椏久里』さんを知ることになります。その当時は、現在の店に移転する前の福島の飯舘で営業しており、人里離れた山奥でたくさんのお客様を集めて注目されていました。それが縁で『椏久里』のオーナーである市澤さん夫妻を訪ねて、いろいろ相談に乗ってもらったそうです。

「牧師さんのお友達が山奥で本格的な自家焙煎のお店をやっているとお聞きしました。それから市澤さん夫妻のもとに何回も足を運んで、いろいろとお話しを伺わせていただきました。最初が肝心で、始める時はきちんとしたところでコーヒーの勉強をした方がいいよといったことをアドバイスしてもらい、それでカフェ・バッハの田口先生を知りました。パソコンで田口先生やバッハのセミナーのことなどを調べて、ここで勉強しようと決めました」（市川さん）

市川さんがバッハの主催するセミナーに参加した時のことはよく覚えています。前にも少し触れたように、〝コーヒーを、またカフェを通していろいろな方と会話をし、お役に立ちたい。そのためにお店を開業したい〟という市川さんの思いが受講している姿から伝わってきました。

人と人をつなぐカフェの役割をよく理解していると思い、〝一緒にやりましょう〟〝頑張ってください〟とエールを送ったことを記憶しています。

南千住にあるカフェ・バッハのトレーニングセンターには、1ヵ月1回のペースで1年半ほど通い、自家焙煎コーヒーに必要な知識と技術を修得しました。米沢から東京までですから、時間的にも経済的にも厳しかったでしょうが、よく頑張ってくれました。でも、それによってきちんと基礎を身につけたことが、その後の店の運営に十分生かされていると思います。

お母さんをサポートして息子さんが店に入る

開店当初は市川さんが1人でやっていましたが、2年ほど経った頃から息子の裕祐さんがお母さんをサポートするようにして店に入ってきます。

オーナーの市川愛依子さん。

「店に入る前は不動産関係の会社に勤めていました。たまに時間が空いた時に店の仕事を手伝っていましたが、母1人でやるにはたいへんだと思い、会社を辞めて本格的に店の仕事に携わることにしました」（裕祐さん）

不動産関係の会社を退社し、本格的に店に入るようになったのは店をオープンしてから2年後。裕祐さん32歳の時です。

店に入るにあたっては、カフェ・バッハのトレーニングセンターに通って必要な知識と技術を修得しました。

現在、お母さんの愛依子さんと息子の裕祐さんの2人で店を運営しており、お互いに力を合わせて頑張っています。愛依子さんは主にコーヒー豆の焙煎と自家製ケーキ作りを、裕祐さんはコーヒーの抽出と接客サービスといったように役割分担を決めているようです。

裕祐さんは不動産関係の会社に勤めていた時もお客様と接する機会は少なくありませんでしたが、現在の店でのお客様との接し方では大きく違っていたようです。

「カウンターの中でコーヒーを淹れながらお

客様とお話しをさせていただきますが、みなさんとても良い方ばかりで、教えていただくこともたくさんあります。日々、お客様と接することで自分自身が成長させてもらっているし、コーヒーを通して人とつながっていると感じます。カフェとは素晴らしい仕事だと思います」（裕祐さん）

オーナーのお母さんをサポートする息子の裕祐さん。

裕祐さんは、よりコーヒーのことを深く知るために、２０１５年１月に実施したカフェ・バッハ主催のグループ店海外研修旅行に参加してくれました。

２週間の研修旅行で、産地へ行く前にはアメリカのロサンゼルスに立ち寄ってサードウェーブや老舗のコーヒーショップを視察しました。その後、グァテマラ、パナマといった産地を回りました。

現地ではグループ店の人たちに参加してもらってカッピングも行いました。

参加したグループ店の人たちが気にいったコーヒー豆を購入するといったこともしました。この研修旅行は裕祐さんにとっても貴重な体験だったようで、たいへん勉強になったそうです。

「海外のコーヒー事情、また産地の生産状況を知る良い機会となりました。産地ではカッピングもさせてもらい、オーガニックのグァテマラのコーヒー豆を購入してきました。今、このコーヒーを店でお出しして、お客様におすすめしています。実際に産地に行って購入してきたものなので、自信を持っておすすめすることができるのは私にとってもたいへん嬉しいことです」（裕祐さん）

この時の海外研修で購入してきたコーヒー豆「オーガニック グァテマラ」がお客様に好評で、今の一番人気のコーヒーメニューとか。海外研修を主催した私にとっても、たいへん喜ばしいことです。

家族が力を合わせて店を盛り上げているカフェ

母と娘が支え合って地域の人たちに愛される店に向かって頑張る。

23　カフェ ジョット

群馬・前橋

『自家焙煎珈琲 カフェ ジョット』が開業したのは１９９９年11月。その後、区画整理による立ち退きで現在地に移転し、２０１１年4月11日にカフェスペースを設けて再出発した。わずか7坪の物置小屋を改造した店舗でスタートし、今では地域の人たちになくてはならない店に成長している。

群馬県前橋市元総社町《もとそうじゃまち》にある自家焙煎珈琲『カフェ ジョット』を訪問しました。

元総社町は江戸時代頃からある地名で、その昔は「元惣社」と書かれていたそうです。

この店が開業したのは19年前。今の店は区画整理により旧店舗が取り壊しになり、オープンしてから12年後の２０１１年(平成23年)

4月11日に移転オープンしました。

最初の店は、開業する前に相談を受けて行ったことはありましたが、新店舗を訪れるのは初めてでした。私自身どんな店舗になったのか、楽しみにしていました。

最寄駅はJR新前橋駅（上越線または両毛線）ですが、駅から遠く離れた住宅街にあるということは聞いていました。カーナビを頼りに、細い道をあちこち車で行ったり来たり。すぐ近くにあると教えられた蒼海公園を目標に車を走らせて、やっとの思いでお店にたどりついたのは夕方の5時頃でした。

昼間でもほとんど人通りのない閑静な住宅街の中に『カフェ ジォット』はありました。車を下りると、オーナーである田島文子さんと娘さんが店の外に出て、笑顔で私たちを店内へ案内してくれました。

当初、反対していた父親が強い味方になって応援

田島さんが『カフェ ジォット』を開業したのは1999年（平成11年）11月。この時、田島さんは42歳でした。

田島さんが自家焙煎コーヒー店を開業しようと思ったのは、店を始める4～5年前のこと。そのきっかけとなったのが、私が書いた1冊のコーヒーの本だということを聞いたことがあります。

「田口さんが書かれたコーヒーの本を読んで、非常に興味を持ったことを今でも鮮明に覚えています。喫茶店ではなく、豆売りを主体にした自家焙煎コーヒーの店がやりたくて、その頃開催していたカフェ・バッハのコーヒー焙煎セミナーに参加しようと思いました。そのことを、父に相談したら反対されました。その頃、父が創業した印刷会社で働いており、収入も安定していたので、今さらゼロから始めて苦労することもないのではないか…。10年以上前のことなのでよく覚えていませんが、そんな理由で反対されたように記憶しています」（田島さん）

その頃、私はNHK放送でコーヒーの番組に出演していました。たまたま、私が出演していた放送をお父さんが見ていたらしくて、私の存在を知ったそうです。私のコーヒーに対する取り組みや姿勢を理解してくれて、〝田口さんが主催するセミナーなら行ってきなさい。弟子になってしっかり勉強するように〟と、迷っていた田島さんの背中を押してくれたそうです。

セミナーを受講した後は、お父さんの応援もあり、自家焙煎コーヒー店開業への道に進むことになります。

最初の1年間は、毎週土曜日と日曜日を利用して、前橋から電車に乗って南千住にあるカフェ・バッハに通ってコーヒーを飲んで勉強する。1年後にカフェ・バッハグループに入会し、トレーニングセンターに通って本格的に自家焙煎コーヒー店開業に必要な知識と技術の修得に努めます。

このトレーニングセンター通いがおよそ2年間続き、それから独立・開業ということになります。その頃、娘さんは小学生と小さかったので、それは精神的にも肉体的にも厳しかったと思います。でも、この時の頑張りがその後の独立、開業へとつながっていくことになります。

「父は大正2年生まれで、13年前に亡くなり

ましたが、貧しい家庭に育ちながら徒手空拳で印刷会社を起業した人で、何が大切かといった本質的なことをよく知っていました。それで、テレビを通して田口さんの考え方がよく理解できて応援してくれるようになったと思います。そんな父親の応援があったから、自家焙煎コーヒー店が開業でき、今のカフェジォットがあります。父には本当に感謝しています」（田島さん）

自宅に隣接した物置小屋を改造してスタート

初めに開業したのは、わずか7坪の小さな店舗でした。自宅に隣接した物置小屋を改造し、「豆売りだけでスタートしました。

「資金的な余裕もなく、また都会からは想像もできない田舎で、本当にやっていけるのか不安もありました。できる限り出費を抑えようということで、物置小屋を改造して始めることにしました。電気は通っていましたが、ガスも水道もトイレもない状態で、知り合いの大工さんにお願いして豆売りをやっていく

駐車場から少し奥まったところにある『カフェ ジォット』の入口まわり。鉢植えを置いて、入店客を迎えている。

うえで必要最低限の造作をしてもらいました。大工さんにお支払いしたのは総額で100万円かからなかったと思います。焙煎機は5kg窯を導入しました」(田島さん)

私も店を始める前に相談を受け、自宅に隣接してあった小さな物置小屋を見に行ったことはよく覚えています。

私はお店を開業する人に必ず言うことがあります。これまでも、たびたび言ってきたことです。それは、背伸びをしてはいけない。身の丈に合ったやり方で、一歩一歩着実に段階を踏んで目標に向かって進むこと。急がば回れではないですが、それが成功する一番の早道です。

えてして早く結果をだそうとして、無理な資金繰りをしたり、お客様をないがしろにした利益優先の経営をする人をよく見かけます。一時的に売上はあがるかもしれません。でも、こうした店は決して長続きせず、いつのまにかお客様からも見離されて上手くいかなくなる。そうした店を、これまで数えきれないほど見てきました。

ですから、田島さんから声をかけていただき、前橋市元総社町の自宅隣にある物置小屋を見た時も〝初めは、ここでやったらいいよ〟と賛成しました。1人で豆売りだけでやるなら、これで十分だと判断しました。

ただし、豆売りに必要な造作についてはいろいろアドバイスしました。コーヒー豆を購入しに来店するお客様に試飲してもらうためのカウンターもあった方がいいよ、といったことも助言しました。

〝この小さな物置からスタートし、少しずつお客様を増やしていき、しっかり力を蓄えてからカフェスペースのある店舗が持てるように頑張ろう〟と言って激励しました。

そんな私のアドバイスに対しても素直に耳を傾けて、真面目に取り組んできたのが今日の『カフェ ジョット』につながっていると思います。

早朝の2時間、自転車で周辺の家にポスティング

あらかじめ予期していたものの、スタートは想像以上に厳しい状況でした。店を開いたものの、お客様が来ない日が何日も何日も続きました。

それも無理のないことでした。道路から少し奥まったところにあり、店の存在そのものを知ってもらうことがなかなか難しい。お客様に店の存在を知ってもらうことができなければ、どんなにクオリティーの高いコーヒー豆を自家焙煎しても、売れるはずはありません。それは、作り手の単なる自己満足に終わってしまいます。

そこに気づいた田島さんが、そうした状況を打開するために初めたのがポスティングでした。

「待っていても、お客様は来ない。そう考えて、お店を開業して5ヵ月くらい経った2000年3月くらいからポスティングを始めました」(田島さん)

このポスティングのやり方がすごかった。私も田島さんから、改めて当時の話を聞いてびっくりしました。

お店の存在と売り物のコーヒー豆を知ってもらうためにA4サイズのチラシを1万5000枚作製し、周辺の家に配布しま

カウンターバックの棚にきれいに並べられた、コーヒー豆のキャニスターがお客の目を引く。

フィナンシェ170円、マドレーヌ170円、厚焼きバター・クッキー（1枚）200円（アーモンドパウダー入り）、パウンドケーキ風 マーラカオ200円（税込）。

した。チラシの中身はおおよそ次のようなものでした。

「おいしいコーヒーを飲んでみませんか?」というタイトルで、〝生豆の段階で欠点豆（えぐみ、渋味の原因）をハンドピック（一粒一粒、手で取り除く）致しました。焙煎したての苦味と酸味がバランスよく、まろやかでほのかに甘いコーヒーを飲んでみてください。〟というコピーに〈おいしい珈琲豆のお店 案内マップ〉を添えた内容で、そこに店名と営業時間、定休日、住所、電話番号などを書いて、地域の人たちに店の存在を知ってもらうようにしました。

このチラシを朝の4時30分から7時30分まで、自転車で回って配布しました。朝早くから配布したのは、朝の通勤ラッシュにかかる前にポスティングした方が効率よく回れると考えたからでした。

「朝早くからポスティングし、それを終えてから家に戻って朝食をとる。その後、コーヒー豆の焙煎を行う。それが終わったら、昼過ぎの1時から夕方の6時までお店をオープン。土曜日は2時間早い11時から店を開け、夕方の6時まで営業しました。日曜日と月曜日はお休みとしました。最初の2日間は、応援のスタッフを頼んで5人くらいでポスティングしました。その後は、私1人でやりましたが、1日最低300軒は回りました。ローラー作戦で、周辺の家を徹底的に回りました。このポスティングを丸2年間やりました。300人の家へポスティングすると、そのうちの5～6人が来てくれました。そうして少しずつお客様を増やしていきました」（田島さん）

田島さんが配布したチラシを見て来店するお客様の中には、物置小屋を改造した店舗を見て、〝へんな小屋だな〟と思ったのか、そのまま帰っていく人も少なくなかったそうです。でも、わざわざチラシを見て来店されたお客様の中には、店内に入って試飲し、〝このコーヒーはおいしい〟と言って応援してくれる方もいました。

そうしたお客様が少しずつ増えて、今の『カフェ ジョット』を支える核のお客様につながっていったのではないでしょうか。ポスティングを通してつながっていったお客様が移転した新店舗でも応援してくれたそう

「ジオット・ブレンド」550円（税込）。グァテマラ、コンポステラ、ニューギニア、コロンビア、ブラジル（中深煎）。

お客の注文ごとに、丁寧にペーパードリップで抽出して提供している。

で、そうしたお客様が今の『カフェ ジォット』を支える大きな力になっています。

区画整理で移転し、新築オープンして再出発

前にもお話ししましたが、現在の店舗を開業したのは２０１１年4月17日。旧店舗は、同じ町内の元総社町で、今の店の６００メートルくらい離れた場所にありました。

道路拡張による区画整理により立ち退きを与儀なくされ、代替地として移転したのが現在の店がある場所でした。そこに建坪40坪、店舗スペース20坪のカフェを新築してオープンしました。今の店舗を開業して7年になりますが、オープン前のことは今でも鮮明に覚えていますという田島さん。その理由を伺うと、店を開業する少し前の２０１１年（平成23年）3月11日に発生した東日本大震災での体験を話してくれました。

「オープンの日を間近に控えて、新築の建物がグラグラゆれて、それは生きた心地もしませんでした。そのものすごい揺れに、いっときはダメかとも思いました」（田島さん）

そんな恐ろしい体験を経て、無事に新店舗をオープンしました。

話は少し横道に逸れましたが、じつは田島さんには、新店舗に対して創業時からずっと抱き続けてきたある思いがありました。その思いについては少しずつお話ししていきますが、その前に新店舗の造りについて簡単に解説しておきます。

新店舗は、入口を入って右側に焙煎室があり、左側のスペースにコーヒーがゆっくり楽しめるカフェスペースを設けています。カウンター席とテーブル席からなる落ち着いた雰囲気の客席で、カウンター席が6席、テーブル席が10席あります。カウンター席はゆっくりコーヒーが楽しめるローカウンターで、カウンターバックの棚にコーヒー豆をいれたガラス製のキャニスターを並べています。

創業時から田島さんが抱き続けてきた思いとは、カフェスペースのあるお店を作ることでした。昔ながらの喫茶店に憧れていた田島さんが、〝いずれカフェスペースのある店を〟と思い続けていたことは私もよく知っていた

ので、新しい店舗を見て本当によかったと思いました。

もちろん、カフェスペースを設けることによって、新たな課題もでてきます。でも、7坪の小さな店からスタートし、カフェスペースのある店舗で再出発することができたことは、本当によかったと思います。

「店名のジョットは、私が美大出身であることから画家の名前をつけたものでした。そのジョットという店名の前に、豆売りでスタートした創業時からカフェとつけたのは、こうありたいという私なりの夢があったからでした。それが、いずれカフェスペースのあるお店をという私の強い思いでした。その第一歩となる店舗が、移転オープンした新店舗でした」(田島さん)

落ち着いた色調のダークブラウンのテーブルが、ほっと寛げる雰囲気を醸し出すのに一役買っている。

母と娘が力を合わせて店を支える!

新店舗の開業にあたっては、娘さんが参加することになりました。それまでは豆売りだけだったので、田島さん1人でもなんとかやりくりしてやってくることができました。しかし、カフェスペースを新たに加えるとなると、なかなかそういうわけにもいきません。これは、個人店のカフェが店を大きくする時に必ずぶつかる問題でもあります。

そうした状況を理解し、この時、田島さんを支えてくれたのが娘さんでした。それまで関西の大学で勉強していましたが、田島さんが新しい店舗でスタートするということで、店を手伝ってくれることになりました。

店に入って7年になりますが、今では田島さん以上に娘さんの存在が大きくなってきています。私は小さな子供の頃から知っているので、お母さんを支えてたくましく成長している娘さんの姿を見ると、嬉しくなってきます。

娘さんの参加によって、コーヒー以外のメ

ニューも充実し、カフェの新しい楽しみ方を提案できる店に成長してきています。

　焼菓子や生のケーキ、紅茶や日本茶も新たにメニューに加わり、お客様の楽しみかたも、またお客様の層も広がってきています。定番のお菓子として提供しているフィナンシェ、マドレーヌ、厚焼きバター・クッキー（アーモンドパウダー入り）、パウンドケーキ風マーラカオが人気で、紅茶と一緒に楽しむお客様が増えています。

現在の店舗に移転してから製作したチラシ。

　現在、生のケーキは日曜日のみ数量限定で、1種類だけ作ってお客様に提供しています。生のケーキはホームページでカラー写真入りで紹介しており、これを目当てに来店するお客様は少なくありません。

　もちろん数量限定ですから、その数は限られたものでしょう。でも、これだけ人気の生ケーキですから、日曜日以外の日にも作ればもっと売上があがると思いますが、現段階ではそのつもりはないようです。人手の問題もありますが、あくまで自分たちのできる範囲で質の高いケーキを作って、お客様に喜んでいただきたい。そんな思いから日曜日限定にしているそうです。

　私はそれでいいと思います。一時的な売上増大を優先して無理をすると、必ずどこかに破たんをきたすことになります。ケーキの質を落としたり、作業の無理が重なって、その結果、肝心のコーヒーの品質低下を招くといったことが生じるかもしれません。その意味で、自分たちでできる範囲で、質の高いケーキを作っていくという姿勢は素晴らしいと思います。

　今、田島さん母娘はコーヒーとケーキのマリアージュという、新しい楽しみ方をお客様に提案しています。

　コーヒーとケーキのマリアージュについては、これまでもたびたびお話をしてきました。ヨーロッパでは、その楽しみ方が定着していますが、日本でもここにきてその楽しさが理解されるようになってきています。

　その意味でも、田島さん母娘のコーヒーとケーキのマリアージュへの取り組みはこれからも続けてほしいと思います。

　〝全国チェーンの『スターバックス』がすぐ近くに開業して、これを機に、もう一度、創業時の原点に返ってポスティングをやろうと思っています〟という田島さん。その話を聞いて、改めて最初にお会いした時の溌剌とした田島さんの笑顔がよみがえってきました。

　創業から19年、今の新店舗で開業してからでも7年になります。ホップ、ステップと、地域の人たちと共に歩み、成長してきた『カフェ ジョット』ですが、さらにジャンプして、これまで以上に飛躍することを願っています。

家族が力を合わせて店を盛り上げているカフェ

24　カフェ・ベルニーニ

東京・志村三丁目

何度でも通いたくなる居心地のよい空間をつくりだして幅広い層に人気。

『カフェ・ベルニーニ』は、道路を挟んですぐ目の前に志村城山公園がある。ロケーションにも恵まれた同店は、店主の岩崎俊雄さんと奥さん、息子の健一さんが、何度でも通いたくなる居心地のよい空間をつくりだしている。

「若い方からお年寄りまで、また女性、男性を問わずいろいろな方が来店されます。ご年齢が一番上の方は92歳になるお客様です。自転車でいらっしゃるほど元気な方です」

「タクシーで遠くからいらっしゃる方もいます。いつも豆を買って、コーヒーを飲んでいかれます。嬉しいですね」

「狭い店なので、すぐいっぱいになってしまいます。お先にどうぞと他のお客様に順番を譲って、すぐ前の公園のベンチで待ってくれるお客様もいらっしゃいます」

「1人暮らしをされている方で、コーヒーが好きでよく来られるお客様もいます。今日誰とも1日話をしなかった、ここでママと初めて会話ができた、とうれしそうに言われると、うちのようなカフェの役割について考えさせられます」

『カフェ・ベルニーニ』店主の岩崎俊雄さん(左)と息子の健一さん(右)。

笑顔でお客様との豊富なエピソードを披露してくれたのは、今回訪問した『カフェ・ベルニーニ』の奥様です。私も何回かお会いしたことがあり、その明るくて飾らない応対にはいつも心が癒されます。

奥様とそんな話をしている間も、次から次とお客様が来店します。それも、若いカップルから年輩男性、主婦までじつに客層の幅が広い。カウンターの中では店主の岩崎俊雄さんと息子の健一さんが、きびきびとした立ち居振舞いで、お客様からの注文に対応しています。

岩崎さん親子は白のシャツに黒のカーデガンを羽織り、岩崎俊雄さんは蝶ネクタイをされています。その凛とした雰囲気が、手際の良い仕事と共にカフェのマスターとしての信頼感につながっています。そこに奥様のアットホームな接客が加わり、地域の幅広い客層から支持されているのです。

53歳の時に、個人カフェの魅力に共鳴して店を開業

『カフェ・ベルニーニ』は、地下鉄都営三田線の志村三丁目駅からすぐの場所、住宅街の一角にあります。それほど人通りのある場所ではありませんが、個人カフェのロケーションとしては良い場所にあると私は考えています。ヨーロッパでは、公園のすぐ近くにあって、地域の人たちに愛されているカフェをよく見かけます。

そんなヨーロッパのカフェのような佇まいの『カフェ・ベルニーニ』は、道路を挟んで目の前が志村城山公園で、店内から窓越しに公園の緑を楽しむことができます。

店主の岩崎俊雄さんが、『カフェ・ベルニーニ』を開業したのは1999年(平成11年)8月21日、53歳の時。それまでコーヒー業界で活躍を続けてきた岩崎さんのキャリアは、私も以前から存じ上げていました。大きな組織に所属していた岩崎さんは、当時からカフェ・バッハという個人店の店主である私にとても敬意を払ってくれました。その個人を

明るいピンク色の外壁が印象的な『カフェ・ベルニーニ』のファサード。

尊重する価値観と人格が、『カフェ・ベルニーニ』開業へとつながっていったのだと思います。

「店を出す前は、大手のコーヒー会社に勤めていました。会社ではフランチャイズのオーナーさんのお手伝いをさせていただき、とても充実していました。そうして培ってきたコーヒーの経験を踏まえて、自家焙煎といった新しいことにも挑戦したいという気持ちを強く抱くようになり、以前から尊敬していたカフェ・バッハを訪れました。自分自身のカフェの開業を目指し、トレーニングを始めることにしたのです」（岩崎さん）

現在の店舗は古い物件を改装したものです。物件に関して私も相談を受けましたが、公園のすぐ近くということもあってすぐに賛成したことを覚えています。

店を出すなら住まいの近くで、愛着のある地元、それも板橋区志村という歴史のある町がいいというのが、岩崎さんがこの場所に決めた一番の理由でした。

地域に根ざしたカフェを目指した岩崎さんらしい考え方です。

「チーズケーキ」430円と「ベルニーニ・ブレンド」520円（税込）。

入口付近の一角では、抽出器具やコーヒーポットなど、コーヒー関連製品を並べて販売している。

コーヒー教室を通して地域の人たちへ コーヒーの魅力を伝える

『カフェ・ベルニーニ』は、コーヒー教室を通して、地域の人たちにコーヒーの楽しみ方を広げ、深めてきました。

　コーヒー教室は、定休日などを利用して店で開催することはもちろん、近隣に出張して行うことも少なくありません。

　〝家庭でコーヒーをおいしく飲んでいただきたい〟というのが岩崎さんがコーヒー教室を始めた一番の理由で、店を開いた当初はかなりの頻度で実施していました。そうした地道な取り組みが結果的に豆売りの売れ行き向上につながり、現在、売上のおよそ半分を豆売りが占めるまでになっています。

　また、地域の人たちのコーヒーの楽しみ方を深める上で、『カフェ・ベルニーニ』のカウンターも大きな役割を果たしています。

『カフェ・ベルニーニ』は面積10坪・席数16席（テーブル席2人掛×4卓・ベンチシート2人・カウンター席6席）の小規模店で、カウンターの中で岩崎さん親子がコーヒーを抽出している姿がどこからでもよく見えます。

　岩崎さんは、どんなに忙しいときでも、お客様の目の前で1杯ずつ丁寧にペーパードリップで抽出します。そして、必ず自分自身が味をみてからお客様にお出しします。岩崎さんは、注文が重なったときでも1杯ずつ抽出する方が早くお出しできると言います。それは岩崎さんが確かな技術を持ち、どんなに忙しくても手を抜かず、たいへんそうなそぶりも見せず、ただ淡々と一人ひとりのお客様個人に対して向き合った仕事を続けているからできるのです。

　そうした、コーヒーのプロフェッショナルとしての仕事ぶりは、お客様に信頼感を与えます。

　このマスターが言うことなら信頼できる。そう思うから、店で見たことや聞いたことを、自分でもやってみる。やってみて、これまでよりおいしいコーヒーを淹れられたら、コーヒーについてもっと深く知りたくなる。そうやって、お客様のコーヒーの資質を高めてあげるための「舞台」がカフェのカウンターなのです。

一家総出で父が開業したコーヒー店をサポート。地域で人気の店に。

25　花野子《かのこ》

静岡・沼津市

2001年12月、静岡・沼津市に開業。夫婦2人でスタートし、家族に支えられて17年目を迎え、今や地域になくてはならない店になっている。

『花野子』が開業したのは2001年（平成13年）12月4日。師走の慌しい時期です。この時、齋藤さんは47歳でした。齋藤さんが独立を決意したのは、その2年前の45歳。それまでは食品関係の会社に勤めていましたが、〝このままサラリーマンとして平凡な人生を送っていいのだろうか?〟という思いが強くなっていったそうです。

「40歳前後から会社勤めに虚しさを感じるようになり、自分で何かやろうと思って45歳で退職しました。何をやろうかと考えていろいろな本を読んでいたら、田口さんの本に巡り合いました。もともとコーヒー好きなこともあって、自分でやるならこれだと思って…。自家焙煎コーヒーの重要性が書かれていて、これなら専門性も追求できると判断。家内も賛成してくれて、すぐ電話をしなさい！と背中を押されるようにしてカフェ・バッハに電話を入れました。電話口に出た田口さんは、会社を辞めて切羽詰っていた様子が伝わったのか、面接してあげるからすぐに来るようにと言われて、そのままバッハグループに入会しました」（齋藤さん）

カフェ・バッハのトレーニングセンターへ通うことになりましたが、沼津から東京まではかなりの距離があります。そこで、当時、齋藤さんの息子さんが千葉県の西船橋に下宿しており、そこに寝泊りしながら月に数回トレーニングセンターに通うことにしたそうです。そんな生活を6ヵ月ほど続けて、少しずつ自家焙煎コーヒー店に必要な知識と技術を身につけていきました。

トレーニングセンターで焙煎し、ハンドピックしたコーヒー豆は毎回何kgにもなります。それを大きなバッグに入れて、地元の沼津に持ち帰り、友人や知り合いに飲んでもらい、批評をしてもらうということもしました。この時に協力してくれた人たちが、お店を出してからお客様として利用してくれるようになり、その後の発展のベースになっているようです。

家族に支えられて
地域の人たちに愛される店に成長

開店当初は、平日は齋藤さん1人で営業。日曜や祝日は奥様のかの子さんが応援するという日が続きます。そんな悪戦苦闘する齋藤さんをみかねて、娘さんが手伝ってくれるようになります。そのへんの経緯は、『花野子』のホームページの「花野子の出来るまで物語」に書かれているので、その一部を次に紹介します。

「経営・人手・家庭のもめごと、次から次とやってくる。一番上の娘がみかねてお父さん1人では可哀想と、会社を辞めて手伝ってくれた。やがて彼女も結婚・出産。替わって次女が手伝ってくれる。と同時に配達も始めることとなり、息子も会社を辞めて手伝ってくれることに。本当に一家総出のお店。泣いたり、笑ったり、喧嘩したり…。そんなこんなで13年。オープン当時手伝ってくれた長女も、今は二男の母。次女の娘は小学校5年生に。長男も結婚し、昨年娘が生まれた」

現在、店は齋藤さん夫妻と息子の大地《だいち》さん、次女の未来《みき》さんで運営。店に入って8年、大地さんは立派な後継者として店を支えるまでに成長しています。

自家焙煎珈琲屋『花野子』オーナーの齋藤清一さん。

外国人の奥さんを迎えて家族ぐるみで店を盛り上げる。

26　カフェ・フランドル

岐阜・不破郡

『カフェ・フランドル』が開業したのは17年前の2001年。立地のハンデを克服して今や地域になくてはならない店に成長している。

今回訪問したのは、周囲を自然に囲まれた岐阜県不破郡垂井町岩手にある『カフェ・フランドル』です。最寄り駅は東海道本線の垂井駅か関ケ原駅。垂井駅から徒歩でおよそ40分、関ケ原駅からだとおよそ50分ほどかかります。

この地名を始めて耳にする人も多いと思います。少し横道に逸れますが、店のある垂井町について観光ガイド風に簡単に紹介しておきます。垂井町は岐阜県西部の不破郡に属する町で、古代から美濃国の中心地として栄えました。戦国時代に豊臣秀吉の軍師として黒田官兵衛と並んで活躍した竹中半兵衛縁の地としても有名で、竹中氏陣屋、菩提山城址などがあります。道路を隔てた店の反対側に、竹中半兵衛縁の地を告知する大きな看板が設置してあって、ひと際目を引かれました。

観光ガイドはこのへんにしておきますが、この店に関して興味深いのは、メアリーさんという外国人の奥様を迎えて、ご主人の安達英世さんとお母さんの洋子さんが、3人力を合わせて頑張っていることです。

その奮闘ぶりは店内に入ってすぐ分かりました。店内はヨーロッパのフランドル地方をイメージした、木の温もりが感じられる素朴な造り。15坪という限られたスペースを上手に使って、入口を入ってすぐにカウンター席、奥にテーブル席を設けています。カウンターの中では、安達さんがコーヒーの抽出を、そのすぐ隣でお母さんの洋子さんがコーヒーカップをセットしていました。奥のテーブル席では奥様のメアリーさんがお客様相手に英語の個人レッスンをしていました。

なぜ、店内で英語のレッスンをしているのかについては後で説明しますが、個人レッスンを終えたらすぐにカウンターに入って、お客様の注文に応えてペーパードリップでコーヒーの抽出を始めました。その手さばきの丁寧で見事なこと。その後の、〝お待ちどうさま〟という流暢な日本語を間近に聞いて、もう一度びっくりしました。

自家焙煎コーヒー店を目指して27歳で独立、開業

安達さんが、家のすぐ近くの土地を借りて『カフェ・フランドル』を開業したのは、17年前の2001年（平成13年）12月20日。安達さんが27歳の時です。

安達さんが、自家焙煎コーヒー店を目指すようになったのは私が受け持っていたコーヒー講座を受講したことが大きな転機になったと聞いたことがあります。安達さんは、菓子職人を目指して大阪にある辻製菓専門学校に通っていました。ちょうどその頃、私は学校の依頼を受けて、コーヒーの授業を受け持っていました。その講義を受講した1人が安達さんでした。

「田口さんの話がおもしろくて… 自家焙煎コーヒー店の開業にもやりがいを感じてカフェ・バッハを訪れ、バッハグループに入会させてもらいました。入会してからは1ヵ月に1～2回くらいのペースで、南千住のトレーニングセンターに通って自家焙煎コーヒー店の開業に必要な知識と技術を身につけました」（安達さん）

最初は、安達さんとお母さんの2人でスタートしました。冒頭、説明したように周りを自然に囲まれたような場所での開業でしたので、オープン当初は相当苦労したようです。

オープンに際して、私も安達さんやお母さんから相談を受けました。その時、山谷でのカフェ・バッハの経験などをお話しし、地道にコツコツ頑張れば必ずやっていけるといったアドバイスをしたことを覚えています。

その私のアドバイスを信じて、自分たちでできる範囲で地道にコーヒー一筋でやってきたことが今につながっていると思います。

「この辺りは名古屋が近いということもあって、モーニングセットの文化が定着しており、

カウンターの中に入ってお客を迎えるオーナーの安達英世さんと奥さんのメアリーさん、そしてお母さんの洋子さん。3人が醸し出すアットホームな雰囲気も大きな魅力だ。

開業当初はモーニングはないのとか、セットをやらないかということをよく言われました。でも、それをやって一時的にお客様は来ていただけるかもしれませんが、無理をしても長続きしないと考えて我慢しました。目先の利益より、主力商品のコーヒーを大切にコツコツやっていこうと頑張ってきました。そんな姿勢をお客様に知っていただくようになり、クチコミで地元の、また県外からのお客様が少しずつ増えて今に至っています」（洋子さん）

今から9年ほど前には、それまで使用していた焙煎機に代えてオリジナル焙煎機「マイスター焙煎機」（5kg）を導入。これにより、よりクリアなコーヒーを提供することができるようになり、それまで以上にファン客の信頼を勝ち取ることができたようです。

外国人の奥さんを迎えて新しいカフェの魅力を！

安達さんが、アメリカからやってきたメアリーさんと結婚したのは3年ほど前のことで

外からガラス越しに焙煎室に設置した焙煎機を見ることができる。

ヨーロッパのフランドル地方をイメージした素朴な造り。

す。メアリーさんの結婚前の仕事は塾の英語教師でした。コーヒーが大好きで、『カフェ・フランドル』によく通ってきてくれていたそうです。そのうち安達さんと懇意になり、ゴールインしました。結婚後は、店に入り、安達さんの妻として、また店を支えるパートナーとして頑張っています。

塾の講師は辞めましたが、それまでの経験を生かして、お客様の要望に応じて店で個人レッスンをしています。店が忙しい土曜日と日曜日以外の平日に限って、店内で個人レッスンを行っています。時には、お客様の要望で家に出掛けて行う出張レッスンも行っています。

普段は、安達さんとお母さんを支えて店の仕事をこなし、その合間をぬって英語の個人レッスンもするといった忙しい日々を過ごしています。カフェにはいろいろな役割や機能があると思います。基本となるコーヒーを疎かにしてはいけませんが、それを核にして店を通していろいろなことを発信していくことも大切なことではないでしょうか。

それをごく自然な形で実践しているのが『カフェ・フランドル』ではないか。安達さん夫妻に会って、そんなことを感じました。

もう1つ、今回、『カフェ・フランドル』を訪問して痛切に感じたことがあります。それは家族が力を合わせて店を盛り立てていくという個人カフェの素晴らしさであり、逞しさです。

『カフェ・フランドル』の店内を見回してびっくりしたことがあります。それは、オープンから17年も経過しているのに、店内の隅々までがじつにきれいなことでした。

それもきちんと整理整頓されていて気持ちがいい限りです。なぜ、こんなにきれいなのか、お母さんに伺ってみました。そうしたら、次のような言葉が返ってきました。

「毎日、店が終わった後に家族全員で掃除をしているからでしょう。私の主人も参加して、息子と嫁と私と主人の4人で、それぞれの部署を決めて掃除しています」（洋子さん）

そのお母さんの言葉を聞いて、改めて『カフェ・フランドル』が17年もの長い期間にわたって営業を続け、お客様に愛されている理由が分かるような気がしました。

撮影：川井裕一郎

スイーツ&コーヒー焙煎工場直売ストアにリニューアルし、さらなる飛躍を図る。

27　バーンホーフ ファクトリー ストア

大阪・福島区

『バーンホーフ ファクトリー ストア（BAHNHOF FACTORY STORE）』は、2003年に開業した自家焙煎コーヒー店『カフェ バーンホーフ』が2017年10月にリニューアルした店。スイーツ&コーヒー焙煎工場直売ストアとして再出発し、さらなる飛躍を図っている。

『バーンホーフ ファクトリー ストア』の前身である『カフェ バーンホーフ』がオープンしたのは2003年（平成15年）。場所は大阪府福島区吉野。安部利昭さんと、奥様の政子さんの2人でスタートしました。その後、JR大阪駅に隣接した阪急三番街南館に2店舗目の阪急三番街店を開業しました。現在は、安部さんの長男の龍さん、次男の羊さん、それに長女の愛さんがスタッフに加わり、店を盛り上げています。大阪に着いて最初に訪れたのは、リニューアルする前の1号店の『カフェ バーンホーフ』で、この時は龍さんと羊さんが出迎えてくれました。

その後、2号店の阪急三番街店を訪れ、安部さんにお会いしました。この2号店はわずか15坪という限られたスペースにもかかわらず、カフェと物販合わせて月商650万円という好成績を収めています。私が訪れた時も客席はお客様でいっぱい。次から次へと来店客があり、その賑わいにびっくりしました。

自家焙煎コーヒー店経営に魅かれてコーヒーの世界へ

安部さんが、『カフェ バーンホーフ』を開業したのは54歳のときでした。それまでは百貨店で30年以上勤務し、脱サラで始めました。そのあたりの経緯を、以前安部さんから伺ったお話をもとに紹介します。

「私が百貨店で携わってきた仕事は、高級着物の外商でした。私が扱っていたのは着物といっても店で陳列してあるものと違って、人間国宝と言われるような方がつくる着物です。価格が1枚何百万円とか何千万円もするもので、ある種の美術品と言えるものかもしれません。そうした着物の外商で学んだのが、本物を見る目でした」(安部さん)

世界に1点しかないというような着物は、その価値を認めて購入される方は少なくないようです。そんな世界で仕事をしてきた安部さんが、着物の世界を離れて、何か自分でやるときに目指したのがオンリー1のものづくりだったといいます。

「それまであまりコーヒーは飲んだことはありませんでしたが、縁あって田口さんの存在を知るようになり、コーヒーに興味を持ったのがそもそもの始まりです。着物とコーヒー、扱うものは違いますが、田口さんの提唱している自家焙煎コーヒー店経営には他にはないものづくりがある。そんなふうに感じて、まったく違う分野だが挑戦してみる価値はある。そのように考えてコーヒーの世界に飛び込んでみることにしました」(安部さん)

百貨店を退社後、大阪の辻調理師専門学校に1年通い、その後、東京・南千住にあるカフェ・バッハに1年通って『カフェ バーンホーフ』を開業しました。開業に先立って、安部さんだけでなく、奥様も一緒に辻調理師専門学校に、またカフェ・バッハに通って開業に必要な知識や技術の修得に努めました。この時の奥様の全面的な協力と頑張りが、今日の『バーンホーフ ファクトリー ストア』につながってきているように思います。

そして、1号店を開業して2年後に、阪急三番街南館に2号店を出店します。2号店は、5坪からスタートし、その後、10坪に、さらに15坪とスペースを拡張し、冒頭で紹介したような人気店に成長しています。

〝ホームコーヒーの普及〟をコンセプトにオープン

『カフェ バーンホーフ』が開業する時のコンセプトとし、目指したのが〝ホームコーヒーの普及〟でした。

「あそこの店へ行ったら、ホームコーヒーの

撮影：川井裕一郎

2017年10月にリニューアルオープンした『バーンホーフ ファクトリー ストア』。

お手伝いをしてくれる。そんな地域の人たちと共に歩んでいける自家焙煎コーヒー店を目指しています。これは父が創業の時から目標にしてきたもので、私と弟が店に入った今も受け継いでさらに発展していけるように努めています」（龍さん）

長男の龍さんが店に入ったのは、店をオープンして5年ほど経ってから、その1年ほど後に次男の羊さんも店に入ります。龍さんは食品会社、羊さんは不動産関係の会社に勤め、社会経験を積んでからコーヒーの世界に入りました。

現在、龍さんが営業から宣伝、広報までの全体を統括し、羊さんが焙煎に携わるなど、役割分担を決めて店を支えています。

龍さん、羊さんにも、安部さんの創業時の〝ホームコーヒーの普及を〟という思いはしっかり受け継がれています。リニューアルする前の話になりますが、1ヵ月に1日福島本店で店を貸し切りにしてコーヒー教室を開催すると同時に、お客様からの依頼を受けてコーヒー教室の出張サービスも行っています。

「店で行っているコーヒー教室では、10人くらいの方に参加していただき、焙煎の仕事を見てもらったり、ハンドピックを体験していただいています。ペーパードリップの抽出法も教えますし、コーヒーの飲み比べもしています。会費は1人3000円ですが、正直赤字です。でもそれでいいと思っています。このコーヒー教室を通して、コーヒーがもっと好きになり、コーヒー豆の販売やコーヒー器具の販売につながり、おいしいコーヒーの普及につながればなによりです」（龍さん）

コーヒー教室の出張は、PTAや会社や事業所、コーヒー好きのグループといった方々から依頼されることが多いようです。時にはお客様の自宅に訪れることも、また会社の集会所に呼ばれることもあるようで、そうした出張サービスを通して積極的にコーヒーの普及に努めている経営姿勢に改めて感心させられました。

お客にコーヒーとケーキのマリアージュを提案！

『カフェ バーンホーフ』では、コーヒーと

上:『カフェ バーンホーフ』を創業した安部利昭さん。
下:安部さんの長男の龍さん。

ケーキのマリアージュをお客様に提案しています。コーヒーの世界の楽しさをより一層広げるという意味で、たいへん良いことだと思います。

新たに生まれ変わった『バーンホーフ ファクトリー ストア』は、『カフェ バーンホーフ』で培った実績とノウハウを踏まえた、新業態店舗として期待されています。お父さんの〝ホームコーヒーの普及を〟という思いは、新業態店舗にも継承されています。そのことを物語っているのが、自宅でもおいしいコーヒーを飲んでほしいと「バーンホーフ・ザ・クラッセ」という名称のコーヒー教室を開講していることです。一般向けの「ホーム珈琲コース」では、普段どのように豆を焙煎しているかを知ってもらいながら、自宅でもおいしいコーヒーが淹れられるように指南しています。

また、カフェやコーヒー専門店の開業を目指す人向けに「プロフェッショナルコース」を設け、マンツーマンで指導しています。こうしたコーヒー教室を通して、コーヒーファンが増えていくことは素晴らしいことだと思います。

少ない資金で開業して前向きにチャレンジしている店

28　カフェ ミンゴ

埼玉・さいたま市

設備投資を低く抑えるため人通りの少ない地方の住宅地の一角に出店。

さいたま市大和田町にある『カフェ ミンゴ』は田島政志さんが2009年に開業した自家焙煎コーヒー店。開業から9年、着実に地域の人たちに根づいている。

お店を開業してから9年目を迎える、田島政志さんが経営する『カフェ ミンゴ』を訪問しました。

お店の所在地は埼玉県さいたま市大和田町。最寄りの駅は東武野田線大和田駅。東武野田線は埼玉県の大宮と千葉県の船橋を結ぶローカル線で、大宮駅から3つ目に大和田駅があります。

大和田駅から徒歩で10分ほど、南北を貫く第二産業道路と大和田公園通りが交わる交差点からすぐの場所にあります。この辺りは大規模なマンションなどは少なく、戸建て住宅や小規模なアパートによって市街地が形成されています。三軒長屋の一角、左端にある『カフェ ミンゴ』は面積10坪弱、客席数8席の小さな店で、入口を入ってすぐにカウンター席とテーブル席を、フロア奥に焙煎室を設けています。

ボクシングの世界から コーヒーの世界へ

オーナーの田島さんの経歴が少し変わっています。田島さんが、今の『カフェ ミンゴ』を開業したのは2009年（平成21年）4月1日。43歳でした。コーヒーの仕事に携わるようになったのは、その8年ほど前の35歳の時です。それまでは会社に勤めながら、5年ほどボクシングに打ち込んできました。

「以前からボクシングはやりたかったのですが、なかなかその機会がなくて…。ところが、それまで勤めていた会社が解散になって、年齢的にも最後のチャンスと思って、29歳の時にボクシングの世界に飛び込みました。その後、年齢的なこともあり、ボクシングの世界を離れ、35歳の時にコーヒーの道へ進みました」（田島さん）

ボクシングから転身してコーヒーの道へ進むことにしたのは、〝自分は接客関係の仕事にむいていないかもしれないが、コーヒーが好きだし、一度挑戦してみようか〟と考えるようになったからです。そんな時、たまたま目にしたのがコーヒー専門店のスタッフ募集の貼り紙でした。引き付けられるようにして、応募先の店を訪ねてみると快く雇ってくれたそうです。

この店が、埼玉県の大宮駅東口すぐにある『茜屋珈琲店 大宮店』でした。この店には、今の店を開業するまでの8年間、勤務することになります。

その後、田島さんは自家焙煎コーヒー店での独立・開業を目指すことになりますが、その契機になったのがお客様からのアドバイスでした。

「これからは自家焙煎コーヒーの勉強をした方がいいよといったことを言ってくれる人がいて、そこでカフェ・バッハさんが主催する自家焙煎コーヒーのセミナーに参加しました。そのセミナーの話を聞いて、目から鱗が落ちる感じでした。それまでは自家焙煎コーヒーの技術というのは職人のカンのようなものだと思っていたのですが、そんな考えが吹っ飛びました。じつに理論的で、自分に向いていると思い、すぐにバッハグループに入れてもらいました」（田島さん）

バッハグループに入ってからは、『茜屋珈

「cafe MINGO 自家焙煎コーヒー」と白抜きした大きな幕を入口横に掛けて、入店客を迎えている。

琲店 大宮店』で働きながら、およそ2年間にわたって南千住にあるトレーニングセンターに通って、自家焙煎コーヒー店の開業に必要な知識と技術を修得してくれました。土曜日や日曜日にかけて、勤務先が休みの日を利用してトレーニングセンターに通う。日々の仕事をするかたわら、2ヵ月に1回くらいのペースで勉強にきてくれました。そんな地道な積み重ねを経て、独立・開業ということになります。

焙煎室に設置してあるオリジナル焙煎機「マイスター焙煎機」(5kg)。

自転車でぐるぐる回って今の物件を探す

当初、もっと人通りの多い場所での開業を考えていたようですが、資金的な制約もあり、今の店舗のある周辺を自転車でぐるぐる回って最終的に現在地に開業することにしました。

「この場所は隣家と距離があり、消煙消臭の追加の必要もなく、設備投資も低く抑えられるのではないか。そのように考えて、この場所に出店しました。スケルトンだった状態に手を加えて、自家焙煎コーヒー店としてやっていける店舗に仕上げました。造作にかかった費用は400〜500万円でした」(田島さん)

オープンする前に、相談を受けて物件を見にきた記憶があります。その時、田島さんは豆売りだけでスタートすることを考えていたようでした。でも、その時、〝席数は少なくても客席は設けた方がいいよ〟とアドバイスしたことを覚えています。

それと、もう一つ言ったことがあります。それは、〝あせらず、ゆっくりとお客様

雑味のないクリアな風味で人気の「ブレンド 中深煎り」400円（税込）。

お客の注文ごとに、ペーパードリップで丁寧に抽出して提供している。

の信頼を勝ち取っていく〟ということでした。オープンしたのは、前にもお話ししたように２００９年４月１日ですが、物件を取得したのは２００８年７月のことでした。それから造作して、最後（２００８年10月後半くらい）に焙煎機を設置しました。

南千住のトレーニングセンターに通って焙煎技術を修得してきましたが、実際の店舗で焙煎機を使うのは始めてということで、予行演習の期間を設けました。焙煎機を設置した翌年の２００９年年明けから、オープンの４月１日までを仮営業として店を開きました。

「年明けからオープンの４月１日までの約４ヵ月間、焙煎機の使い方を確かめると同時に、ＰＲの意味も込めて、値段を下げて仮営業という形で店を開けました。私にとっても、店にとっても大切な準備期間だったように思います」（田島さん）

現在、豆売りと店売りの売上比率は70％対30％。豆売りのお客様の中には、少し離れた蓮田市や浦和市から車でわざわざ来店してくれるファンもいます。地味ながら、着実にリピーターも増えています。地域のお客様の中には、自宅のサロンで定期的に音楽会を開催する人もいます。そのコンサートのコーヒーは、田島さんが提供しており、そんな関係が５〜６年続いています。

「カフェ ミンゴのコーヒーを気にいっていただいて、コンサートを開催する時は必ず私どものコーヒー豆をご注文していただいています。こうしたお客様との関係を大切にしていきたいと思っています」（田島さん）

久しぶりに『カフェ ミンゴ』を訪れて、自分の身の丈にあったカフェ経営に取り組み、着実に地域のお客様の信頼を得ているのがひしひしと伝わってきました。その頑張りは素晴らしいと思います。そこで、開業から９年を迎えて、さらに飛躍してもらうために、一つアドバイスさせていただきます。それは、テーブルやカウンター席を生かした自家焙煎コーヒー店への新たな挑戦です。豆売りにプラスして、お店に入って飲むカフェの楽しさをもう少し付け加えたら、もっと地域の人たちに喜んでいただけるのではないか。そんな楽しいカフェに変えていくことができたら、これほど素晴らしいことはないと思います。

人里離れた山奥に、コンテナを改造した手作りの店舗を置いてスタート。

『赤富士』は清 勝紀さんが手作りのコンテナショップで開業した自家焙煎コーヒー店。大渕の山奥で開業し、その後、現在地に移転して次なる飛躍を目指している。

29 赤富士

静岡・富士市

訪問先の富士山麓の自家焙煎珈琲屋『赤富士』の所在地は静岡県富士市厚原。その所在地をカーナビにインプットして場所を確認し、前の訪問先があった牧之原市から車で向かいました。

教えてもらったコンビニを目印に、JR身延線の踏み切りを渡ると、道路脇に看板が立て掛けてあり、その指し示す方向を見ると、すぐ目の前にコンテナの店舗が目に飛び込んできました。

コンテナを改造して自家焙煎コーヒー店を開業

コンテナを改造して作った『赤富士』は、身延線に沿ってまっすぐに延びた道路を挟んですぐにありました。石材店の敷地の一角にあり、店のすぐ前に、お客様を迎えるように置いてある大きな石のコーヒーカップが店の目印になっています。

コンテナショップは店主である清 勝紀さんの手作り。当初、人里離れた大渕という山奥にこのコンテナショップを置いて開業。そこで10ヵ月ほど営業し、その後、お客様の1人だった石材店（鈴木石材店）のオーナーから〝うちの敷地が空いているので、移ってきたら〟と誘われて、2015年（平成27年）8月に移転オープン。コンテナショップは、8トントラックで10日間かけて運んで移設したそうです。

店頭の大きな石のコーヒーカップは、移設した年の2015年クリスマスの日に、鈴木石材店のオーナーからクリスマスプレゼントとしていただいたものとか。お客様として清さんのコーヒーを味わい、その美味しさと同時にその人柄に触れてプレゼントしたものと思われますが、以前から清さんを知っている私も何か嬉しい気持ちにさせられました。

コンテナショップの中は檜材を用いた素朴な造りで、限られたスペースを上手に使ってカウンターを設け、その前にハイチェアが2〜3脚。カウンターの中は2人が入るのが精一杯の狭さ。コーナーの一角に焙煎機が置いてありました。焙煎する時は、もう1つの小さなカウンターを壁に引き上げるようにして収納し、椅子を壁のフックに掛けて焙煎作業をするためのスペースを確保するとか。移設当初は入口にテントを張っていましたが、その後、手作りのウッドデッキを取り付け、今はテーブルを置いてテラス席として利用できるようにしています。店にトイレはありません。お客様がトイレを使いたい時はどうするのか。清さんに聞いてみました。

「お客様には、石材店のトイレをご使用するようにお願いしています。コンテナショップをでてすぐのところにあります。一度ご利用したお客様は要領が分かっていますが、初めてのお客様は私がご一緒して案内するようにしています」という説明に、清さんの飾りけのない人柄が伝わってきます。

コーヒーショップで働きながら自家焙煎コーヒーを勉強

清さんが自家焙煎コーヒー店を開業するまでの経緯が少し変わっています。大手コーヒーチェーンに入社したものの、違和感を覚えるようになったそうです。清さんが求めているコーヒーとは違っていたようで、その違和感はどんどん大きくなっていく。どうすればよいか、いろいろと考えたそうです。そんな時、カフェ・バッハのセミナーに参加し、〝これならば自分が思っているようなコーヒーが提供できる〟と確信して自家焙煎コーヒー店を目指すようになりました。

バッハセミナーに初参加したのは31歳。この時、清さんは店長として店の運営を任されていました。

そこで、働きながら自家焙煎コーヒーの勉強をすることを決意。当時、清さんは沼津に

コンテナを改造して作った『赤富士』の店内。清さんの手作りで、総檜作りだ。使用している合板も檜材を使用している。床はフローリング貼りで、お客は入口で靴を脱いで店内に入る。

ある店舗で勤務しており、休みの日を利用するなどして東京・南千住にあるカフェ・バッハのトレーニングセンターに通うことになりました。

「31歳で自家焙煎コーヒー店を目指してから、35歳で自分の店を持つまでの3年半、大手コーヒーチェーンで働きながらカフェ・バッハのトレーニングセンターに通いました。休みの日を利用したり、仕事をやりくりして自家焙煎コーヒーに必要な知識と技術を修得するように努めました」（清さん）

最後の1年間は、コンテナショップづくりもあって、時間的にも作業的にもかなりハードだったようです。

資金的な余裕もなく、コンテナショップでスタートするというのは最初からの計画だったようで、地主さんとの縁があって大渕にコンテナショップを開業することになったとか。大渕は標高450mの山奥で、霧がかかる日は目の前の視界が見えないような場所。ここでコンテナショップ作りに取り掛かるわけですが、完成まで1年もかかりました。休みの日はカフェ・バッハへ行くので、コンテナ

限られたスペースに焙煎機を置き、ハンドピック用のテーブルも設置している。

ショップ作りは朝の時間しかないということで、仕事場に行く出勤前を利用して行うことが多かったといいます。

また、覚悟していたとはいえ、山奥での開業は想像以上に厳しいものがありました。

「人通りどころか人気のない山奥ですから、始めからお客様がくるなんてことはまったく考えていませんでした。フェイスブックなどを見て訪ねてくれるお客様が1人、2人と来店してくれるという状態が続きました。後は一度来ていただいたお客様のクチコミで少しずつという感じです。開店してから間もなくして地元の新聞が取り上げてくれて、少しずつ店の存在も知っていただくようになりました。大淵で第1歩を踏み出しましたが、ずっとここでやるつもりはなく、初めからどこかに移転するつもりでした。そんな時、よくご利用いただいていた鈴木石材店のオーナーからお誘いいただき今の場所に移転しました」(清さん)

現在、店を支えてくれているスタッフの佐野祥子さんは、清さんの淹れるコーヒーに感激し、大渕のコンテナショップに通ってくれたお客様の1人。

「清さんの淹れるコーヒーを飲んで感激しました。清さんの提唱するコーヒーに共鳴し、ぜひ一緒に働きたいということでスタッフの1人として頑張っています」(佐野さん)

『赤富士』はスタートしたばかりで、これからいろいろな問題にぶつかるでしょう。そうした問題を1つ1つクリアしていって初めて、お客様に愛される店に成長していくことができると思います。自分自身を思い返せば、カフェ・バッハも小さな小さな店からスタートし、一歩一歩足場を固めてたくさんのお客様に来ていただけるようになりました。初心を忘れず、コーヒーに対する真摯な姿勢を失わずに、頑張っていってほしいと思います。

清さんからいただいた名刺の裏を見ると、〝赤富士珈琲ではよいコーヒーを提供します〟〝おいしいコーヒーとは1、ハンドピック(カビ豆や虫食い豆などの欠点豆が完全に取り除かれていること)、2正しい焙煎(芯まで火が通った煎りムラの無いコーヒー)3、新鮮であること(毎日必要なだけ、少量ずつ焙煎いたします)〟ということが書かれています。この初心を忘れずに頑張ってほしい。そうすれば必ずお客様はついてきてくれます。

清さんは佐野さんと結婚し、佐野さんの実家の近くで店を開業することが決まっていると聞きました。2人の一層の頑張りに期待しています。

30 リザルブ珈琲店

大阪・高槻市

昔の佇まいを残す お米屋さんだった物件を 借り受け、手直しして開業。

カフェ・バッハのトレーニングセンターに4年間通った梁《りょう》 悟朗《のりお》さんが地元大阪の高槻で開業。コーヒーに対するひたむきな取り組みが地域との絆を深めている。

大阪府高槻市に『自家焙煎珈琲 リザルブ珈琲店』を開業した梁 悟朗さんはカフェ・バッハのトレーニングセンター卒業生です。その梁さんに久しぶりに会えるのを楽しみに、『リザルブ珈琲店』を訪れました。

店に到着してカウンター席に座ると、梁さんは1冊の本を取り出して私に見せてくれました。

「今、こんな本を読んでいます。バッハで教えられた、人としての資質を磨くことの大切さを改めて実感して、いろいろなことに興味を持って勉強しています」

梁さんはそう言って、世界史に関する本を私に見せてくれました。

土曜、日曜を利用して
トレーニングセンターに通う

『リザルブ珈琲店』がオープンしたのは2010年2月。梁さんが35歳の時に独立・開業を果たし、今年で開業8年目を迎えました。

梁さんは、福岡の大学で人間工学の勉強をしていました。コーヒーとの出会いは大学時代で、先輩に連れて行かれた店で飲んだコーヒーがとてもおいしかったそうで、それ以来、コーヒー豆を買ってきてちょくちょくコーヒーを飲むようになっていきました。コーヒー豆の焙煎について勉強するようになったのも、この頃のようです。

「大学を卒業して大阪に戻って、趣味で焙煎のことを勉強するようになりました。カフェ・バッハのセミナーにも参加したことがあります。その頃は自分が店をやるのは、もっと年をとってからでもいいやというくらいの考えでした。でも次第にコーヒーの世界にひかれるようになり、自分の店を持ちたいという気持ちが強くなっていきました。そんな時、茨木の自家焙煎コーヒー店の先輩から、本気でやるならカフェ・バッハのグループ店に入って1から勉強した方がいいというアドバイスをいただいて、トレーニングセンターに通うことにしました」（梁さん）

店の前の通りは「古墳群コース」になっており、歴史の散歩路として訪れる人も多い。

そこから梁さんのカフェ・バッハでのトレーニングセンター通いがスタートしました。〝働きながら、資金をためて自家焙煎コーヒー店を開く〟という目標を設定。1ヵ月に1回、会社の休みを利用して土曜・日曜に大阪から東京・南千住にあるトレーニングセンターに通いました。

「開業資金を確保したかったので、なるべく交通費を切り詰めるようにしました。往復新幹線の方が体はラクなのですが、大阪から東京までの行きは夜行バスを利用し、帰りだけ新幹線に乗りました。こうしたトレーニングセンター通いを4年間続けて、なんとか独立・開業のために必要なコーヒーに関する知識や技術を修得することができました」（梁さん）

歴史の散歩路として
知られる通りに出店

『リザルブ珈琲店』の所在地は大阪府高槻市芥川町で、JR高槻駅から徒歩10分のところにあります。

店の前の通りは〝西国街道〟と呼ばれてお

り、高槻市芥川は京都と西宮を結ぶ街道の宿場町として知られています。「古墳群コース」にも指定されており、歴史の散歩路として訪れる観光客も少なくありません。

店舗は、昔の佇まいを残すお米屋さんだった物件を借り受け、スケルトンだった状態の店内を自家焙煎コーヒー店に合わせて改装してオープンしました。カウンター席とテーブル席からなる和の趣きのある落ち着いた風情のつくりで、町の雰囲気ともよく調和して独特の安らぎを醸し出しています。地域の街並みを上手に生かし、調和させたつくりになっています。

「いまの店舗は、自転車に乗って自宅周辺を何度もまわって探しました。開店の半年くらい前に今の物件に出会い、この場所なら街並みの雰囲気を生かしたお店ができると思って出店することにしました」（梁さん）

コーヒーチケットに隠された店主とお客の目に見えない絆

カウンター席の端に座って話していると、

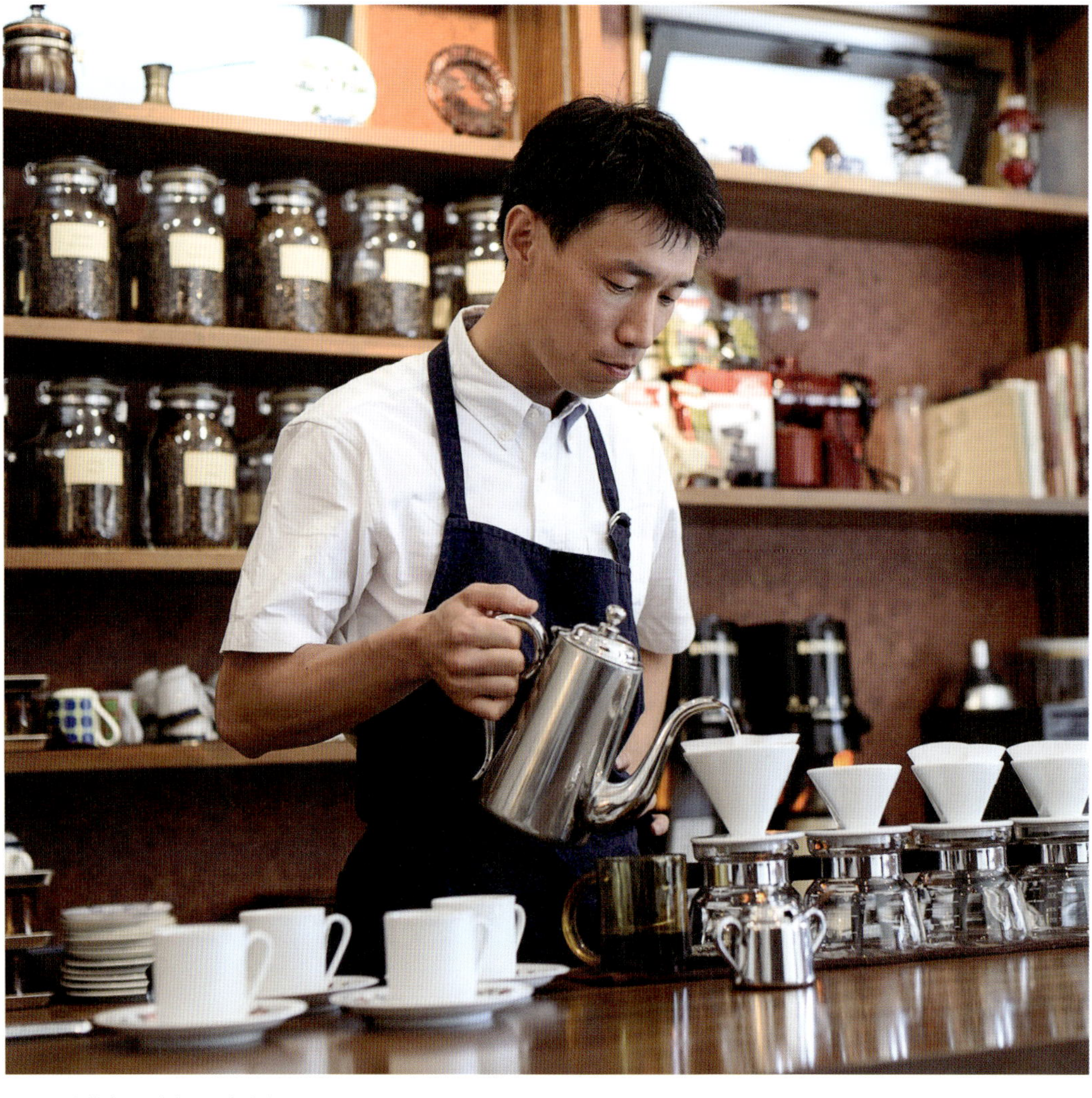

コーヒーを抽出する店主の梁 悟朗さん。

レジの後ろの壁に掛けてあるボードが視野に入ってきました。なんとなく気になってよく見ると、コーヒーチケットのようなものが何枚も画鋲のようなものでとめてありました。

「コーヒーチケットは、関西の方の喫茶店では結構やっているところが多いです。うちの店でもオープン時からやっています。1杯450円の〝ホット珈琲〟が飲める11枚綴りのコーヒーチケットで、4500円で販売しています。このチケットを購入すると、〝ホット珈琲〟1杯が無料になる計算です」（梁さん）

　コーヒーチケットが店内のボードにとめてあるのは、〝いちいちチケットを持ってきて、切って渡すのはめんどうだから、店で保管しておいて〟と、梁さんに預けていくお客様がほとんどだからとか。そんな気心知れたお馴染みのお客様のコーヒーチケットが、いつもボードに20～30枚とめてあります。

車に乗ってわざわざ来店するお客も

『リザルブ珈琲店』には、地元の人だけでなく車で遠くからわざわざ来店するお馴染みのお客様が少なくありません。

　この日も、カウンター席の隅の方でおいしそうにコーヒーを楽しんでいる2人連れのお客様がいました。

　時折、カウンターの中にいる梁さんとも親しげに話して、会話を楽しんでいるようで、なんともいえぬ微笑ましい気分になるから不思議です。

　聞けば、そのお客様は、北大阪で学習塾を経営しているご夫婦とか。偶然入った梁さんの店のコーヒーが気に入って、2～3年前から通っているそうです。コーヒー豆がなくなると、車を30分ほど走らせて豆を購入し、せっかく来たのでコーヒーも飲んでいく、ということでした。

　取材を終えた後、来店していたお客様、梁さん、そして私も一緒に店の前で記念写真を撮りました。短い時間の交流でみんな仲良しになれました。

　それは、梁さんの『リザルブ珈琲店』が、来た人たちが優しいほうの自分になれる癒しの場だからです。

今週のコーヒーとしておすすめしている「エチオピア・イルガチェフN〈中煎り〉」450円（税込）。

縦格子の観音開きの引き戸が目を引く。店内は街並みに合わせて、和の趣を感じさせる内装が施されている。

会社を辞め、新しい人生に
挑戦して頑張っている店

31　アートヒルズ

秋田・鹿角市《かづのし》

生まれ故郷に戻って
コーヒー店を開業。
地域の人たちとの絆を深める。

川又吉道・サダ子さん夫妻が生まれ故郷の秋田・鹿角市に戻って『アートヒルズ』を開業したのは1987年。以来、31年にわたって地域の人たちとの絆を深めている。

秋田県鹿角市。江戸時代、このあたりは盛岡藩の所領でしたが、明治維新後の1871年（明治4年）、秋田県に編入。その後、1972年（昭和47年）、花輪町、十和田町、尾去沢町、八幡平村が合併して現在の鹿角市が誕生して今に至っています。

花輪で毎年開催される花輪ばやしは、「花輪祭の屋台行事」として2014年に国の重要無形民俗文化財に指定されており、ご存知の方も多いと思います。今回は、その鹿角市花輪で31年にわたって自家焙煎コーヒー店を営業している『自家焙煎珈琲屋 アートヒルズ』の川又吉道・サダ子さん夫妻を訪ねました。

秋田県潟上市にあるグループ店に寄り、それから車で鹿角市花輪に向かいました。人気のない山道を、車を走らせること数時間。初めてこの地を訪れる人は、〝こんな辺鄙な場所にコーヒー店が…〟と思うかもしれません。冬の間は降り積もった雪が凍って、スリップの危険があります。店のすぐ近くが坂道になっており、〝地元のお客様の中には、冬場になると、この坂道を避けて少し遠回りして来店される方もいらっしゃいます〟という川又さんの話を聞いて驚きました。

壁に青森ヒバを使用しており、素朴で温もりのある質感で独特の雰囲気を醸し出している。

「ロイヤルブレンド」400円と「自家製ケーキ」250円〜（税込）。

店を訪ねたのは11月の終わり。寒風が吹く中、店の外にまで出て、川又さん夫妻が温かく迎えてくれました。川又さん夫妻とは店を始める前からのおつきあい。2年ほど前にお伺いした時、ご主人の川又吉道さんは71歳、奥様のサダ子さんは67歳。久しぶりに会って話をしていると、奥様のサダ子さんから〝70歳までは頑張りたい〟という言葉が飛び出し、その元気な様子に思わずびっくりしました。個人店の良さは、会社勤めと違って定年がなく、意欲と健康な体さえあれば一生続けられることです。その個人店ならではの良さを、改めて認識することになりました。

生まれ故郷にUターンして コーヒー店を開業！

現在の店舗がある鹿角市花輪は、川又さん夫妻の生まれ故郷です。『アートヒルズ』は、川又さん夫妻が花輪に戻った時からスタートします。

「高校卒業後は、NTTグループの前身である電電公社に入りました。勤務地は神奈川県

コーヒー好きにはたまらない
カウンター席。

の川崎で、そこには10年以上いました。その頃、コーヒーが好きで将来はコーヒー関係のお店が出せたらいいなあと漠然と考えていました。その後、生まれ故郷への異動願いを出して受理され、34歳の時に花輪に戻りました」（川又さん）

地元に戻ってからの勤務地は大館市で、花輪から通う日々がスタートします。そうした会社勤めをしている中で、川又さんの中に〝地元で生涯現役でやれる仕事をやってみたい〟という思いが次第に強くなっていったそうです。そんな時、目にしたのがある雑誌に書かれていた自家焙煎コーヒー店についての私の記事でした。

「田口さんの記事を見て、これだと思ってすぐ電話しました。そしたら一度店に来てみないかと言われ、東京のバッハさんの店へ伺いました。その後は、とんとん拍子で話が進んでいき、その後、1年くらいしてから店を開業する運びとなりました」（川又さん）

店をオープンしたのは、1987年（昭和62年）10月25日。川又さんが43歳の時です。場所柄、すぐに軌道にのせるのは難しいと判断。奥様の協力を得て、川又さんは会社勤めをしながらコーヒー店の営業をすることになりました。

会社から戻ってから、また休みの日を利用してコーヒー豆の焙煎をし、営業を続ける。これはたいへんなことですが、あせらずにじっくり取り組んだことが結果的には、31年という長い年月にわたって営業を可能にした大きな要因の1つだと思います。

「会社勤めとコーヒー店という二足の草鞋は、オープンしてから5年ほど続けましたが、体調をくずしたのを機会に退社し、その後49歳くらいからはコーヒー店1本の営業に切り換え、現在に至っています」（川又さん）

店を通して地域の人やお客との絆を深める

川又さんはクラシックギターをたしなみ、「花輪囃子」の山車にのって三味線も弾くほどの音楽好きです。

『アートヒルズ』という店名は、大好きな音楽のイベントのできる店を目指して〝アート

『アートヒルズ』のオーナー川又吉道さん（右）と、奥さんのサダ子さん（左）。

ヒルズ＝芸術の丘〟と命名したとも聞いています。

川又さんの素晴らしいところは、そんな夢をコツコツと着実に実践していったことです。聞けば、地域の人たちのサポートを受け、店で定期的にコンサートも行ってきました。

「お客様の中にクラシックギターを弾く方がいて、お店の休みの日に練習させてくれないかという話がありまして…。そのお話しがきっかけで辻幹雄さんという有名なクラッシックギター奏者のお弟子さんとも知り合いになりました。店を開業して1年くらいしてからのことです。それが縁で音楽関係の人たちとも親しくさせていただくようになり、店を拠点に定期的に演奏会を行うようになりました。ここにきて、演奏会は一時中断していますが、以前は毎年1回くらいのペースで10回くらいは開催しました。こうして音楽を通して知り合った方々とは今もおつきあいさせていただいています」（川又さん）

こうした音楽を通してのつながりは、川又さん夫妻の飾らない人柄によるところが大きいと思います。実際、川又さん夫妻の人柄にひかれて来店するお客様は決して少なくありません。中には草花が大好きなお客様で、草花の写真集を作って、お店に置いていく人もいます。何十ページもある手作りの写真集で、コーヒーを飲みながら写真集を手に取るお客様もいるとか。もちろん、この写真集はお客様の好意で作られ、店で置くようになったものです。この草花の写真集を見て心癒させるお客様もいるという話を伺って、何か心温まるものを感じました。店を通して、川又さん夫妻とお客様が、またお客様とお客様の心がしっかりつながっている様子が目に浮かびます。これこそが、山奥の花輪という場所で長い間にわたって地域の人たちに愛されている最大の秘訣ではないでしょうか。

最後に、個人店のカフェを目指している人にひと言。鹿角市の方面へ行く機会があるようでしたら、ぜひ『アートヒルズ』へ立ち寄ってみることをおすすめします。おいしいコーヒーはもちろんですが、川又さん夫妻の人柄の良さに接して心和むことでしょう。個人店のカフェの魅力とは何か。個人店の良さがきっと分かっていただけると思います。

32　カフェ カルモ

東京・箱崎町

オーナー夫妻の明るく飾らない人柄がコーヒーとともに大きな魅力に。

コーヒー歴30年以上の関口恭一さんが、奥さんの恭子さんと7年前にオープン。こだわりの自家焙煎コーヒーと関口さん夫妻の明るく誠実な人柄が、地域の人たちに愛されている。

東京・南千住のカフェ・バッハから車に乗って、関口恭一・恭子さん夫妻が経営する中央区日本橋箱崎町にある『CAFEE《カフエ》 CALMO《カルモ》』に向かいました。車に乗っておよそ30分、まだ下町情緒が残る箱崎町に到着。車を降りると、『カフェ カルモ』の店先に設けた小さなテラス席に、犬を連れた年輩の男性客がおいしそうにコーヒーを飲んでいる姿が目に飛び込んできました。

後から聞いた話ですが、このお客様は散歩

の途中にワンちゃんが店の前で足を止めるようになり、1年くらい前からお馴染みさんとして通ってくれるようになったとか。今では、飲み終えたコーヒーカップをお客様が入口のドアを開けて店内にいる奥様に手渡しで返してくれるほど、関口さん夫妻とも親しくなっています。コーヒーカップを返すお客様の姿を見て、私自身何かほっと心安らぐ気持ちにさせられました。

関口さん夫妻の、誠実で明るく飾らない人柄がこの店のアットホームな雰囲気を作っており、それもまた自家焙煎コーヒーとともに、この店の大きな魅力になっています。

じつは店名に付いている〝カルモ〟は奥様と娘さんと息子さんの家族で一緒に考えて付けたもので、イタリア語で「穏やかな」という意味の言葉だそうです。

「ご来店いただいた方々に、美味しいコーヒーを通して和やかな時間を過ごしていただきたい。そんな気持ちから名付けました」(関口さん夫妻)

まさに穏やかな店づくりを目指して、オープン以来、夫婦２人で同じ目標に向かって今も頑張っているのが『カフェカルモ』です。

奥さんに背中を押されるようにして独立・開業を果たす

『カフェ カルモ』がオープンしたのは、今から7年前の２０１１年（平成23年）５月25日。関口さんが45歳の時です。自分の店を開業したのは40歳も半ばですが、関口さんのコーヒー歴はたいへん長く、最初にコーヒーに出会ってから30年以上になります。

関口さんが生まれたのは群馬県太田市。３歳の頃家族は都内の葛飾区に引っ越し、東京の下町で子供時代を過ごしました。

「専門学校の時にバイトで入ったコーヒーチェーンがそもそもコーヒーに出会った最初です。その当時、亀有にあったカフェ コロラドでバイトするようになり、それが縁でその後、ドトールコーヒーに入社することになりました。ちょうど19歳の時でした」（関口さん）

今でこそドトールコーヒーは全国に１３００店以上を展開する巨大チェーンですが、関口さんが入社した頃は知名度も低い小さな会社でした。最初に担当したのはルート営業でしたが、その後、本部へ異動。フランチャイズのオーナー向けに開設したＩＲＰ経営学院で、店舗数の拡大に携わりました。

「現場の第一線に立って忙しく仕事に携わっていました。それが自分には生き甲斐にもなっていました。その後、本社人事部に異動になって定時で終わる勤務になって、かえって体調を崩し、気持ちも沈んでいきました。この頃から自分で独立して店を持ちたいと思うようになりました」（関口さん）

独立するにあたっては、中学生と高校生の２人の子供を抱えて、関口さん自身相当迷ったそうです。そんな時、〝あなたが病気になるくらいなら、冒険した方がいい〟と背中をおし、全面的に協力してくれたのが奥様の恭子さんでした。

住み慣れた自宅近くの地元・箱崎町で開業

店を開業する２ヵ月ほど前に会社を退社。

お客の注文に応えてペーパードリップでコーヒーを抽出する関口恭一さん。その隣でサポートするのは奥さんの恭子さん。関口さん夫妻が醸し出すアットホームな雰囲気が、お客の心を和ませてくれる。

その後、奥様と2人でカフェ・バッハに通ってくれました。退職金の一部と、区から借り入れた助成金1200万円を元手に、自宅から歩いて2分ほどの今の場所に店を出店することになります。

箱崎町には20年ほど前から住んでおり、以前から地域の町内活動に積極的に参加してきており、〝店を出すなら地元で〟と考えていたようです。

顧客づくりも兼ねて、開業時から取り組んでいるものに月1回のコーヒー教室があります。地元の人たちにコーヒーに少しでも親しみ、知ってほしいとの思いから取り組んでいるもので、ドトールコーヒー時代に培ったコーヒーの知識や技術を活かして実施しています。

受講生はホームページやチラシで募集しており、毎回3~5人の受講生があります。その時々でコーヒー教室の内容は違います。例えば、直近で開催した「8月度珈琲教室」（平成28年8月）のテーマは初級編で、コーヒーの歴史・伝播・コーヒーの産地について、各国のコーヒー試飲・コーヒー抽出のポイント・

右：お客の注文ごとにペーパードリップで丁寧に抽出して提供する「カルモ ブレンド」500円。左：ピザトーストはトマトソースに、ハム・ピーマン・マッシュルームをトッピング。このランチメニューの導入により売上の底上げが図れ、かつコーヒーの売行きアップにもつながった（税込）。

抽出実践・質疑応答といった内容です。2時間で、参加費は2000円（コーヒー豆付）です。

このコーヒー教室は、お客様と直接話しができ、親しくなれる絶好の機会になっているようで顧客づくりにも役立っています。

現在、営業時間は8時～19時（平日、土曜は～17時）で、地元の人や会社関係のお客様が切れ目なくあり、はたから見るとオープン以来順調に推移してきているように思われます。でも、実際は決してトントン拍子にはいかなくて、厳しい日が続いた時もありました。

「オープンした月の5月はまあまあでしたが、その後、7月、8月になって売上が激減。お客様が来なくて、エアコンの音がパタパタ虚しく聞こえる日が続きました。この危機を乗り越えるために導入したのがランチメニューでした。オフィス街という立地を踏まえて、ピザとカレーの2品に限ってランチを始めました」（関口さん）

このランチメニューは、9月からスタートしてお客様に好評で、その後の売上回復にも大いに結びつきました。当初、これらのランチメニューの仕込みは暇な時間を利用して店内で行っていました。ところが、仕込み時にでる臭いがコーヒーに悪い影響を及ぼすということで、今はすぐ近くの自宅で朝早く仕込み、それを店に持ち込んで注文ごとに加熱調理して提供しています。

現在、関口さんは地元の「箱崎町 箱四町会」の環境部部長として地元の行事や活動にも積極的に参加するなどして、地域の人たちとの交流を深めるように努めています。そんな関口さんの人柄に魅かれて来店するお客様も少なくありません。

そうした人たちとの交流を通して得たものもありました。コーヒーをベースにした、日々の営業以外での新たな仕事の広がりです。それが、東京観光専門学校カフェサービス学科の講師であり、「日本橋三越はじまりのカフェ」の運営委託です。

これら講師や運営委託の仕事はいろいろな人とのつながりの中で具体化していったもので、コーヒーを通して地域に、また社会に活動の場を広げるという関口さんの思いが着実に実となって結びついてきています。

33　カフェ ブレスミー

東京・瑞江

“誰もがほっとくつろげるような店を作りたい”という想いを実現する。

『カフェ ブレスミー』は、田島雅彦・かをるさん夫妻が東京・江戸川区瑞江の住宅街の一角に開業した自家焙煎コーヒー店。街中に小さな森があるような、そんな店を目指している。

『自家焙煎珈琲店 カフェ ブレスミー』は、東京・江戸川区瑞江の閑静な住宅街の一角にあります。今から14年前に、田島雅彦さん・かをるさん夫妻が始めましたが、私にとってはグループ店の中でもとりわけ記憶に強く残っている店の1つです。

田島さん夫妻はクリスチャンで、店名の「BLESS《ブレス》 me《ミー》」は、「神様、わたしを祝福してください」という旧約聖書に登場するヤベツという人の祈りの言葉からとりました。神様から祝福され、豊かな心でお客様へのおもてなしができるようにという、田島さん夫妻の思いが込められています。

田島さん夫妻の人柄がそのままにじみ出ている店名で私も大好きです。田島さん夫妻の、お客様に、またコーヒーに真摯に取り組む嘘のない人柄に魅かれて来店するお客様も少なくないように思います。実際、〝そうしたお客様に支えられて14年目を迎えることができました〟と遠慮がちに話す田島さん夫妻のお話しを伺って、何か心安らぐ思いがしました。

〝日常から離れて、ほっと一息ついていただきたい〟

田島さん夫妻が『カフェ ブレスミー』をオープンしたのは２００４年（平成17年）11月26日。田島さんが41歳の時です。

「店を出す前は会社に勤めていました。今は直りましたが、一時鬱病を発症して、最終的に会社を辞めることになりました。ちょうど同じ時期に、両親の住んでいるところが区画整理されることになり、移転後の住居を店舗付きにして、誰もがほっとくつろげるお店を作ることができればと考えるようになり両親に相談しました」（田島さん）

ただし、ここで1つの問題にぶつかります。それは、江戸川区瑞江の住宅街で開業して営業的に成り立つのか？ということです。一般的な喫茶店のスタイルでは難しいだろう。そこで、行き着いた結論が、店の特色が出せ、豆売りが期待でき、場所が悪くてもある程度の売上が確保できる自家焙煎コーヒー店でした。

軽い食事におすすめの「バタートースト＋果実ジャム3種」500円（税込）。ジャムは厳選した材料ですべて自家製。いちご、ブルーベリー、紅玉、あんず、ルバーブなど数種類の中から選べる。

閑静な住宅街の一角にあり、店先の木々の緑が来店客の心を和ませてくれる。

その後、南千住のカフェ・バッハの存在を知り、私のところに相談にこられました。この時のことは、今でも私自身鮮明に覚えています。

初めて会って、田島さん夫妻の真面目な人柄がひと目で分かりました。

その時、まったくの素人が取り組んで本当にやっていけるのかという不安もあったようでした。でも、田島さん夫妻の前向きでひた向きな姿勢に私はその時、絶対いけると思い、〝大丈夫だよ！　できるよ！〟と激励したように覚えています。

その後、田島さん夫妻はカフェ・バッハのグループに入り、本格的にコーヒーに関する知識・技術を修得して今の店をオープンしました。

「コーヒーの抽出、ハンドピック、コーヒー豆の焙煎など、学ぶことはたくさんありました。1つずつそれらの知識や技術を身につけていくにつれ、仕事に取り組む真剣度も増していきました。毎日が充実し、それに合わせるかのように以前の体調も取り戻すことができました」（田島さん）

地域の人たちとの心の交流を大切にする

自宅を利用した店舗で始めることによって経済的な負担を極力抑え、目先の利益にまどわされることなく、その分あせらずに誠心誠意やってきたことが今の『カフェ ブレスミー』に結びついているように思います。

派手な宣伝はしないが、開店以来田島さん夫妻が大切にしてきていることがあります。

1つは、地域の人たちとの交流です。そしてもう1つは、自分たちが真剣に取り組んでいるコーヒーについて多くの人たちに知ってもらうように努めることです。立地のハンデをカバーして、安定した売上を確保するために豆売りの販売にも積極的に取り組んでいます。例えば、コーヒー豆をよく購入してくれるお客様の電話番号を教えてもらい、希少価値のコーヒー豆を好んで注文してくれる人には〝今度、こんなコーヒー豆を焙煎しましたから、どうですか〟とおすすめする。

また、お客様が家で飲みたい時にコーヒー豆が切れないように、営業時間外の豆売りに

カウンターの中に入って仕事をする『カフェ ブレスミー』の田島雅彦・かをるさん夫妻。

も対応しています。

2015年秋には、お店のことを少しでも知ってもらえるように〝2015 autumn瑞江澤通信〟というA4サイズの4つ折りカラー刷りパンフレットを作製。お客様のところへ郵送したり、来店したお客様に手渡しするようなこともしています。

このパンフレットは、奥様のかをるさんがパソコンを駆使して仕上げた手作り。カラー写真入りで、デザイン的にもプロが作ったようで、その出来栄えには私も驚かされました。

パンフレットの中には、〝一杯のコーヒーに目を見張る　そんな小さな驚きの瞬間があったら幸せです〟といったタイトルに続いて〝区画整理事業によって更に失われた自然。建て直し後の初めての夏、一番気になったことは「セミ」が鳴いてくれるかどうかということ。あれから11年、世の中は大きく変わりつつあります。私達が生業とする「コーヒー」もとても注目される飲み物になりました…〟ということも書かれています。田島さん夫妻の思いが伝わってくる内容で、お客様との絆を深めるのに役立っています。

また、田島さん夫妻は、コーヒーを通して社会に何ができるかということも真剣に考えて実践しています。

その1つが、2011年（平成23年）3月11日に発生した東日本大震災直後に行った支援コーヒーでした。

「被害に遭われた方や、復興作業に奉仕されている方の心が疲れ切ってしまわないように、1杯のコーヒーで一息ついでいただきたいと思い、自分たちでできることをいうことで支援コーヒーを行いました。自分の店で焙煎したコーヒーをドリップコーヒーバッグに詰め、ビスケット1個をつけて各自治体のボランティアセンターへお送りしました。賛同してくださるお客様もいらして募金により支えてくださり、約3年間続けました。少し休みましたが、再開いたします」（かをるさん）

ひと口にカフェの役割といってもいろいろなことが考えられます。その1つに地域に対して、また社会に対して何ができるのかということがあります。それを肩肘張らずごく自然な形で実践しているのが『カフェ ブレスミー』といえるのではないでしょうか。

34　カフェ・ブレニー

千葉・西船橋

コーヒー豆の通販にも積極的に取り組み売上の増大につなげる。

『カフェ・ブレニー』は、永田永昌さんが52歳の時、千葉県船橋市行田に開業した自家焙煎コーヒー店。開業以来1人で奮闘し、今年で8年目を迎える。

千葉県船橋市行田にある『カフェ・ブレニー』は、永田永昌さんが今から8年前にオープンしたバッハコーヒーグループの自家焙煎コーヒー店です。

店があるのはJR武蔵野線と東武野田線に挟まれた行田公園のすぐ近くの、行田団地内。最寄りの駅はJR総武本線西船橋駅か、東武野田線新船橋駅ですが、どちらの駅からも少し離れた場所にあります。

西船橋駅からだと、京成バスに乗っておよ

そ10分、行田団地のバス停で下車。すぐ目の前が行田団地で、その商店街の中にあります。『カフェ・ブレニー』の開業は2010年（平成22年）8月2日。この時、永田さんは52歳でした。

永田さんがカフェの開業を目指したのはそれより2年前の、50歳の時です。それまでは、建築・土木関係の会社で設計の仕事に携わっていました。

「50歳でそれまで勤めていた会社を辞め、その後、何をやろうかといろいろ考えていた時、行き着いたのがコーヒーの店でした。若い頃からコーヒーが好きだったので、どうせやるなら好きなことをやろうと考えてバッハさんの主催するセミナーに参加し、そのまま店を開業するということを前提にバッハグループに入ってコーヒーの勉強をしました」（永田さん）

その頃、永田さんは今の店がある千葉県船橋市行田に住まいがあり、そこから毎週南千住のカフェ・バッハのトレーニングセンターに2年間通いました。トレーニングセンターで自家焙煎コーヒー店に必要な知識と技術を修得し、開業することになります。

東日本大震災を契機に コーヒー豆の通販を開始

店のある行田団地は、昭和40年後半に建てられたもので、築40年以上になります。団地ができた頃は文教地区ということもあって人気を集め、商店街も賑わっていました。その後、バブルがはじけ、すぐ近くに近代的な大型施設が出現するなど周辺の立地環境も大きく変わり、また行田団地の住人の高齢化も進んだこともあって、今は以前のような賑わいが失われつつあります。

「今は結婚して行田団地のすぐ近くに引っ越しましたが、以前は長いこと行田団地に住んでおり、そんなこともあって現在の場所に店を出すことにしました。場所柄、店売りだけでは厳しいので、豆売りにも力を入れています」（永田さん）

『カフェ・ブレニー』では開業時から豆売りに力を入れてきましたが、その一環として取り組んでいるものにコーヒー豆の通販があります。これは、2011年（平成23年）3月11日に発生した東日本大震災を契機に始めたものでした。

「東日本大震災は多くの人たちにたいへんな被害をもたらしました。ちょうど同じ頃、店のすぐ近くに大型商業施設が出現するなどして、商店街の店も元気がなくなっていきました。そんな状況の中で、元気に頑張ろうと考えて始めたのがコーヒー豆の通販でした」（永田さん）

その時に作ったチラシのキャッチコピーには、次のようなことが書かれています。

〈コーヒー飲んでがんばろう！ 焙煎したての最高品質珈琲を毎日飲みたい方へ 信頼のスペシャルティコーヒーを焙煎・ご提供します 通販は直接ポストへお届け！〉

このコーヒー豆の通販は、1回の注文単位が100g入りパック（約10杯分）×3（または4）パックで、月に2回おまかせで定期的にお届けするというコースもあります。直接受取の必要がないレターパックでのお届けで、留守でも安心（送料別途360円）と喜ばれています。

『カフェ・ブレニー』のオーナー、永田永昌さん。

現在、店売りと豆売りの売上比率は半々。地域を超えて、札幌や富山といった遠方から通販のコーヒー豆を購入してくれるお客様も増えています。また、定期的に注文してくれるレストランなどもあり、売上を支えるもう1つの柱となっています。

音楽会を通しておいしいコーヒーに親しんでもらう

少しでもおいしいコーヒーに親しんでほしいとの思いから始めたものに、ミニ音楽会があります。3年前からスタートし、今では2ヵ月に1回のペースで開催しています。お客様としてきていた方の中に音楽の先生がいて、最初は冗談半分に〝ミニコンサートでもやってみない〟と言ったのが始まりとか。第1回目はコーヒーとケーキとサンドイッチ付きで行ったところ好評で、それが今も続いています。現在は、料金3000円で予約前払い制。第1部と第2部と、1日2回開催しています（各15名）。

音楽家の先生はトークコンサートや歌のレッスンを展開中の菅野千恵さんと、船橋市山手「ルネアクシアム」内でわたべ音楽教室を主宰している渡部佑二さんの2人。2年前からパティシエの木村奈都子さんが参加、以来毎回オリジナル特製スイーツを提供して好評です。〝歌とピアノとお菓子のミニ音楽会画家と音楽〟など、これまでに20回以上のミニコンサートを開催しています。

オープン感謝メニューで新規客の開拓を図る

『カフェ・ブレニー』では、新しいお客様の掘り起こしにも積極的に取り組んでいます。その1つが、5年目のオープンに関連づけて実施した〝5周年感謝メニュー〟です。

8月2日は『カフェ・ブレニー』が開店した日ですが、それに合わせて企画したものです。5周年も過ぎて6周年目になりますが、そのまま継続して〝6周年感謝メニュー〟としてお客様におすすめしています。

6周年感謝メニューとして提供しているのは「ブレニー・ハーフサンドセット」500円。

ブレニーブレンド（またはアイスコーヒー）1杯とお好きな1／4サンドをふたつという内容です。

1／4サンドは、卵マヨネーズ・ベーコン・きゅうり、野菜ごろごろポテトサラダ・ロースハム、チキン（特製鶏そぼろ）・レタスなどがあり、その中から好きなものが選べます。また、もう少し食べたいというお客様の要望に応えて、お替りサンドは1個100円でサービスしています。

「この感謝メニューの企画は、少しでもカフェ・ブレニーを気軽に利用していただきたいという考えから始め、継続して行っているものです。この企画を通して、スペシャルティコーヒーに親しんでいただき、そのおいしさを知っていただくようにしています」（永田さん）

ミニサイズの1／4サンドというのはグッドアイデアだと思います。しっかりした食事ではなく、ちょっと小腹を満たしたい。カフェを利用するお客様の中には、そんな方が結構います。

そうしたお客様にぴったりです。中には、ミニサイズのサンドがきっかけになって、コーヒーを注文してくれるお客様もいるでしょう。

こうした自分の店のコーヒーをより多くのお客様に知っていただくための地道な取り組みが、コーヒー好きのお客様を増やしていくことにつながっていきます。カフェ・バッハは今でこそたくさんのお客様にお越しいただいていますが、オープン当初はコーヒー好きのお客様を増やすためにあの手この手の取り組みをしました。毎日毎日の小さな積み重ねが、コーヒー好きのお客様の輪を広げていきます。

永田さんはスキューバダイビングのインストラクターの資格を持つほど海が好きで、壁に海中写真を飾っている。

カフェ・バッハオリジナル焙煎機「マイスター5」を導入。

おすすめの「ブレニーブレンド」400円（税込）。

35　カフェハンズ

神奈川・横浜市

人と人との繋がりを大切にする自家焙煎珈琲店を目標に脱サラして開業。

佐藤 円さん・雅美さん夫妻が経営する『CAFEHANZ』（カフェハンズ）は、JR根岸線の根岸駅を下りて徒歩6〜7分の場所に開業して10年。お客様との絆を大切に、地域になくてはならない自家焙煎コーヒー店に成長している。

神奈川県横浜市にある佐藤 円さん・雅美さん夫妻が経営する『CAFEHANZ』を訪れました。

店名「カフェハンズ」のHANZとは、HAND=手と、ZEAL=熱意を組み合わせた造語で、手づくりに対するこだわりの思いを少しでもお客様に伝えることができればということでつけたそうです。

佐藤さん夫妻の自家焙煎コーヒーに対する真面目な取り組みと同時に、誰にでも優しく謙虚な佐藤さん夫妻の人柄が伝わってくるネーミングで、私も大好きな店名の一つです。

店は横浜市中区根岸町にあり、最寄りの駅はＪＲ根岸線の根岸駅になります。ＪＲ根岸線は横浜と大船を結ぶローカル線ですが、沿線には伊勢佐木町や横浜中華街、元町といったプレイタウンがあります。根岸駅は横浜から５つ目にあります。

根岸駅周辺は伊勢佐木町や横浜中華街といった華やかな町並みとはがらりと趣を異にした、住宅街を控えた落ち着いた佇まいの街です。

根岸駅を下りて徒歩で6～7分、産業道路沿いの根岸不動下交差点すぐに『カフェハンズ』はあります。車の通行量は多いけれど、朝と夕方の通勤で行き帰りする人の他は、昼間でも人通りは数えるほど。一般に言われるカフェの立地条件としては、あまり恵まれているとはいえません。

カフェの営業にはちょっと不向きとも思える場所に開業して10年、『カフェ ハンズ』は着実に地域のコーヒー好きのお客様を掴んできています。

『田口 護の珈琲大全』を見て自家焙煎コーヒー店の道へ

佐藤さん夫妻が『カフェハンズ』をオープンしたのは２００８年5月9日。この時、佐藤さんは42歳。脱サラして、奥様の雅美さんと店を始めました。

「家内とは中学校の同級生で、私が32歳の時に結婚しました。その頃から、将来は自分で店をやろうと漠然と考えるようになっていました。自家焙煎コーヒー店の開業を考えるようになったのは、店を出す4年ほど前からです。そのきっかけとなったのが『田口 護の珈琲大全』という一冊でした。本屋でこの本に出会い、たいへん感銘を受けました。自家焙煎コーヒーのノウハウや技術をすべて公開していました。私はコーヒー関係の企業で働いていたので、これにはびっくりしました。田口さんに、カフェ・バッハという店に強い興味を抱くようになりました」（佐藤さん）

後から知ったことですが、『珈琲大全』の本を見てから2ヵ月くらいたった頃、佐藤さんは奥様と一緒にカフェ・バッハに来店してくれました。

この時、佐藤さん夫妻がコーヒーのおいしさ以上に感動したことがあったと聞いて、私もたいへん嬉しかったことを覚えています。それは、カフェ・バッハで働いていたスタッフの接客サービスでした。

「お店で働いているスタッフの人たちが溌剌としていて、素晴らしいと思いました。スタッフの人たちとお客様とのやりとりも心がこもっていて、人と人との絆の大切さを改めて気づかされました。お客様と良い関係を築きあげながら、商売としても成り立っている。これはやり甲斐のある仕事だと思いました」（雅美さん）

その後、佐藤さんから連絡をいただき、お話しを伺うことになりました。人と人との繋がりを大切にする自家焙煎コーヒー店を開業したいという佐藤さん夫妻の考えを聞き、そこでバッハグループに入っていただくことにしました。

会社に勤めながらカフェ・バッハに通う

バッハグループに入る前後、佐藤さんの勤務地が神戸から東京へ変わりました。そんな事情もあって、一時は会社を辞めて自家焙煎コーヒー店開業に必要な知識と技術の修得をと考えていたようでしたが、東京への異動によりそれまでの考えを変えて、会社に勤務しながら勉強することになりました。

資金的に余裕のある人なら、会社を辞めて知識や技術の修得に集中するという選択肢もあります。でも、あまり資金的に余裕のない人の場合、今の収入を確保しながら、知識や技術の修得、そして顧客づくり、資金づくりをする方が賢明です。その分、時間はかかるかもしれません。でも、無理のないやり方で、これも選択肢の一つとして人によっておすすめしています。一歩一歩着実に取り組んでいった方が、結果的によいと私は考えています。

そんな私の考えを理解してくれて、佐藤さんは会社を辞めずに、自宅から南千住にあるカフェ・バッハのトレーニングセンターに通ってくれました。

「会社の仕事を終えてから、電車を乗り継いで通いました。トレーニングセンターに着くのは夜の6時30分か7時くらい。それからが勉強です。深夜の12時くらいになることもたびたびでした」（佐藤さん）

会社の休みである土曜日と日曜日は、奥様と一緒にトレーニングセンターに通って、ハンドピックや焙煎の技術を学んでくれました。そんな地道な努力を1年以上積み重ねて、開業に必要な知識や技術を修得していってくれました。

技術の修得に手応えを感じ、佐藤さんが物件探しのために退職願を出したのが２００７年12月。店を開業する、６ヵ月ほど前のことです。

翌年の２００８年2月には現在の物件が見つかり、仕事の引き継ぎをして正式に２００８年4月に退社しました。

店舗は職住一体型で、1階が店舗で、2階が住まい。4月からの突貫工事で、5月9日にオープンする運びとなりました。

「初めから職住一体型の店舗での開業を考えており、家の近くで、住居付き店舗を探していました。たまたま今の物件が見つかり、この場所での開業に決めました。1階は中古のバイクを扱っていた店舗で、これを改造して使うことにしました」（佐藤さん）

1階の店舗は約35坪。フロアの一角に15坪の焙煎室を設け、小規模店向けのオリジナル焙煎機「マイスター焙煎機」（５kg）を導入しました。客席はカウンター席が5席に、テーブル席が14席（2人掛け7卓）で、合わせて19席あります。車椅子のお客様にも気軽に利用してもらえるように、入口から客席へ向かうアプローチをスロープ状にしました。

保証金、内装費、椅子・テーブル・什器備品、焙煎機（空気清浄機を含む）等、開業に要した初期投資は、その四分の一を国民生活金融公庫からの借り入れでまかないました。

朝の掃除を通して店の存在を知ってもらう

場所柄、オープン当初はお客様に来店して

もらうためにたいへん苦労したようです。佐藤さん夫妻がとくに心掛けたのが、初めて来店されるお客様への対応でした。

「初めて来店されたお客様が気にいってくれて、次回も来店したいと思っていただけるように一人ひとりのお客様に満足していただけることを心掛けました。一杯ずつ丁寧にコーヒーを淹れることはもちろんですが、お客様ともなるべくお話しをするように努めました。そのようにして、少しずつお客様を増やしていきました。私どもの店を気にいって、開店以来ご来店いただいているお客様もいます。有難いことです」（佐藤さん）

佐藤さん夫妻が、開店から今に至るまで続けていることがあります。その1つが、開店前に行っている朝の掃除です。

人と人との繋がりを大切に考えている佐藤さん夫妻が、地域の人たちに愛される店づくりを目指して地道に取り組んでいることです。

朝の掃除といっても、店の前だけではありません。店の周囲をぐるりと掃除します。

この朝の掃除は、飲食店である以上、清潔であるべきだと思ったことと、焙煎中の匂い

お客の注文に合わせ、1杯ずつ丁寧にコーヒーを抽出してサービスしている。ご主人の佐藤 円さんと、奥さんの雅美さんの息もぴったりだ。

いろいろな種類のコーヒー豆のパックを並べて販売している。

テーブル席は採光が十分にきいた明るい客席。

などが近隣の方々に多少なりとも迷惑がかかることから、何か奉仕したいという思いから、比較的軽い気持ちで始めたものでした。

でも、朝の掃除を続けて行っていくと、近所の方から挨拶をされたり、お花をいただいたり、結果として地域の人との繋がりを深めることになったそうです。

今では、朝の掃除を通して親しくなった近所の人が、ボランティアで一緒に掃除をしてくれるとか。現代人の中から失われつつある人と人の繋がりが、ここでは着実に育まれているように思います。

佐藤さん夫妻にとって、朝の掃除は地域の人たちを、またお客様を結びつける大切な時間になっています。

コーヒー教室を通してファンづくり!

『カフェハンズ』が開店以来実施し、力を入れて行っていることがあります。それがコーヒー教室の開催です。

お客様の要望に合わせて、2つのコースを用意しています。一つは、ハンドドリップの淹れ方を教えるグループレッスン。「ハンドドリップは普及しているが、きちんと習ったことがない」「家でおいしく淹れられない」という人を対象に始めたもので、定員5名までの小グループのレッスン。料金は1人1000円(税込)。開店前の時間を利用して、毎月第3土曜日の10時~11時に実施しています。

もう一つは、マンツーマンのステップアップコース。このコースは、「淹れ方の基本はわかっているけど、うまく淹れられない」「うまく淹れられるときもあるけど、安定していない」「今よりもっとうまく淹れたい」という人を対象に始めたコーヒー教室です。

店のカウンターを使って行い、レッスン時間は約30分。料金は1500円(税込)。お客様と日時を決めて行なう個別レッスンで、11時~12時(祝日を除く土日のみ)、16時~19時(平日のみ)、19時~20時の時間帯に実施しています。

「こうしたコーヒー教室を通してお客様とお話しをし、親しくなれればいいと思っていま

酸味と苦味のベストバランスを追求した「ハンズブレンド」450円（税込）。

カウンターバックの棚に並べたコーヒー豆のキャニスターが目を引く。

す。お客様の中には、コーヒー教室で習ったら家でおいしく淹れられるようになったといってお店に来てくれるようになった方もいます。その意味では、うちの店のファンづくりにも役立っています。またコーヒー豆の販促にもつながっています」（佐藤さん）

ランチを通して店のコーヒーを楽しんでもらう

『カフェハンズ』では、開業から1年半ほど経過した頃からランチメニューを取り入れています。

　地元に住んでいる主婦や年輩の人たちのお昼需要に対応したもので、主力商品であるコーヒーに支障のないことを前提に、お昼の11時30分～14時の時間帯に提供しています。

　ランチメニューは〝手づくりランチ〟と謳って週替わりで1品を用意。テーブルロールと本日のコーヒーのセットで、価格は1人前９５０円（税込）。コーヒーとの組み合わせを前提に、手作りを売り物にした洋風メニューを提供しているのが特徴です。あらかじめ開店前に仕込んでおき、注文があってから加熱調理してすぐ提供できるような料理をお出ししています。

　メニューの一部を紹介すると、例えば、「クリームシチュー&大根とキュウリのサラダ柚子胡椒風味」（２０１６年12月12日～16日）、「ビーフストロガノフ&ロマネスコとブロッコリーのサラダ」（２０１６年12月19日～23日）などがあります。年を越してからは、「ヒレ肉のローストポーク&キャロットポタージュ・ポテトサラダ」（２０１７年1月16日～17日）、「ミートボールのマリネ茄で野菜添え&じゃがいものポタージュ」（２０１７年1月23日～27日）といったものがあります。1日に用意するランチメニューは15～20人前です。

「ランチには本日のコーヒーをセットにしており、お昼を食べたお客様にカフェ ハンズのコーヒーを知っていただくという狙いがあります。実際、お昼を食べてコーヒーを飲み、気にいってくれて次回コーヒーだけで来店するお客様もいます。それと、ランチメニューの本日のコーヒーにはコーヒー豆を回転させるという意味合いもあります。それによってロスをなくし、常に鮮度の良い状態のコーヒー豆を使用することができるといったメリットもあります」（佐藤さん）

地域のケーキ店とコラボレーション

『カフェハンズ』では、地域の人たちとの繋がりを大切にしていることは前にもお話ししましたが、その取り組みの一環として始めたものに近くのケーキ店とのコラボレーション企画があります。

開店8周年を契機に、2016年5月からスタートさせたもので、1ヵ月2回のペースで行っています。

題して「プレミアムスイーツコラボ企画」。つい最近実施したのは1月28日（土）の、1日限定の「名店ル・ウイークエンドのレボー＆専用のコーヒーセット」。毎回特別なケーキを作ってもらい、それに合うコーヒーをセットしてケーキとコーヒーのマリアージュを楽しんでもらうという企画です。

卓上のメニューPOPに、次のような説明の言葉を書いて来店客におすすめしています。

「今回は杏を楽しんでいただきます。杏とナッツが採れるレボープロバンスという街にちなんだケーキ。最上段は杏のムース、そして杏子のジュレ、スポンジ、アーモンドキルッシュのババロア、アマレットとキルッシュをきかせたアーモンドのスポンジの5層からなるスイーツ。今回は中煎りのコーヒーと合わせています」

このコラボレーション企画は、来店客に好評で、回を重ねるごとにリピート客を増やしています。

「その時々に提供してくれるケーキに合わせ

「ブラジルストレートブレンド」450円（税込）。中煎りと中深煎りを別々に単品焙煎し、それを半分ずつブレンドしたオリジナルブレンド。

ブレンドを用意し、お客様にケーキとコーヒーを楽しんでいただくようにしています。コーヒーの新しい楽しみ方を広げることができる企画として、これからも続けていきたいと考えています」（佐藤さん）

オリジナルブレンドを通して単品焙煎を訴求

『カフェハンズ』では、開店以来、大切にしてきている自家焙煎コーヒーに対するこだわりがあります。

そのいくつかのポイントをお客様に知っていただくために、カラー刷りのパンフレットにも写真入りでやさしく説明しています。

パンフレットに書いてあるこだわりとは次の4つです。

◎こだわり1

焙煎前後2回のハンドピックで欠点豆を取り除きます。

◎こだわり2

お店で焙煎。なのでいつも新鮮。

◎こだわり3

全製品アラビカ種最上級グレード。

◎こだわり4

ブレンドはすべて単品焙煎。

この中のこだわり4の単品焙煎について、よりお客様に理解してもらうために「ブラジルストレートブレンド 中煎り50％・中深煎り50％」というオリジナルブレンドを新たに開発し、お店の看板商品として力を入れています。

「ブラジルストレートブレンド」はコーヒー豆はブラジルのウオッシュド1種類ですが、これを中煎りと中深煎りに別々に焙煎したものを半分ずつブレンドしたもので、焙煎度合の異なる豆をブレンドすることで奥行きのある風味が味わうことができます。単品焙煎にこだわる『カフェハンズ』独自のオリジナルブレンドになっています。

皆さんご存知だと思いますが、単品焙煎について簡単に説明させてもらいます。

ブレンドには、生豆の段階でブレンドする混合焙煎と焙煎後にブレンドする単品焙煎の2種類があります。

手間がかかりますが、生豆の持ち味を最大限に引き出せるのは単品焙煎です。そしてこの単品焙煎にこだわっているのが『カフェハンズ』です。

それでは、なぜ、この「ブラジルストレートブレンド」をオリジナルブレンドとして新たに開発したのか。それには次のような理由がありました。

「最近になって、近くに自動ロースターを使用した自家焙煎コーヒー店が開業しました。そこでは混合焙煎なので、その違いを知っていただくためにブラジルストレートブレンドを開発しました。この商品を通して、単品焙煎とはどういうものかをお客様に説明し、理解していただくようにしています。それが結果として、顧客づくりにつながっていくと考えています」（佐藤さん）

地域の絆を大切に、ケーキ店とのコラボレーションやオリジナルストレートブレンドの開発といったことに前向きに取り組む佐藤さん夫妻の、さらなる頑張りにエールを送ります。

36　ボーダーズコーヒー

長野・吉田

夢は大きく。将来は自分が焙煎したコーヒー豆を世界の人たちに飲んでもらうこと。

『ボーダーズコーヒー』が開業したのは4年前の2014年。将来の夢に向かっての第一歩、コーヒーの豆売りからスタート。2018年1月、近くにイートインのある店を移店オープンした。

『BORDERS COFFEE（ボーダーズコーヒー）』は、長野県長野市吉田に、4年ほど前の2014年10月にオープンしました。オーナーは傳田明範《でんだあきのり》さん。

お店は広い道路から少し入ったところにあり、店頭に小さな看板は置いてありますが、〝看板を見て、店に入ってくる人はいません。初めての人はそこに店があることさえ気づかないのでは？〟と傳田さん本人が言うほど分かりにくい場所にあります。

コーヒー豆の持ち帰りと配達の豆売りを主体にしてスタートした店で、客席はありません。面積わずか12坪の小さな店で、入口入ってすぐに置かれた「マイスター焙煎機5」が目に飛び込んできます。入口左側の壁に沿って、コーヒー豆を収納したボックスをいくつも並べた棚があり、入口を入って正面に試飲用の小さなカウンターがあります。シンプルな造りですが、傳田さんのセンスの良さが感じられるから不思議です。

今回、この店を訪問して鮮明に思い出されることがありました。それは、カフェ・バッハの創業時のことです。今でこそ、カフェ・バッハは自家焙煎コーヒーの名店として全国からコーヒー好きのお客様にお越しいただけるようになりました。

でも、最初はこの店と同じように小さな店からスタートしました。この小さな店を第一歩に、少しずつお客様を増やし、今日のようなカフェ・バッハを確立しました。最初は、お金もなく、設備も不十分な中で、よいコーヒーを提供していくことでお客様を少しずつ増やしていきました。

よいコーヒーをより多くの人たちに親しんでいただきたいという夢に向かってがむしゃらに頑張ってきました。その当時の姿が、なぜか傳田さんとオーバーラップしてきました。

『ボーダーズコーヒー』という店名には傳田さんの将来への夢が込められています。

「世界中のコーヒー産地から国境を越えて送られてくるコーヒー豆を扱っているということもありますが、もう1つの意味があります。それは、自分が焙煎するコーヒー豆を、国を超えて多くの国々の人たちに飲んでほしい。そんな将来への夢を込めてつけました」と傳田さんは話してくれました。

以前倉庫だった場所を自分たちで改装して開業

今の店を開業する前、傳田さんが携わっていたのは自動車やバイクの整備の仕事。２００３年から２００９年まで6年間、この仕事に従事していました。その後、２０１０年に整備の仕事を辞めて、お父さんの仕事を手伝いながら独立を目指すことになります。

２０１０年に名古屋のカフェスクールに入って勉強し、その時知ったのが自家焙煎コーヒー店という店の存在でした。その後２０１１年に自家焙煎コーヒーのセミナーに参加。２０１３年にカフェ・バッハのグループに入り、自家焙煎コーヒー店経営に必要な知識と技術の修得に努めることになります。

自家焙煎コーヒー店の開業を目指すにあたってはお父さんにも相談しました。〝自分のやりたいことをやれ〟とお父さんは傳田さんの背中を押してくれたそうです。

お父さんの傳田典男さんは、今の店舗のある隣に「リンクス」というサポーターや靴下の製造・卸しの会社を経営しています。そんな事情から、店が軌道にのるまでお父さんの仕事を手伝うことで生活費の一部を稼ぎ、その間、少しずつお客様の確保に努めて軌道にのせていくことにしました。

現在の店舗は、〝隣に空き物件があるからどうか〟というお父さんの情報がもとになっています。

「以前倉庫だった場所で、家賃などの固定費が1ヵ月6万円くらいで抑えられるということで借りることにしました。お金がないので、専門業者に頼まなければならないもの以外はすべて自分たちでやりました。親戚に手伝ってもらって壁紙を貼ったり、床を手直ししたり、すべて自分たちでやりました。開業資金は20万以内に抑えることができました」（傳田さん）

エスプレッソコーヒーも試飲できるように、コンパクトタイプのエスプレッソマシンを設置している。

ブログやクチコミで徐々にお客を増やしていく

山のてっぺんを目指すにも、いろいろなルートがあるように、最終的に自家焙煎コーヒー店を成功させるにも、人それぞれの置かれた状況によっていろいろなやり方があります。資金的に余裕のある人ない人、また家庭の事情など、それに合わせて無理のないルートで上っていくのが成功への道です。

ですから、必ずしも最初から客席を設けて、きちんとした店舗を作った方がいいとも限りません。資金も人材も、お客様もついていない状況で背伸びすると、かえって無理をすることになり上手くいきません。

無理のない範囲で、できることからやっていき、ホップ、ステップ、ジャンプと段階的に店を大きくする方が賢明です。傳田さんの場合は、始めの一歩をコーヒーの豆売りからスタートさせました。そして、お客様がつくまでは生活費を支えるためにお父さんの仕事を手伝うことにしました。それもまた、自家焙煎コーヒー店という山を目指す一つのやり方です。

現在、傳田さんは、午前中はお父さんの会社の仕事を手伝い、その後店に戻ってコーヒー豆の焙煎や、お客様への配達などを行っています。

ブログやクチコミで来店されたお客様には、何杯でも試飲してもらうようにしています。一度、試飲して気にいってくれたお客様はコーヒー豆を購入してくれて、たいていリピーターになってくれるそうです。

　また、初めてのお客様に店の存在を知ってもらうための印刷物を3点セットで用意し、それを手渡ししています。3点セットとは、焙煎度合別のコーヒー豆の種類と価格、コーヒー抽出に必要な器具と価格の一覧表、そしておいしいコーヒーの抽出法などをイラスト入りでガイドしたものです。

　そうした小さな積み重ねでお客様も少しずつ増えています。今では毎日のように車でコーヒー豆の配達に行っており、配達エリアも半径30㎞以内をカバーするまでに広がっています。

以前倉庫だった場所を自分たちで手直しして完成させた店舗。表面をブルーに塗装した「マイスター焙煎機5」が一段と目を引く。

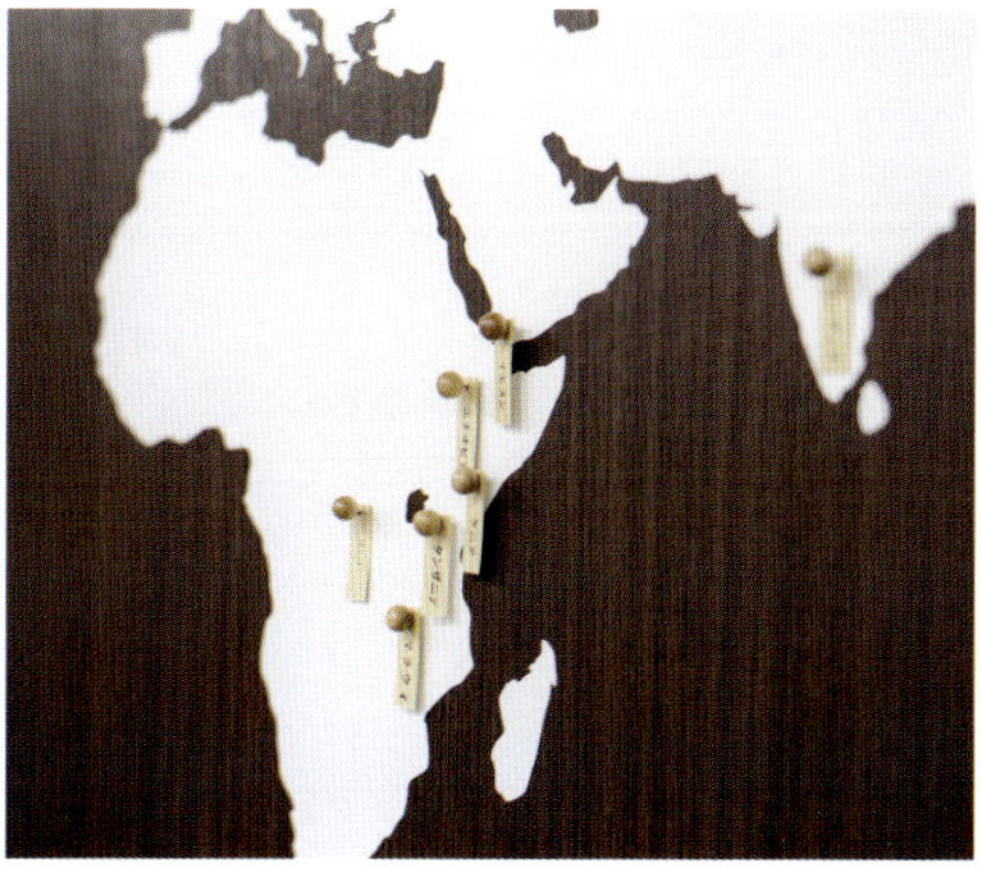

来店客に説明しやすいように、コーヒーの生産地がひと目で分かる世界地図を壁に掛けている。

　また、傳田さんは地域の人たちへのコーヒーの普及、啓蒙にも積極的に取り組んでいます。少し前に、長野市の公民館でカフェ・バッハ主催によるカッピングセミナーを開催しました。このセミナーにも忙しい合間をぬって積極的に参加してくれて、コーヒーの普及に努めてくれました。

　こうした地道な取り組みが少しずつ実を結んできています。傳田さんは、SCAJ（日本スペシャリティコーヒー協会）のアドバンスド・コーヒーマイスターの資格を取得（2015年9月25日）しており、その認定書を店内に飾っています。そのことが地元の新聞に紹介され、それを見た人からカルチャースクールの講師の依頼がありました。

「コーヒー抽出セミナーの講師の声をかけていただき、1ヵ月3回くらいの予定で行うことが決まりました。長野にあるメルパルクホテルの中のカルチャースクールで、10月からスタートしました。そうしたセミナーを通して少しでもコーヒー好きの方が増えてくれれば、これほど素晴らしいことはありません」（傳田さん）

　2018年1月末には、イートインを設けた店舗を移転オープンする予定で準備を進めています。本が出た頃には新店舗での営業が始まっているでしょう。この本を読んで興味を持たれた方は、ぜひ立ち寄って激励していただくことをお願いします。

37　陽のあたる道

神奈川・横浜市

55歳で会社を早期退職。若い頃から好きだったコーヒーの店を始める。

自家焙煎珈琲店『陽のあたる道』が開業したのは、今から6年ほど前の2012年3月4日。コーヒーを通して、少しずつお客の輪が広がっている。

犬飼康雄・佐栄子さん夫妻が経営する自家焙煎珈琲店『陽のあたる道』は、相鉄線鶴ヶ峰駅を下りてすぐのところにあります。店名の「陽のあたる道」は、学生の頃フォークソングに夢中だった犬飼さんが、当時から好きだったグループ〝ザ・ナターシャ・セブン〟の曲からとったそうです。実際の店舗も、店名にあるような陽のあたる道にあり、明るい陽射しを浴びたテラス席を設けて、お客様を迎えています。

フロア面積7・5坪（焙煎室2・5坪も含めて）の小さな店で、入口手前にテーブル席、フロアの奥に小さなカウンター席があります（客席数13席）。北欧をイメージしたホワイトを基調にした内装が、爽やかで、すがすがしい気分にさせてくれます。

　店に入ると、カウンターの中から、犬飼さん夫妻が優しい笑顔で迎えてくれました。犬飼さん夫妻の親しみやすい人柄が自然に伝わってきます。私が感じたように、この店にやってくるお客様は犬飼さん夫妻の笑顔に心安らぐものを感じているのではないか。そんなことを思いながら、インタビューを始めました。

55歳で会社を辞め、自家焙煎コーヒー店を目指す

『陽のあたる道』が開業したのは、今から6年ほど前の2012年（平成24年）3月4日。この時、犬飼さんは57歳でした。

「大学を卒業後、都内の生命保険会社で30年勤務しました。コーヒーは学生時代から好きでした。会社に入ってからも、昼休みには喫茶店に行って毎日のように飲んでいました。いつか自分でもコーヒーの店をやりたいと考えるようになりました」（犬飼さん）

　自家焙煎コーヒー店を開業するために、55歳の時に会社を早期退職。カフェ・バッハが主宰する自家焙煎コーヒーのセミナーを受講してくれました。

　その後、バッハグループに参加し、およそ2年間にわたって南千住にあるバッハのトレーニングセンターに通って自家焙煎コーヒー店開業に必要な知識と技術を修得して開業しました。

　開業に際して、当初、奥様の佐栄子さんは反対でした。奥様としては、〝それまで会社勤めしか経験がなくて、ゼロから店を始めて果たしてうまくいくのか？〟という不安があったようです。でも、犬飼さんの自家焙煎コーヒーに対する真面目な取り組みを目の当たりにして、全面的に協力するようになりました。今では、犬飼さんを支える強力なサポーターであり、共同経営者として店を支える大黒柱になっています。

コーヒーを通してたくさんの人たちとつながりを持つ

　今回、『陽のあたる道』を訪問して、私自身改めて個人店カフェの素晴らしさを再認識することができました。

　それは、犬飼さん夫妻がコーヒーを通して、地域の、また地域を超えていろいろな人とつながりを持ち、その輪を広げていることを感じることができたからでした。それがまた、地域の文化発信にも役立っており、それもまた素晴らしいことだと感心しました。

　その地道な取り組みについては、犬飼さん夫妻が開店以来取り組んできた「小さな音楽会シリーズ」や「絵画の展示」「コーヒー教室」といった催しに見ることができます。

「小さな音楽会シリーズ」は、〝おいしいコーヒーを飲みながらくつろいでもらいたい〟という思いから始めたミニライブで、1ヵ月に数回、プロ、アマを問わずミュージシャンを招待して行っています。オープンして間もなくスタートさせたもので、これまでに60回以上を数えるまでになっています。

「絵画の展示」は、開店して2年くらい経ってから始めたものです。絵画を勉強している地域のグループの作品や、時にはプロの絵描きさんの作品などを期間限定で展示しています。

「今週は、大和市周辺に住んでいる絵画好きの仲間たちのグループ（G・ビリジャン）の発表の場として使ってもらっています。うちはギャラリーではないので、作品を展示するお金はとっていません。作品の展示を通して、いろいろな方が来店して、おいしいコーヒーを飲んでいただければ幸いです」（康雄さん）

「コーヒー教室」は、〝良いコーヒーをおいしく普及させたい〟という思いから取り組んでいるものです。2年前には、お客様の一人である鶴ケ峰地域ケアプラザの職員さんから声が掛かり、「マスター入門講座」の講師を務めました。

おいしいコーヒーの淹れ方を伝え、コーヒーマスターを増やすことを目的にした講座で、これまで3回開催し、教え子は50人を超える数になります。

「講座を受けてくれた人が、おいしいコー

1階の以前ガレージだったスペースを改造してオープンした店舗。店頭のテラス席が印象的だ。

ヒーを地域の中に広げてくれれば、これほど嬉しいことはありません」（犬飼さん）

こうした地道な取り組みが地域のコーヒー好きを育てるのに大いに役立っており、それが結果としてこの店のファンづくりにも結びついています。

地元のベーカリー＆カフェと協力して共に成長する

地域で長い期間にわたって店を維持していくには、地元の店と協力して共に成長するといった考え方もまた大切です。そんな考えをごく自然な形で実践しているのが『陽のあたる道』です。

『陽のあたる道』では、ホットサンドなどのパンメニューを提供していますが、ここで使用している食パンは地元の『Bakery&Cafe かくれんぼ』から仕入れています。この店は犬飼さん夫妻の住まいのある同じ団地に住み、奥様の友達でもある女性が実家を改装して始めたもので、白神酵母・国内産小麦粉を使用し、添加物不使用で、粉・酵母の香りと旨味が生きたパンを売り物にしています。

「ちょっとしたイートインのスペースがあり、そこで出しているコーヒーは私どもの豆を使っていただいています。この店のパンを気にいって、予約注文されるお客様もいます。そうしたお客様のために、店に行かずに私どもで手渡しできるようにしています。お互い協力できるところは協力して、共に成長できればと考えています」（佐栄子さん）

また、この店では地域の人たちとの結びつきを大切に考え、地元の商店街が開催するイベントにも積極的に参加しています。その一つが、1年に1回期間限定で開催される「鶴ヶ峰ちょい呑みフェスティバル」への参加です。近年、商店街の活性化のために、この種の催しは全国各地で行われていますが、鶴ヶ峰でも4年ほど前からスタートし、2016年11月には地元の飲食店27店舗が参加して第4回目が実施されました。

「うちの店でお酒は出していませんが、香り高いコーヒーと美味しいケーキを癒しの空間でお愉しみくださいということで参加させていただきました。こうした催しを通して、地元の商店街の方々、それまでご利用いただけなかったお客様との結びつきができるのは素晴らしいことです」（犬飼さん）

地域密着とは何か。私にとっても、『陽のあたる道』の訪問は、そのことを改めて考える良い機会となりました。

『陽のあたる道』のオーナー、犬飼康雄さん（左）と奥さんの佐栄子さん（右）。

セカンドライフにコーヒーの店を選択し、第二の人生をスタート。

38　檜皮《ひわだ》

静岡・鶴舞町

2014年12月、57歳の時に自家焙煎珈琲『檜皮』をオープンした堀　正巳さん。それは堀さんにとって第二の人生のスタートだった。

セカンドライフの過ごし方の1つとしてカフェ経営を選択する人も少なくありません。カフェには、自分の好きなことを生かすと同時に、人と人を結びつけ、地域の人たちと共に豊かな時間を過ごすといった楽しさがあります。これはカフェならではの素晴らしいことだと思います。

でも、それを実現するにはそれなりの計画と準備が必要です。

ここでは、自家焙煎コーヒー店をセカンドライフに選び、第二の人生をスタートさせた

『檜皮（HI WA DA）』のオーナー、堀 正巳さんのケースを紹介します。

静岡の実家に戻って
自家焙煎コーヒー店を開業

堀さんが『檜皮』を開業したのは２０１４年12月10日。この日は、堀さんにとってちょうど57回目の誕生日を迎える日でもありました。

店は静岡鉄道桜橋駅から徒歩12〜15分のところにあります。昼間でもほとんど人通りのない閑静な住宅街の一角。店は堀さんの実家の庭があった場所に新築したものです。

「大学へ行くまでは、この場所にずっと住んでいました。年老いた母の介護もあり、静岡の実家に戻ってやろうということでこの場所で店を始めました」（堀さん）

店舗はおよそ8坪弱と小規模ですが、堀さんの思いが随所に詰まった店づくりがたいへん印象的です。堀さんの以前の職業は店舗デザイナー。若い頃からフリーランスとして活躍。商業施設やショッピングセンター、百貨店などの店舗デザインを手掛けてきました。今回開業した店舗も、堀さん自らが手掛けたもので、隅々までこだわって完成させました。店名の「檜皮」は、仕事柄横文字を扱うことが多かったということで漢字にしたかったとか。檜《ひのき》の檜皮を「ひわだ」といい、屋根や家の外壁をこれで葺くひわだ葺きが昔ありました。その深い茶色を檜皮色《ひわだいろ》と言いますが、この色がちょうど中深煎りコーヒーのような色なのでこの店名にしました。

ところで、堀さんがセカンドライフについて考えるようになったのは、30歳後半くらいだったといいます。

「なにをやろうか暗中模索の10年間の後、50歳手前でコーヒー店をやろうと決めて、いろいろなコーヒー教室に通いました。すぐ卒業させてくれるところもあったのですが、自分で自信が持てなくて… そんな時、田口さんに出会ってカフェ・バッハの門をたたきました」（堀さん）

堀さんは52〜53歳の2年間ほど、カフェ・バッハのトレーニングセンターに通って自家焙煎コーヒー店開業に必要な知識と技術を修得して自分の店を持つことになります。開業の時期についても、いろいろ悩まれて相談も受けました。その時、〝60歳を過ぎると気力が衰えるので、50歳半ばで決断した方がいいよ〟とアドバイスした記憶があります。堀さんの家族は奥様と娘さん2人がいて、現在東京に住んでいます。奥様のお母さんの介護もあり、今は堀さんが単身赴任のような形で店を運営しています。

何十年もの時を経て、生まれ故郷の静岡に戻り、改めてコーヒーを通して地域の人たちとの絆を深めています。

『自家焙煎珈琲 檜皮』オーナーの堀 正巳さん。

早期定年退職後、自宅の前の畑を利用して店舗を新築してカフェを開業。

39 豆茂《まめも》

三重・伊勢市

三重県伊勢市にある『豆茂』が開業したのは2012年8月。早いもので、オープンして6年を迎えるが、地方の住宅街にあって着実に地域のお客を掴んできている。

三重県伊勢市は、歴史と文化に富んだ名所や旧跡が多く、1年を通して訪れる人が少なくありません。古くから「お伊勢さん」と呼び親しまれてきた伊勢神宮を擁し、神宮御鎮座の町として栄えてきました。その伊勢市小俣町湯田に、茂谷《もたに》守さんが経営する自家焙煎コーヒー豆の店『豆茂』があります。

55歳で早期定年退職し、製菓学校に通う

茂谷さんは、地元・伊勢市にある錠前を作る製造会社に勤務していました。学校を卒業してからですから、31年間勤務していたことになります。そして、55歳の時に早期定年退職し、製菓学校へ通うことになります。そのへんの経緯を直接、茂谷さんに聞いてみました。

「長い間にわたって金属加工の会社に勤務してきて、違った仕事を自分でやりたいという気持ちが強くなっていきました。以前から飲食業に興味があって、その第一歩として製菓学校へ入学しました」（茂谷さん）

入学したのは、大阪の阿倍野にある辻調理師学校のグループ校「エコール辻大阪」。スクールは1年制で、その期間、大阪にアパートを借りて学校に通いました。

コーヒーの道へ進むようになったのは、その頃、私の妻でありカフェ・バッハの責任者である田口文子が、「エコール辻大阪」の講師をしており、その講義を受講したのが大きな契機となったようです。その講義で、自家焙煎コーヒー店に興味を抱き、大きな魅力を感じてカフェ・バッハのグループに入ってきました。「エコール辻大阪」は２０１０年に卒業しましたが、その後、自分の店を持つまでの2年間、南千住のカフェ・バッハのトレーニングセンターに通うことになります。

最初の1年間は、1ヵ月に1回くらい、2年目は2～3ヵ月に1回くらいのペースで通ってくれました。伊勢市から東京へ来る時は電車を利用しましたが、時間も交通費も決して半端なものではありません。頻繁に来れないので、上京した時は2～3日泊りがけになります。ホテル代を節約するために、宿泊料金の安いところを探して泊まったそうです。

当初、1年間トレーニングセンターに通って独立・開業というタイムスケジュールをたてていましたが、準備が間に合わず、2年間、トレーニングセンターに通うことになったそうです。

看板商品の「まめもブレンド」400円（税込）。明るくきれいな酸味と、ほど良い苦味が調和し、後味が良いと人気である。

58歳の時に自家焙煎コーヒー店をオープン

『豆茂』が開業したのは２０１２年（平成24年）8月24日。会社を早期退職してから3年後で、この時、茂谷さんは58歳でした。

自宅の前にあった畑を利用して、そこに今の店舗を新たに建ててスタートしました。早いもので、オープンして6年目を迎えますが、少しずつ着実にお客様がついてきています。

「建物にかかった費用はおよそ１０００万円くらい。現在、豆売りと店内での喫茶と食事の売上比率は60％対30％くらいで、残りはコーヒー関連の器具です。人目につかない住宅街の中にあるので、オープン当初は店の存在を知ってもらうためにいろいろ苦労しました。商工会に入って店の存在をＰＲしたり、また地域のいろいろなイベントに顔を出して店を知ってもらえるように努めました。そうした地道な取り組みを積み重ねていくことで、少しずつコーヒー好きのお客様が増えていきました」（茂谷さん）

リピート客を獲得するための取り組みも行っています。その一つが、コーヒーチケットです。

名刺サイズのコーヒーチケットは、「豆茂 Coffee Ticket」とプリントしてあり、４０００円で販売しています。「まめもブレンド」の価格は1杯４００円ですから、額面通りなら10杯分のコーヒーしか飲めないことになります。でも、このチケットを購入すると10杯にプラスしてもう1杯飲める特典がついています。チケットの表の面には、１から11までのナンバーがプリントされていて、飲んだ回数に応じてスタンプを押しています。裏の面には、購入したお客様の氏名、ＴＥＬ、

ペーパードリップでコーヒーを淹れるオーナーの茂谷 守さん。

住所などが記入できるようにしています。

壁に目をやると、このコーヒーチケットがたくさん貼ってあるのにびっくりしました。ざっと数えただけでも、100枚くらいありました。

コーヒーチケットは、お店に預けていくお客様がほとんどで、壁に貼って、いつでも使えるようにしています。〝コーヒー好きのお客様に喜んでいただいています〟と茂谷さんは話してくれました。

“コーヒーのおともにピッタリ”の「まめもクッキー」100円、「まめもマフィン」200円、「まめもベイクドチーズケーキ」200円（税込）。

2杯目は半額、3杯目は無料で提供！


一度に何杯も飲む、コーヒー好きのお客様に対するサービスを行なっているのも、この店の特徴の一つです。

コーヒー好きのお客様が、少しでも財布の中身を気にせずコーヒーを楽しんでもらうために、コーヒーのお替りはサービス価格で提供しています。

1杯目は通常の400円。2杯目は、半額の200円。3杯目からはゼロ円で、お客様にコーヒーを提供しています。サービス価格で提供することについてはいろいろな意見もあるでしょうが、地域のコーヒー好きのお客様に気軽に楽しんでいただくということでは、これもひとつの方法だと思います。

〝2杯目のお替りをするお客様は結構います。これまで一番多かったのは、5杯です〟と嬉しそうに話す茂谷さん。その明るく、親しみやすい茂谷さんの人柄も、この店の大きな魅力になっているように思いました。

『豆茂』では、コーヒーのおともにピッタリのお菓子を用意しています。製菓学校で学んだ技術を生かして作っているもので、「まめもクッキー」100円、「まめもマフィン」200円、「まめもベイクドチーズケーキ」200円といったものがあり、コーヒー好きのお客様に喜ばれています。

また、〝ちょっと小腹を満たしたい〟というお客様の要望に応えて、まめも特製のフードメニューを用意しています。遠くからわざわざ来店するお客様の中には、〝コーヒーと一緒に軽く食事ができたらいい〟というお客様もいます。そうしたお客様の要望に応えたもので、「ピザトースト」200円、「厚切りトースト（バター付）」200円などをメニューに取り入れています。

地域で長く店を続けていくには、こうしたお客様の要望をできる範囲で取り入れていくことも必要ではないでしょうか。

生まれ故郷で地域に根ざして健闘している店

生まれ育った山間にある自然に囲まれた場所に戻って独立・開業。

40　コーヒー イッポ

宮城・登米市

宮城・登米市で生まれ育った嶋村一歩さんが8年前の2010年にオープンした自家焙煎コーヒー店。仙台市や石巻市からわざわざ来店するお客も少なくない。

宮城県登米市東和町米谷字南沢。今回訪れた自家焙煎珈琲『coffee《コーヒー》 ippo《イッポ》』の所在地です。山間にある自然に囲まれた場所で、都会の繁華街からはとても想像できないロケーションにあります。

車で仙台市から1時間少し、石巻市からだと30分ほどのところにあります。店のすぐ脇を小川が流れていて、魚が泳いでいるのが見えます。小川にかけられた小さな橋を渡ると、「かじかの森 こま工房 自家焙煎珈琲 coffee ippo」と書かれた木造りの店名看板が立て掛けてあります。私の訪問に気づいて、店主の嶋村一歩さんと生まれたばかりの赤ちゃんを抱っこした奥様の陽子《はるこ》さん、それに嶋村さんのお父さんの嶋村幸二さんが外まで出て、私たちを温かく迎えてくれました。

『珈琲音』で4年間勤め、地元に帰って独立・開業

嶋村さんが、この場所に店をオープンしたのは２０１０年（平成22年）５月26日。29歳の時です。この年の翌年２０１１年３月11日に東日本大震災が起きました。早いもので、オープンして丸８年経過しました。

嶋村さんが自家焙煎コーヒー店を目指したのは25歳の時。なぜ、この道へ進もうと思ったのか。それについては、嶋村さんのお母さんの影響が強いように思います。

「母は14年ほど前に亡くなりました。生まれ故郷は鳥取ですが、この場所で父と住むようになって、地元の人とのコミュニティの大切さを感じていたようで、自宅に人を招いてコンサートやイベントなどを行っていました。そんな環境で育って、私自身もこの場所が好きでいつか人が集まる場所をつくりたいという気持ちを持つようになっていました。高校を卒業して地元の消防署に６年ほど勤務しましたが、その思いが次第に強くなり、いろいろな本を読んでいる中で出会ったのが田口先生のコーヒーに関する本でした。コーヒーの勉強をしたい。そう思うようになり、バッハグループの珈琲音の存在を知り、そこで働かせてもらうことにしました」（嶋村さん）

栃木県佐野市にある『珈琲音』は地方で頑張っているグループ店なので、知っている方も多いと思います。人家がまったくない田んぼの真ん中に開業して、たくさんのお客を集めて人気を集めている自家焙煎コーヒー店です。この『珈琲音』でおよそ４年間、コーヒーに関する知識と技術を身につけ、地元に帰って独立・開業することになります。

店舗はお母さんの遺志を受け継いで13年ほど前に建てられたもので、そこに自分たちで壁を塗装するなどして手を加え、カフェとして利用することにしました。国有林を背にするように建てられた建物は、１階が店舗、２階が住まいとなっています。同じ敷地内にはお父さんの仕事場である「かじかの森 こま工房」もあります。

知り合いの人たちに支えられ少しずつお客を増やしていく

人里離れた山間という場所で開業するのですから、初めからお客様が来るとは考えていませんでした。もちろんそのことは初めから覚悟していましたが、オープン当初はかなり厳しかったようです。

「開店当初はたいへんでしたが、父や亡くなった母の知り合いの人たちに支えられ、クチコミで少しずつお客様に来ていただけるようになりました」（嶋村さん）

知り合いの中には、〝少しでも売上を上げるためにスパゲッティやカレーをメニューに入れたら〟と親切にアドバイスしてくれる人もいました。でも、嶋村さんは、〝自分はコーヒーしか勉強してこなかったので〟と自家焙煎コーヒーにこだわったそうです。〝コーヒー

以外の商品をだしたらなんでも屋になるのでは〃という不安もあったようです。そんなコーヒーに対する嶋村さんのこだわりを応援する人もいました。近くでこだわりのそばを提供している店主で、〃そばの後においしいコーヒーを楽しむならイッポがいいよ〃と宣伝してくれました。

「自分のところでコーヒーを出せばその分売上も上がるでしょうに、そうしないでうちの店をすすめてくれました。お蔭様で店の宣伝になり、クチコミでお客様も増やすことができました」(嶋村さん)

たまたま取材時に、テラス席でおいしそうにコーヒーを飲みながら読書を楽しんでいるお客様がいたので、〃どちらからお越しですか?〃と声をかけさせてもらいました。

〃石巻市からです。石巻市からだと30㎞から40㎞くらいはあります。雑誌を見てこの店を知って来ました。いい店だと気にいって、それ以来1年くらい通っています〃と快く話をしてくれたお客様の笑顔は今も忘れることができません。

現在、『coffee ippo』には、寒さの厳しい冬場は別にして、平日で40人、土曜日や日曜日には100人ものお客様が遠いところからわざわざ来店するそうです。

「東日本大震災の後、しばらく来なかったお客様が久しぶりに来店されて、イッポさんがコーヒー屋を続けてやってくれるだけで嬉しいと言ってくれた時は感激しました。そうしたお客様の声を励みに、この場所でよいコーヒーを提供しようという思いを改めて強くしました。母の遺志を受け継いで音楽会も1年

天井を高くとった開放的で、ほっと寛げる素朴な造りの店内。客席からカウンター内でコーヒーを抽出している様子がよく見える。

に1回は開催するようにしており、そうした催しを通して地域の人たちとのつながりを大切にしていきたいと思っています」(嶋村さん)

地域の人たちが
スタッフとして店を支える

『coffee ippo』を訪問して感心したのは、地元の人たちがスタッフとして参加して店を支えていることでした。

現在、嶋村さんをサポートして、一緒に働いているスタッフは3人います。小野寺成美さん、渡邊光莉さん、森 友美さんです。3人とも大のコーヒー好きで、この店にコーヒーを飲みに来て働くようになったとか。

「小野寺さんは、1年半ほど前から店にきてもらっています。ほぼ毎日です。渡邊さんは2年くらいになります。出産したばかりで、赤ちゃんが小さいので1日おきに店に入ってもらっています。森さんは他にも仕事を持っており、忙しい土曜日・日曜日限定でサポートしてもらっています。地方へ行くと、働きたいと思ってもなかなか働き口がありません。そうした人たちの少しでもお役に立ちたい。また地元の人たちと一緒に働きたいという思いから、それぞれの事情に合わせて店で働いてもらうようにしています」(嶋村さん)

私は日頃から地域との共生ということを言ってきました。カフェ・バッハもまた地域の人たちに支えられ、共に成長してきました。そうした地域との共生の大切さを、改めて考える良い機会となりました。

店のすぐ後ろは国有林で、木々の緑が存分に楽しめるのも魅力だ。

お客の注文ごとにペーパードリップで丁寧に抽出して提供する「ippoブレンド」570円(税込)。

右から店主の嶋村一歩さん、お嬢さん(花ちゃん)を抱っこする奥さんの陽子さん、嶋村さんのお父さんの嶋村幸二さん。

奥さんの生まれ故郷で、奥さんの協力を得てコーヒーの道へ。

41　養田珈琲

福島・小名浜

養田 勇さんが、自宅の一部を改造して自家焙煎コーヒー店『養田珈琲』を開業したのは2015年9月25日。開業して間もないが、着実に前を向いて歩きだしている。

自家焙煎コーヒー店の開業の仕方はいろいろあります。今回は、自分の身の丈に合ったやり方で、お金をかけず、できる範囲から取り組んで開業して頑張っている『養田珈琲』を紹介します。これからお店を始めたいという人に、ぜひ参考にしていただきたいと考えて訪れました。

オープンしたのは2015年（平成27年）9月25日。オーナーは養田 勇さん、44歳の時に今の店を始めました。開業に踏み切るまではいろいろな悩みや問題もあったようですが、それを1つずつ克服。開業してから2年半経過し、今は自分の足で一歩ずつ着実に歩んでいます。

健康を損ね、それを契機にコーヒーの道へ進むことを決意!

『養田珈琲』の所在地は、福島県いわき市小名浜南君ケ塚町。車で5分ほどの場所に、福島県最大の港で、観光地としてもよく知られている小名浜港があります。小名浜港は、2011年の東日本大震災で発生した津波により大きな被害を受けました。店のある南君ケ塚町は幸いなことに大きな被害は免れましたが、このことは養田さんの人生にとっても大きな転機となりました。

「私が生まれ育ったのは東京ですが、妻がいわき市の隣町の出身で、義母の世話もあり、妻と娘を連れていわき市に移り住みました。12年ほど前のことです。地元の建築関係の会社に入りましたが、東日本大震災の後の建設ラッシュでは忙しい日々を過ごし、一段落した時に身体を壊して退社しました。その後、体が回復してから東日本大震災の悲しい出来事を契機に今後は自分の好きなことをやろうと考えるようになり、コーヒーの道へ進むことにしました」(養田さん)

養田さんはコーヒーの香りが漂う家庭に育ったようで、若い頃からコーヒーが好きでよく飲んでいました。カフェ・バッハの存在も知っていて、以前から気になっていたようで、コーヒーの道へ進もうと考えるようになった時に上京して、カフェ・バッハに立ち寄ってくれました。

店に来店して飲んだコーヒーに感動してくれて、その後、バッハグループに入会しました。いわき市の自宅から南千住のカフェ・バッハのトレーニングセンターに通って、自家焙煎コーヒー店の開業に必要な知識と技術の修得に努めました。

奥さんの賛同を得て自家焙煎コーヒー店をオープン

「妻は地元の病院の看護師として働き、仕事のない休みの日には店を手伝ってくれます。妻の理解と協力があったから、今の店が開業でき、継続して続けることができていると感謝しています」(養田さん)

開業にあたっては、その当時、〝娘さんが中学1年生で小さい〟ということもあって、最初は奥様の反対があったようです。それは無理のないことです。一家の生活もかかっており、当然のことだと思います。

それでも、最終的に養田さんの自家焙煎コーヒー店にかける思いを理解してくれて、開業に賛成してくれたそうです。開業にあたって、奥様が養田さんに出した条件が2つあったということで聞いてみました。

その1つは、借金までしてやらない。

もう1つは、ダメになったら店を閉める。じつにシンプルで、分かりやすい内容で感心しました。ある意味で、個人店カフェを開業する時の基本と言えるかもしれません。

以前、奥様はあまりコーヒーは好きでなかったようでしたが、今では養田さんの淹れるコーヒーをおいしいといって好んで飲むようになったとのこと。養田さんの一番のファ

自宅の1階部分を改造して設けたカフェスペース。以前、食堂として使用していたスペースを活用したもので、新たにテーブル席を置いて、ゆっくりコーヒーを楽しんでもらうようにした。

ン客は奥様ではないか、と私は考えます。じつは、これこそが個人店カフェにとって一番大切なことなのです。お客様を掴む前に、まず身内を一番のお客様にすること。そこからお客様の輪が広がっていくのではないでしょうか。

自宅の1階を改造して3坪からスタート！

『養田珈琲』は、8年ほど前に建てた2階建ての自宅の一部を改造してスタートしました。1階、2階とも1フロア15坪で、その1階部分を改造して店舗として使用しています。

「とにかく初期費用を最小限に抑えたかったので、自宅を上手に活用することを考えました。焙煎機等の設備は別にして、開業に要したリニューアル費用は160万円くらいです」（養田さん）

自宅の入口とは別に設けた入口を入ると、すぐ目の前にオリジナル焙煎機「マイスター焙煎機」（2・5kg）が、その隣にレジと持ち帰り用のコーヒーを抽出するための小さなカウンターが設置してあります。この部分は、以前養田さんのお義母さんが使っていた畳敷きの4畳半の部屋で、床をフローリングに張り替えました。オープン時は、現在のイートインスペースはなく、この4畳半のおよそ3坪だけのスペースで、コーヒーの豆売りと持ち帰りだけでスタートしました。

豆を購入するために来店してくれたお客様には積極的に試飲コーヒーをおすすめして、店のコーヒーを知ってもらうようにしています。また、紙カップを用意して、持ち帰りコーヒーにも対応するようにしています。

持ち帰りコーヒーは、イートインで飲むコーヒーよりも価格を低く設定して、気軽にコーヒーを楽しんでもらうようにしています。

現在のイートインのカフェスペースは、お店をオープンしてから3ヵ月ほど経ってから新たに設けたものでした。スタンディングで持ち帰りコーヒーを飲んで帰る人も多く、そうしたお客様の中には〝腰を落ち着かせて、ゆっくりコーヒーを飲みたい〟という声も少なくありませんでした。そうしたお客様の要望に応えて設けたのがカフェスペースでした。

この場所は、以前、養田さん一家の食堂だったところで、ここにゆったりソファのテーブル席などを設けてゆっくりコーヒーを楽しんでもらうようにしています。

今、養田さんはコーヒーの飲み比べセットを用意したり、1ヵ月1回のコーヒー教室といった企画を通して、少しでも多くのお客様に『養田珈琲』のコーヒーを知ってもらえるように努めています。また、いわき市市政施行50周年を記念した「いわきハワイアンブレンド」といったオリジナルブレンドをつくり、お店の一押しのおすすめコーヒーとしてお客様におすすめするようなこともしています。

「開業してまだ日は浅いですが、遠方から車でわざわざコーヒー豆を買いにきてくれるお客様も増えています。趣味を通して知り合った地域の仲間が応援してくれるのもありがたいです。スタートしたばかりですが、そうしたお客様に応えられる店を目指してさらに頑張っていきます」（養田さん）

観光地としてもよく知られる小名浜港。店から車で5分ほどの場所にある。

8年ほど前に建てた2階建ての自宅の、1階部分を店舗として使用している。

42　カフェ ボンヌグット

群馬・伊勢崎市

〝地域の人たちと共に〟という想いを大切にして地域の人たちの信頼を獲得。

『カフェ ボンヌグット』が開業したのは2002年。オープン当初の苦しい時期を乗り越え、今では地域になくてはならない店に成長している。

伊勢崎市《いせさきし》は、群馬県の南部にあって、前橋市や桐生市、太田市といった自治体と隣接した地方の穏やかな街です。この伊勢崎市東本町に開業し、地元に根づいたカフェ経営に取り組み、今やこの地域になくてはならない自家焙煎コーヒー店に成長しているのが狩野貴昭・律子さん夫妻が経営する『自家焙煎珈琲カフェ ボンヌグット』です。

　オープン当初は、お客様がつかずにたいへん苦労されたようですが、〝地域の人たちと共に〟という思いを大切にして、着実に地域の人たちの信頼を得て、今に至っています。

田口氏のコーヒー講座を受講してコーヒーの道へ

狩野夫妻が『カフェ ボンヌグット』を開業したのは2002年（平成14年）。今からおよそ16年前のことです。

「東京の国立の辻製菓専門学校に通っていましたが、その頃、田口さんがコーヒーの講座をもっており、それを受講したのがコーヒーの道へ進む契機となりました。その頃はケーキづくりのことしか頭になかったのですが、田口さんの話がものすごくおもしろく、また感銘して、次第にコーヒーに興味を持つようになりました」（狩野さん）

辻製菓専門学校卒業後は、東京のケーキショップに就職。そこで、奥様の律子さんと知り合って結婚することになります。

本格的に自家焙煎コーヒー店を目指すようになったのは27歳の時で、この時期からバッハグループに入って、南千住にあるカフェ・バッハのトレーニングセンターに通うことになります。

ケーキショップで働きながら、トレーニングセンターに通って、自家焙煎コーヒー店開業に必要な知識と技術を学ぶ。そんな生活を3年ほど続けて、狩野さんが30歳の時に、今の『カフェ ボンヌグット』をオープンしました。

奥様が生まれ育った伊勢崎市で始めることにしましたが、資金的な問題もあり、最初は道路から奥まったところの畑の中にあるアパートの一角を借りてスタートするつもりでした。そんな事情を知って、手を差し伸べてくれたのが奥様のお父さんでした。

「家内の父は、地元で織物関係の会社を経営しており、その敷地の一角を使って店を始めてはどうかといってくれました。道路に面した、今の店がある場所で、ここに店を建て、妻と二人で始めました」（狩野さん）

開業して1～2年は焙煎した豆がムダになることも

伊勢崎市東本町の、昼間でもほとんど人通りのない場所での開業ですから、初めからお客様に来店していただくのは難しい。あせらずに、少しずつお客様を増やしていけばよいというのが、狩野さん夫妻の基本的な考え方でした。私も、開業にあたってはそのようなアドバイスをしたことを覚えています。

そうはいっても、お客様がなかなかついてくれないというのは辛いものです。カフェ・バッハでもそうでしたが、その苦しい時期をどう乗り越えるかで、成功できるかどうかが

東武伊勢崎線新伊勢崎駅から徒歩5分ほどの、さほど広くない通りに面して開業している。

決まってきます。

『カフェ　ボンヌグット』も、お客様が来ない、苦しい日が何日も何日も続きました。でも、コーヒーの品質だけは決して落とすことはしませんでした。

「焙煎したコーヒー豆は鮮度が大切で、2週間くらい経過すると味も香りも落ちます。ですから、そうしたものは絶対にお客様にださないと決めていました。でも、そのまま捨てるのはもったいないので、自宅で自分たちで飲んだり、妻や私の実家に、また知り合いの人たちに配って飲んでもらうようにしました」（狩野さん）

目先の売上に捉われると、どうしても〝少しくらい味や香りが落ちても分からないだろう〟と自分にいいように解釈して、鮮度の落ちたコーヒー豆を販売してしまいがちです。でも、そこに大きな落とし穴があります。

お客様は、店側が思っている以上に賢く、またちょっとした品質の違いに敏感に反応します。それが結果的に、その後の売上を、また店の信用を落とす大きな要因になります。

そのことをよく承知して、コーヒー豆の鮮度を第一に優先して大切にしてきたところに、今の『カフェ　ボンヌグット』の成功の一番のポイントがあると思います。

それと、狩野さん夫妻が苦しかった時に、とくに心掛けたことがありました。それは、お店に来店されたお客様一人ひとりに丁寧な応対をするように努めたことです。例えば、〝酸味はちょっと苦手でね、飲みやすいコーヒーはどんなのがあるの？〟というお客様からのお訪ねがあったとします。そうしたお客様の声にも丁寧に耳を傾け、例えば、〝酸味を抑えた、〇〇というコーヒーはいかがですか〟〝産地は△△で、マイルドで飲みやすいですよ〟といった応対に努めました。

「フルーツロール」350円と「グットブレンド」400円（税込）。

『カフェ ボンヌグット』の店主・狩野貴昭さんと、奥さんの律子さん。

お客様が少なかったらこそ、そうした丁寧な応対ができたと思います。始めから、お客様がたくさん来店したら雑な応対になっていたでしょう。苦しい時に来店していただいたお客様が、今の店を支えてくれていることを思うと、開業から1～2年の苦しかった時期の丁寧な応対が今のお客様につながっているともいえます。

クチコミで少しずつお客様が増え、安定してきたのは開業して4～5年目くらいでした。「ちょうどその頃だったと思いますが、義父の知り合いの紹介で、読売新聞の地方版でうちの店を紹介する記事が掲載されました。そうしたこともあって、さらにお客様の数が増えていきました。この時は、改めて人と人とのつながりの大切さを知る良い機会となりました」(狩野さん)

オープン当初の奥様の頑張りも見逃せません。狩野さん夫妻には3人の子供がいます。今は高校生と中学生に成長していますが、オープンした当時は下の子供が3歳か4歳でした。その子供を奥様の律子さんが背中に背負って、店にでて頑張ったそうです。

その当時から来店していたお客様も多く、時には懐かしそうに話題にすることもあります。そんな話を聞くと、まさに地域の人たちに支えられ、共に成長してきた、この店の歩みを肌で感じることができます。

『カフェ ボンヌグット』では、コーヒーとともに自家製のケーキづくりにも力を入れています。「洋梨のタルト」「抹茶ロールケーキ」「フルーツロール」「ダークチェリーのタルト」各350円などが人気で、ケーキ目当てに来店するお客様も少なくありません。

お客様の要望もあり、作ればそれだけ売れて売上が上がるかもしれません。でも狩野さんは、〝自分たちでできる範囲で良いものを提供する〟という考えを守って、コーヒー豆の焙煎とケーキづくりを日にちを違えて交互に行っています。

そこに、この店が地域のお客様に信頼され、支持されている最大の秘密があるのではないでしょうか。

〝今、コーヒーとケーキを楽しむ会の開催を検討しています〟と言う狩野さんの、ますますの奮闘にエールを送りたいと思います。

43　カフェローステライ・ヴェッカー

静岡・伊東市

地元の静岡県伊東市で豆売りだけで地域客の信頼を得る。

伊東市の『カフェローステライ・ヴェッカー』がオープンしたのは26年前。コーヒーの豆売りで、今や地域になくてはならない店に成長している。

静岡県伊東市は、相模灘に面した伊豆半島の東岸中部に位置し、美しい景観と豊かな山海の幸に恵まれた温泉リゾート地として知られています。この伊東市の、JR伊東駅から徒歩7分ほどの場所に渡邊 伸さんが経営する自家焙煎コーヒーの専門店『カフェローステライ・ヴェッカー』があります。

試飲スペースとして設けた店舗はわずか2坪ほどで、そこに丸テーブル1卓と椅子が3脚。小さなカウンターがあり、お客様の要望に応えて渡邊さんがペーパードリップで試飲用のコーヒーを抽出し、誰もが気軽にコーヒーの試飲ができるようにしています。

現在、営業時間は朝の10時~夕方6時まで。周辺のお客様からの注文には、営業前と営業後の時間を利用して渡邊さんが車で配達しています。

「全国からのご注文には宅配便で対応しています。周辺のお客様には自らお届けしています。現在、1ヵ月のコーヒー豆の販売量は300~350kgです。11月や12月はギフトなどが多くなり、平月の1・4~1・5倍くらいの販売量になります」(渡邊さん)

伊東から東京のバッハへコーヒーの勉強に通う

渡邊さんが『カフェローステライ・ヴェッカー』を開業したのは1992年(平成4年)4月30日、26歳の時です。生まれ育ったのは、店のある静岡県伊東市。渡邊さんがコーヒーの道へ進むきっかけとなったのは、私が講師として参加していたコーヒー自家焙煎店経営セミナーでした。

「学生の時に喫茶店でアルバイトしていたこともあって、もともとコーヒーには興味がありました。大学を卒業して伊東に戻り、父が経営していた居酒屋の業務に就き、東京で開催された田口さんのセミナーに参加して、田口さんの話に感激し、それがコーヒーの道へ進む第一歩となりました。南千住のバッハへ何回も通い、カウンターに座り、そこで1日に10杯もコーヒーを飲んだことも懐かしい思い出です。何度か通ううち、たまたまカウンターに居合わせた田口さんに直談判して、コーヒーの勉強をさせてもらうことになりました」(渡邊さん)

グループ店に入ってからは1ヵ月に2~3回のペースで、伊東から南千住のバッハへコーヒーの勉強に通ってくれました。居酒屋の仕事を手伝いながらなので、たいへんだったと思います。

「居酒屋の営業が終わるのが深夜の3時か4時頃。それから1~2時間仮眠して、朝6時の電車に乗って南千住のバッハへ向かいます。8時頃にお店に着いて、開店の9時と同時にカウンターに座って用意していた質問事項を目の前のバッハのスタッフにぶつけて聞く。その後、店の3階に上がり、一対一で田口さんから講義を受けました。居酒屋の営業が始まる夕方くらいまでに間に合うように、南千住から電車に乗って伊東に帰る。それを2年間続けて、開業にこぎつけました」(渡邊さん)

1人1人に丁寧に接することで少しずつお客を増やしていく

店を開業してから26年、今でこそたくさんのお客様に支えられて経営も安定していますが、温泉リゾート地という場所でスタートし、豆売りだけでここまで頑張ってきたのはたいへんなことです。これは、渡邊さんのコーヒーに対する真面目な取り組みと、人と人の絆を大切にする人柄に負うところが大きいと考えています。少し余談になりますが、〝渡邊さんは地元の消防団に入り、およそ18年にわたって地域の防災に尽力し、今では伊東市消防団本部長としてボランティア活動している〟ということを店にコーヒー豆を買いにく

入口の上に設置した店名ロゴ入りの看板が目を引く。

るお客様の1人から聞きました。

　そうした地域を大切にする気持ちと、最初から売上を増やそうとせず、1人1人のお客様に丁寧に接する取り組みが今日につながっています。

「1人で、豆売り専門店として始めましたが、最初からドカンと売上を上げようとしても無理がある。それならば、よけいな宣伝をしないで、1人1人のお客様を大切にして、いいコーヒーをお届けした方が良い。そういう地道に取り組んできたことが理解をしていただき、クチコミなどで少しずつお客様が増えていきました。私自身はお客様と一緒に成長していければと考えていたので、お客様には本当に感謝しています」(渡邊さん)

　周辺には旅館やホテル、ペンション、別荘などが多く点在しており、そうしたお客様からの注文も多く、現在、コーヒー豆の配達は伊東市全域をカバーしています。古くからのお客様も多く、20年以上注文し続けてくれる旅館などもいるそうです。この他に、伊東市を中心に、東京都や神奈川県にあるカフェやレストラン、オフィスコーヒーとしても『カフェローステライ・ヴェッカー』のコーヒー豆を気に入って、定期的に購入してくれているということ。そうした店だけでも25店もあるというのは凄いことです。

　10年ほど前から取り組んで少しずつファンを増やしているものに、全国ネット通信販売があります。渡邊さんが自分でホームページを作製して立ち上げたもので、現在、総売上の20％を占めるまでになっています。

　また、オリジナルのギフト商品やセットにも力を入れており、春の卒業・入学、就職シーズンや、年末年始といった贈り物の時期によく注文があります。

　オーダー後に一つずつ注文に合わせて手作りでバッグしているヴェッカーオリジナル「カップオンコーヒー」もその1つで、ギフト商品として喜ばれています。

地域とつながることで新たな広がりも！

　渡邊さんのコーヒーに対する地道な取り組みは、地域の人たちとつながることで新たな広がりを見せています。

その1つが、地元伊東市で有名なお茶屋さん（株式会社市川製茶工場）を通してのコーヒー豆の販売です。

「新茶の時期、年末繁忙期に全国配布するお茶の通販カタログに市川オリジナルブレンドとして載せていただいているのが、ヴェッカーのコーヒー豆です。コーヒーマイスターの焙煎した豆として拡販にご協力いただき、新しい可能性が広がっています。また市川さんが営んでいるカフェでも当店のカップコーヒーを飲むこともできます」（渡邊さん）

JR熱海駅に「ラスカ」という新駅ビルがオープンしました。その中に、地元で人気の御菓子処『石舟庵』が出店しました。そこでヴェッカーのコーヒー豆とコラボレーションして開発されたシフォンケーキ「熱海 生シフォンケーキ・モカ」（1日30本限定）の販売も開始されています。

これも地域を大切にしてきた渡邊さんの地道な取り組みの結果ではないでしょうか。

渡邊さんはSCAJ（日本スペシャルティコーヒー協会）のアドバンスド・コーヒーマイスターに見事合格し、このほど認定書を授与しました。

これを励みにさらにコーヒーの普及に努めていくことを願っています。

上：店名のヴェッカー（WECKER）とはドイツ語で目覚まし時計という意味。ヴェッカーのシンボルの機械式時計。下：ハンドピックされた欠点豆のサンプルを並べて、来店客に説明している。

お客との心のつながりを求めて コンビニエンスストアから 自家焙煎コーヒー店へ転換。

コンビニエンスストアから自家焙煎コーヒー店へ転換。地域の人たちとの心の触れ合いを大切にしたカフェ経営を目指して頑張っている。

44　アプフェルバウム

富山・氷見市

氷見市は富山県の西部に位置し、目の前に富山湾を望む場所にあり、豊かな自然と新鮮な魚介類を求めて訪れる観光客は少なくありません。この土地でしか口にできないご当地グルメもいろいろあり、その一つとしてよく知られているものに〝氷見うどん〟があります。この氷見うどんで昼食をすませ、今回の訪問先の自家焙煎珈琲『アプフェルバウム』のある氷見市上泉に向けて車を走らせました。

この日は月曜日で、お店の定休日でしたが、店主の坂下貴洋さんが私たちのために特別に店を開けて待っていてくれました。

コンビニエンスストアから自家焙煎コーヒー店へ転換

坂下さんが、今の店を開業したのは今から7年前の2011年（平成23年）8月1日。38歳の時でした。

それまでは地元でコンビニエンスストアを経営していました。

でも、その経営のあり方に疑問を感じ、いろいろ考えあぐねた末に選択したのが自家焙煎コーヒー店への転換でした。坂下さんは、今年で45歳になりますが、これまでの経歴が少し変わっています。

出身は今の店がある富山県氷見市で、地元で〝氷見りんご〟を作る農家に生まれ、育ちました。〝氷見りんご〟はこの地域のブランドとして売り出しており、氷見市が全力をあげて力を入れている地元が誇る特産物です。

少し横道に逸れますが、店名の「アプフェルバウム」とはドイツ語で〝りんごの木〟という意味の言葉で、地元の〝氷見りんご〟への思いもだぶらせてつけたようです。

坂下さんが、地元の高校を卒業して最初に入ったのは自衛隊でした。陸上自衛隊のヘリコプターの無線士で、勤務先は東京の立川。ここで6年ほど勤めました。その後、地元に戻って建設会社に2年半ほど勤務した後、全国展開している大手コンビニエンスストアから加盟店の誘いを受け、その経営に携わることことになります。

コンビニエンスストアを開業したのは2000年7月、27歳でした。それから11年間、今の自家焙煎コーヒー店を開業するまで経営していました。それでは、なぜ、10年以上もの長い期間にわたって経営してきたコンビニエンスストアから自家焙煎コーヒー店への転換を図ったのか。その理由を、坂下さんに聞いてみました。

「コンビニエンスストアを長い間、経営してきましたが、業種特性ゆえのことなのか、お客様と深いおつきあいができませんでした。少し極端な言い方かもしれませんが、自動販売機のような感じがして…。もっとお客様と、心と心がつながっていけるようなお店をやってみたい。私の中に、そんな思いがだんだん大きくなっていきました。そんな時、妻に連れられて田口先生の講演を聞きにいきました。そこでカフェ・バッハのお話しを伺い、こういう仕事もいいなと思うようになりました。それが、自家焙煎コーヒー店へ進む契機となりました」（坂下さん）

坂下さんが、私の講演を聞きにきてくれたのは、今の店を始める3年ほど前の2008

周りを田んぼに囲まれた、氷見市の郊外に開業している。

年くらいだったと記憶しています。少し前のことなので、細かい月日ははっきり覚えていませんが、その頃、高岡市末広町にあった『くらうん』（今は高岡市古定塚に移転）のオーナー、小島 治さんの依頼で講演に行きました。

その時に、奥様の友紀さんと一緒にきていたのが坂下さんでした。

奥様とは、以前、大阪で勤めていた自家焙煎コーヒー店へ訪問した折りに、一度お会いしたことがありました。

そんなこともあり、奥様が私のことを覚えていてくれて、ご主人の坂下さんを連れて講演にきてくれました。そこで、先ほど坂下さんのお話しにつながってくるのですが、それが転機となり、カフェ・バッハのグループに入るようになりました。

「アプフェルバウム・ブレンド」は、苦味、酸味、甘味、コクのバランスのとれた店の看板商品である。豊かなコーヒーの余韻を残しつつ、静かに消えてゆくキレと口当たりが特徴。

コンビニを経営しながらカフェ開業の準備を！

カフェ・バッハのグループに入ってからは、コンビニエンスストアを開業しながら自家焙煎コーヒー店開業のための準備に取り掛かりました。
店を開店するまでのおよそ2〜3年の間、氷見市から東京・南千住のトレーニングセンターまで、坂下さんは奥様を連れて、一緒に車で通ってくれました。
「その当時は、1000円で高速道路が乗り放題という時代でしたので、妻と2人で車を運転してトレーニングセンターに行きました。氷見市からだと8時間くらいで東京に着きます。時には妻と車の運転を交代することもありました。トレーニングセンターに行くときは、たいてい2〜3日がかりで、少しでも経費を切り詰めるために、近くの安いホテルを探して泊まりました」（坂下さん）
初めから地元での営業を考えていたので、氷見市を中心に物件を探していました。それも、お子さんが1歳と小さく、育児にも手がかかる時期で、自宅の近くの物件を探したそうです。そうした条件に合う物件が、今の店舗のある場所でした。競売にかけられていた物件で、想像以上に安く購入できるということで60坪の土地をおよそ130万円で購入。そこに今の店舗を新築して店を始めました。

店舗はおよそ30坪で、客席数は14席。店の前に、5台の車が止められる駐車場を設けています。

氷見市の郊外、周りを田んぼに囲まれたような場所に開業し、オープン当初はお客様が来なくて、相当苦労したようです。それでも、コンビニエンス時代に親しくなったお客様の中には、〝なんでコンビニをやめて、コーヒー屋を始めたの?〟といって来店してくれる人がいて、そうした人たちのクチコミで少しずつお客様が増えていったそうです。

「コンビニエンスストアの時代が長かったので、その時知り合い、親しくなった地元の人たちも多く、心配して来店してくれるお客様もいます。その意味では、地元の人に助けられています。もちろん、今もラクではありませんが、地域の人たちとの絆の大切さを改めて痛感します」(坂下さん)

『アプフェルバウム』という店名を知ってもらうために、地域のイベントにも積極的に参加しています。近くの植物園が開催するイベントの依頼に応え、土曜日や日曜日を利用してコーヒーの淹れ方教室とかスイーツの作り方教室といったことも行っています。地域の人たちと接する絶好の機会と捉えて、前向きに取り組んでいます。

「今後は、お客様の要望に応じてコーヒー豆を焙煎して、販売する。オンデマンド焙煎みたいなこともやってみたいと考えています」という坂下さんの今後の頑張りに期待します。

「チーズケーキ」250円と「アプフェルバウム・ブレンド」500円(税込)。

「バタートースト」400円(税込)。YUKIBONの角食パンを使った厚切りトースト。

『アプフェルバウム』のオーナー、坂下貴洋さん。

地域の人たちのサポートを得て〝おもてなしができる店〟を移店オープンして再出発。

自家焙煎珈琲『カフェくらうん』は60年近くにわたって地域の人たちに愛されてきた老舗だが、高岡市古定塚に移転オープンし、一層の飛躍を図っている。

45 カフェくらうん

富山・高岡市

富山県高岡市にある小島 治さんが経営する自家焙煎珈琲『カフェくらうん』は、1958年創業の老舗で、60年近くにわたって地域の人たちに愛されてきています。その『カフェくらうん』が、駅からすぐの末広町から郊外の古定塚に、2016年（平成28年）11月5日、移転オープンしました。

新しく生まれ変わった新生『カフェくらうん』を紹介します。

〝おもてなし〟をコンセプトに郊外の文教地区へ移転!

『カフェくらうん』が移転しなければならなかったのには、大きな理由がありました。それは、ビルの老朽化です。ビルは昭和41年(1966年)に建てられたもので、以来、このビルで50年近くにわたって営業を続けてきましたが、建物自体に寿命がきていました。

「今の場所に移る2~3年前から、移転を検討するようになりました。ビルを売却し、それを元手に新店舗で再出発しようと決めました」(小島さん)

そうした店舗の移転問題に直面する小島さんを全面的に支援してくれたのが、古くから親交のあった地元の有志たちでした。そして、移転問題で悩む小島さんをサポートするように、自然発生的にできたのが〝くらうん移転のための建築委員会〟でした。その中心になって尽力したのが、日本都市開発コンサルティング㈱の取締役社長で、法学博士でもある高田政公氏でした。

私も高田氏に声をかけていただき、建築委員会の一員としてアドバイスさせていただきました。その時、思ったことがあります。それは、〝東京では、こうした結びつきはなかなか考えられない〟ということでした。

もちろん、先代から受け継がれてきた『くらうん』の歴史、そして小島さんの誰にでも優しい人柄に負うところが大きいでしょうが、古くから続く地元の店を支援しようという地域の人たちの強い絆を感じました。

建築委員会のスタッフが物件探しから、資金調達のための銀行交渉、そして店づくりまで親身になってサポートしました。移転に際して、小島さんと建築委員会の人たちが話し合った末の結論は次のようなものでした。それは、地域の人たちをおもてなしできるような、居心地の良いカフェを作ること。そんな店が作れたら、今度はお客様が知り合いや大切な人をおもてなしするために店を使ってくれるはずだ。創業59年目を迎えて、親子二代、また親子三代で利用できるような店づくりを目指しました。そんな観点から選定されたのが、今の店がある高岡市古定塚の文教地区でした。

現在の店舗があるエリアには、すぐ近くに高岡高校や高岡文化ホールがあり、またJR氷見線の線路を渡った少し先には高岡市役所や高岡工芸高校があります。さらに足を延ばせば高岡古城公園があります。まさに地域の人たちが、家族と、また気の合った仲間たちとコーヒーを飲みながら、ゆっくり時を過ごすのにぴったりの環境です。

店舗づくりにあたっては、環境への優しさを最優先にした設計を採用しました。コーヒー豆を焙煎することによって発生する臭いや煙にも十分に配慮し、180万円の費用をかけて排煙減臭装置を設置しました。また、居心地の良さを第一に、店内は採光が十分にきいた開放感のある明るい客席づくりを打ち出しました。

自家製ケーキを充実してコーヒーの楽しさを広げる

『カフェくらうん』が、今の場所に移転して、大きく変わったことがあります。それは、地域の家族客、女性客が以前とは比べものにならないほど増えたことです。

その理由は第一に居心地の良さをあげることができますが、それと同じくらい大きな魅力になっているのが自家製ケーキの充実ではないでしょうか。

以前の店舗は洋食・喫茶で営業許可をとっており、製菓の製造・販売の営業許可はとっていませんでした。新店舗では喫茶・製菓の製造販売で営業許可を取得するために製菓室を新たに設置。また、営業許可取得に必要な冷蔵庫や手洗い場などの設備を完備しました。準備段階では、試作のケーキをお客様に食べていただき、その声を商品づくりに生かしたそうです。

小島さんの話によれば、現在、来店客のおよそ3人に1人がコーヒーとケーキを注文するそうです。私は以前からコーヒーとケーキのマリアージュということを提案してきましたが、それを実践しているのが新生『カフェくらうん』です。

『カフェくらうん』で提供しているケーキは、「キャラメルパウンド」350円、「アマンディーヌ」450円、「チーズタルト」

右から、オーナーの小島 治さん、女性スタッフの財津好美さん、澤田奈生さん、竹田奈央さん。財津さんと澤田さんはコーヒーマイスターの資格を取得している。

450円、「ガトーショコラ」450円など5種類。種類は多くはありませんが、一つ一つのクオリティーが高く、それがこの店のケーキの魅力になっています。この他にオリジナルの「くらうんプリン」360円があり、今やこの店の看板商品になっています。

今の場所に移転して、新しい取り組みにもチャレンジしています。その一つが、この夏から始めた高岡市麻生谷の障害者支援施設「新生苑」との連携です。雑味のないクリアなコーヒーを提供するために、コーヒー豆を選別する作業「ハンドピック」は非常に大切な仕事の一つです。

この「ハンドピック」の作業を、地域交流や貢献に外部の仕事を請け負っている「新生苑」へ委託することで、地域の障害者をサポートしています。

「これまでは私やスタッフがハンドピックをしていましたが、店が忙しくなり、新生苑への委託を決めました。始まったばかりですが、こうした連携を通して少しでも社会に貢献できればいいと考えています」(小島さん)

インタビューをしていると、新生苑での文化祭の開催が近々あり、その時のコーヒーは小島さんの店から提供することが決まっていると話してくれました。

良いかたちでの地域交流が深まってきており、これをますます深化させていくことができれば素晴らしいと思います。また、小島さんはこれまでと違ったかたちでのコーヒー豆の販路開拓にも取り組んでいます。それが、地元の会社が運営する旬の特産品を集めたショッピングサイトによるコーヒー豆のカタログ販売です。

冬のお歳暮に、くらうんのギフトセットを販売したところ、予想以上の反響がありました。富山県の高岡市を中心に、およそ160セットのオーダーがあったそうです。

「暮れに向けて、創業1958年創業コーヒー店の味を楽しんでみませんかということで、くらうんのオリジナルギフトセットを売り込んでいこうと考えています」(小島さん)

小島さんは今年で65歳になりますが、新しい場所に移転し、さらなる飛躍を図って頑張っています。

上から下へ「アマンディーヌ」450円、「チーズタルト」450円、「ガトーショコラ」450円(税込)。

雑味のないクリアな風味の「くらうん・ブレンド」500円(税込)。

生まれ育った金沢市に帰って独立・開業。紆余曲折を経て今日の繁盛店に。

46 チャペック

石川・金沢市

金沢市出身の松永 茂さんが、金沢市十間町に1985年開業。その後、2003年に2店舗目の『チャペック』を金沢市西都に開業。連日たくさんのお客を集めて賑わっている。

東京から北陸新幹線に乗り、JR金沢駅を下りて日本海に向かって車を走らせることおよそ10分、北陸自動車道・国道8号線を渡ってすぐの左側の道路を入ってしばらく行くと2階建てのお洒落な店舗が目に飛び込んできます。2階の外壁には、コーヒーカップを手にしたイラストが描かれており、たいへん印象的です。

この店が、今回訪れた『自家焙煎珈琲屋チャペック』です。オーナーは松永 茂さん。

バッハグループがスタートした時の第一期生で、松永さんとは30年以上のおつきあいになります。

昭和60年、金沢市十間町に自家焙煎コーヒー店を創業

松永さんが『チャペック』を開業したのは1985年（昭和60年）。27歳の時です。所在地は金沢市十間町。近江町市場に隣接した場所です。

「私は金沢出身で、昭和33年4月9日生まれです。東京の大学で4年間過ごしました。その時に喫茶店の仕事に携わり、〝ブレンド〟という雑誌の田口さんの記事を読んで、たいへん影響を受けました。それまではごく普通の喫茶店を考えていました。大手ロースターからコーヒー豆を仕入れてコーヒーを淹れればこと足りるだろうと。何も知らなかったので、それでいいと思っていました。それが、その記事を読んで、自家焙煎という手段があると知って、田口さんのセミナーを受けにいきました。そこで、大きく方向転換して自家焙煎コーヒー店を目指すことにしました。田口さんに焙煎の知識や技術を学ぶと同時に、コーヒーの抽出技術を実地で学ぶために、物件が決まるまでの1年くらいバッハのカウンターに入って勉強させてもらいました」（松永さん）

金沢市の十間町に物件が見つかり、開業することになりますが、松永さんのお祖母さんの知り合いが喫茶店をやっていた物件で、それを譲ってくれたそうです。

その後、店を改装するにあたってはたいへんな苦労がありました。今と違って、当時は喫茶店が全盛の時代ですから、松永さんの目指している店づくりがなかなか理解してもらえませんでした。

例えば、その頃の喫茶店というとゲームができるテーブルを置いている店が少なくありませんでした。その頃はインベーダーゲームが流行っていて、たいていの店がそのゲームができるテーブルを設置していました。コインを入れるとテーブルでゲームが楽しめるというもので、メニューができるまでの間、お客様はゲームを楽しむ。お店にとっても、プラスアルファの売上が確保できるので採用するお店が結構ありました。

また、喫茶店でお昼の食事をするのは当たり前で、ほとんどの店がランチメニューを提供してお客様を集めていました。

「以前の喫茶店の店舗ではゲームができるテーブルが置いてあったので、そっくり今のテーブルに入れ替えました。その時も、なんでそのまま使わないの？ 入れ替える必要があるの？ ということを知り合いからもお客様からもさんざん言われました。また、お昼のランチについても、開業にあたってはコーヒーが売り物ですから、トーストくらいしか出しませんでした。後から聞いた話ですが、喫茶店時代に利用していたお客様が店の様子を見にきて〝今度の新しい店はランチがないぞ〟ということを仲間に話したということでした」（松永さん）

当初は不安もありましたが、店のすぐ近くにある近江町市場への仕入れの帰りに来店するお客様が少しずつ増えていきました。すし店や和食店の調理師さんがコーヒーを飲んでいってくれる。そうした鋭い味覚を持った人

オーナーの松永 茂さん（左）と奥さんのまさみさん（右）。

たちに支持されることで、お客様の輪を広げていきました。

「私自身、高校までは金沢にいましたが、大学からはずっと東京でした。金沢に戻ったものの、地元のことや地域のことで分からないこともけっこうありました。それをお店に来ていただいたお客様に改めて教えていただいたことが、その後のチャペックの発展につながっていったと思います」（松永さん）

創業から18年目の平成15年に2店舗目を開業

松永さんは、1店舗目を開業してから18年後の2003年（平成15年）4月24日、金沢市西都に2店舗目の『自家焙煎珈琲屋 チャペック 西都店』をオープンします。その後、3年ほど十間町店と西都店の2店舗を運営し、2006年（平成18年）に店長として働いていた東出陽一さんに1店舗目の十間町店を譲りました。

現在、松永さんが経営する西都店は、1号店の十間町とはまったくロケーションの異な

店名の『チャペック』はチェコの作家、ジャーナリストのカレル・チャペックからとったもの。チャペックの写真を額に入れ、飾っている。

青いボディーで頑張り屋のマイスターチャペック号。子どもたちの人気者だ。

る地域で、金沢市の中心街から少し離れた郊外にあります。松永さんが目指していた職住一致の店づくりをした店舗で、1階が店舗、2階が住まいという建物です。

「西都店は、テナントの店から、職住一致を目指したもので、金沢市の県庁寄りの郊外に出店しました。それと、十間町店では10kgのマイスター焙煎機が大きすぎて設置できないということで開業したという経緯もあります」（松永さん）

　現在、西都店は開業から15年目を迎えましたが、決して順風満帆ではなかったようです。

「十間町店での実績があるので、2店舗目もすんなりとお客様がついてくると思っていました。20年近く営業して、自惚れもありました。宣伝もまったくやりませんでした。でも、これが間違いだったことにすぐ気づきました。1号店とは場所も離れています。ロケーションも全然違うので、この場所に合わせてゼロからお客様の信頼を得るようにしました」（松永さん）

　松永さんが取り組んだのは、まず原点に帰ること。初心に戻ることでした。来店されたお客様に、自分の店のコーヒーを丁寧にお話しする。そのための時間はたっぷりありました。

　そこから改めてスタートすることにしました。そうして、お客様に少しずつ自店を理解してもらうことで、お客様の輪を広げていき、現在の人気を築いたのです。

『チャペック』という店名の由来からも、同店が地域から愛される理由がわかります。

「店名は、チェコの作家、ジャーナリストのカレル・チャペック（1890〜1938年）からとりました。当時プラハにあった〈ウニオン〉というカフェに、足繁く通っていたようです。そこに集まる多くの知識人たちと議論を交わしたり、また、その人たちからたくさんの情報を得ていたようです。カフェは、ヨーロッパにおいて誕生から今日まで文化的に重要な役割を果たしてきました。おいしいコーヒー作りを目指すと同時に、チャペックがよく通っていた〈ウニオン〉のようなヨーロッパのカフェのスタイルを目標にしようと、チャペックという店名にしました」（松永さん）

若者から年輩、地元客から観光客まで幅広い層のお客で賑わう。

47　東出珈琲店

石川・金沢

金沢市の自家焙煎珈琲屋『チャペック』で修業した東出陽一さんが、その1号店を譲り受けて独立。今では1日を通して幅広い層のお客を集めている。

金沢市十間町にある『自家焙煎 東出珈琲店』。取材に訪れたのは、8月28日金曜日の午前9時頃。店内に入ると客席はお客様でいっぱい。それも、お馴染みの年輩客から若いカップル、女性同士、さらには観光客まで幅広い層のお客様で賑わっていました。

人が集まる近江町市場に隣接した場所というロケーションの良さもあるでしょうが、その分、カフェも数多くある立地で、この店がいかに支持を集めているかが分かります。

店主は、今年43歳になる東出陽一さん。東出さんとの最初の出会いは今でも思い出します。東京・南千住にあるカフェ・バッハに〝コーヒーの店をやりたいので働かせてほしい〟と言って直談判に来ました。

大学を中退して コーヒーの道へ

『東出珈琲店』が開業したのは２００７年（平成19年）。東出さんが32歳の時。金沢市の自家焙煎珈琲屋『チャペック』１号店で働いていた東出さんが、オーナーである松永さんから1号店を譲り受ける形で独立しました。

東出さんの出身地は、石川県の南西に位置する加賀市。加賀市は九谷焼や山中塗でよく知られており、市内には九谷焼始祖の〝後藤才次郎紀功碑〟もあります。

東出さんは、地元の高校を卒業後、神奈川の大学に入学。地元を離れて、横浜で過ごすようになります。

コーヒー好きのお姉さんの影響もあり、東出さんもコーヒーが好きになりコーヒー店巡りをするようになります。次第にコーヒーの世界へのめり込むようになって、大学を中退。地元加賀市にあったカフェ・バッハのグループ店の人から私のことを聞き、バッハに訪ねてきました。

「今年で43歳になりますが、当時のことを思い出すたびに、若気の至りというか、無茶なことをしたと思います。とにかくコーヒーのことしか頭になくて、後先考えずに大学を辞めてしまいました。なんとか、田口さんの店で働きたくて、お願いに行ったのですが、その時は生憎ご不在でした。私の話を聞いたバッハのスタッフさんが、田口さんに連絡をとってくれました。田口さんは、急遽出張先の栃木から戻り、私の話を聞いてくれたのです。この出会いがなかったら今の私はありません」（東出さん）

東出さんに最初に会った時に言った言葉は今でもよく覚えています。

「まずは、ご両親の了解をとってから。了解がとれたら、なんとかする」

その頃、カフェ・バッハではスタッフの空きがなかったこと、そして出身が加賀市ということから金沢市の『チャペック』を紹介しました。『チャペック』の松永さんなら、きちんと東出さんをコーヒーの道へ導いてくれると考えたからです。

『チャペック』に入店し、 最初はホールの仕事を担当

東出さんが『チャペック』で働き始めたのは22歳の時。その後、『チャペック』が金沢市西都に2店舗目を開業するのに伴って、１号店の十間町店の店長を任されるように。そして、その3年後に、十間町店を譲り受け、店名を『東出珈琲店』に改めてスタートし、今日に至っています。

『チャペック』には、入店から独立までおよそ10年間いたことになります。最初に店に入って担当したのは、ホールの接客サービスだそうで、これがたいへん勉強になったようです。

「私が入った時はたくさんの常連さんがいらっしゃって、まずはお客様の顔を覚えることから始めました。そして、一人ひとりの好

店主の東出陽一さん（右）と、奥さんの侑子さん（左）。

みを覚えるように努めました。砂糖を入れずに飲むお客様なのか、またミルクを入れるお客様なのか。そうした細かいことを覚えて、何も聞かずにお客様に合わせてお出しできるようにしました。ここからスタートできたことが、今の東出珈琲店につながっていると思います」（東出さん）

『チャペック』1号店を譲り受け『東出珈琲店』を開業

コーヒー豆の焙煎の仕事に携わるようになったのは、入店して3年目から。ここから少しずつ焙煎の知識や技術を身につけていくことになります。

『チャペック』に入って9年目、今の奥様の侑子さんと結婚。侑子さんは、東出さんより少し前に『チャペック』に入店しており、いわば東出さんの先輩。結婚する前は西都店で働いていました。結婚を機に、東出さん夫妻が十間町店を任されるようになります

そして、結婚して1年後、松永さんから十間町店を譲り受け、店名を『東出珈琲店』に

変更しました。

3年間、店長として頑張ってきて、お客様も東出さんのコーヒーに親しんできた人たちです。それでも、店名を変えて再スタートするにあたっては相当なプレッシャーがありました。

それまで松永さんが培ってきた『チャペック』の実績。新しいオーナーとして、これまで通りお客様の支持を得ることができるか。その悩みは深かったと思います。

「完全にチャペックの味を引き継ぐのは難しい。どうしても焙煎する人の感性というか個性がどこかにでてくるからです。もちろん松永さんから学び、また松永さんが築いてきた味がベースになりますが、それを踏まえて自分なりの味を作っていこうと決めました。それで店名も東出珈琲店に変えることにしました」（東出さん）

お客様も初めは戸惑ったようです。そんなお客様一人ひとりに、東出さんはできる限り丁寧に説明していきました。〝松永さんから教わった味をベースに、これからは僕の味を作っていきたいと考えています。今後もよろしくお願いします〟と。

東出さんの目標は今でも『チャペック』。味に迷ったら、すぐに松永さんのもとに相談に行くそうです。そのうえで自分の個性も大切にしてコーヒーの焙煎に日々取り組んでいます。

「昔、金沢に住んでいた人が転勤になり、何年か経って戻ってきた時、昔のままの東出珈琲店があって、そこでおいしそうにコーヒーを飲んでいる。そうなったら嬉しい。地元のお客様に愛される店。そんな店をできるだけ長くやっていければこれほど素晴らしいことはないと考えています」（東出さん）

「ハニー・カフェ・レーチェ」580円（税込）。蜂蜜、ミルク、ドリップコーヒー、フォームドミルクという順序でグラスに注いで提供するオリジナルドリンク。

「プリン」400円（税込）。卵、生クリーム、牛乳、バニラビーンズをたっぷり使った贅沢なプリン。

お客の注文ごとに丁寧にペーパードリップで提供する「東出ブレンド」430円（税込）。

48　米安珈琲焙煎所

滋賀・守山市

地元に帰って開業。目標は街の〝コーヒーコンシェルジュ〟。

『米安珈琲焙煎所』が滋賀県守山市に開業したのは2年ほど前の2015年12月のこと。街のコーヒーコンシェルジュを目指して奮闘している。

滋賀県守山《もりやま》市は近畿地方北東部、滋賀県南西部に位置し、佐川美術館や琵琶湖大橋、なぎさ公園といった観光スポットがよく知られています。その滋賀県守山市守山にある、川那辺成樹・悠子さん夫妻が経営する『cafe&roasting 米安珈琲焙煎所』を訪問しました。

店に入ると、コーヒー豆を入れたキャニスターを並べた棚に向き合うように設けたアール状のカウンターが目に飛び込んできました。

そのカウンターを挟んで、川那辺さん夫妻とお客様が楽しそうにお喋りをしている姿がたいへん印象的でした。天井を高くとり、清潔感あふれるホワイトを基調にした店内は、おいしいコーヒーを飲みながら気心しれたお客様や仲間とお喋りを楽しむのにぴったりの空間です。

『米安珈琲焙煎所』。ちょっと変わった店名だとは思いませんか。でも、この店名は決して奇をてらってつけたものではありません。店名の由来について語る川那辺さんの話から、コーヒーを通して地域の人たちと心の絆を紡いでいける店づくりを志していきたいという強い思いが伝わってきました。

「この場所で、米屋を創業し、その後、子供たちで賑わう駄菓子屋として親しまれてきました。今は引退しましたが、20年前まで私の祖母が米安という店名で駄菓子屋をやっていました。時を経て、コーヒーを通して人が集い、交わり、憩う、そんなカフェを作りたいという気持ちが強くなり、米安珈琲焙煎所という店名にしました」(川那辺さん)

カウンターを直線ではなくアール状の造りにしたのは、お客様とのお喋りがスムーズに行えるようにと考えて採用したものでした。そんな川那辺さんの思いがお客様にも伝わり、自家焙煎コーヒーのおいしさとともに、お喋りや心の触れ合いを求めて来店するお客様が着実に増えてきています。

地元にUターンして自家焙煎コーヒー店を開業

川那辺さん夫妻が、生まれ故郷の滋賀県守山市守山にUターンして『米安珈琲焙煎所』を開業したのは、今から2年ほど前の２０１５年(平成27年)12月1日。この時、川那辺成樹さんは45歳でした。

川那辺さんは守山で小学2年まで育ち、大学卒業まで大阪市内に住んでいました。大学卒業後は、１９９５年から東京・品川区で産業心理カウンセラーとして働くことになります。

川那辺さんに大きな転機が訪れたのは、今の店を始める5年ほど前のこと。長い間にわたってカウンセラーの仕事に携わってきましたが、次第に心の中に湧き上がってきたのが〝1対1ではなく、より多くの人たちが集まり、その人たちに寄り添える場を作りたい〟という思いだったそうです。そんな思いを強く抱くようになった時、目にしたのが私の著書『カフェを１００年、続けるために』(小社刊)だったそうです。

「カフェ開業のためのノウハウ本はいろいろ

JR東海道本線守山駅から徒歩4分の場所にある『米安珈琲焙煎所』。

『米安珈琲焙煎所』のオーナー、川那辺成樹・悠子さん夫妻。

でており、私自身何冊も読みました。でも、この〈カフェを100年、続けるために〉はそうした本とは内容が全然違っていて、カフェの本質について書いてありました。カフェの役割とは何か。地域のコミュニティの場としてのカフェといったことが書いてあって、これこそが自分が追い求めていたものだと思ってバッハへ伺いました」（川那辺さん）

それがきっかけでカフェ・バッハが主催する自家焙煎コーヒーのセミナーに参加し、バッハグループに入会しました。店を開業する3年ほど前に、奥様の悠子さんと子供を連れて家族と共に地元に戻り、本格的に自家焙煎コーヒー開業の準備に取り掛かります。

開業前にイベントなどに出店して顧客づくりに努める

川那辺さん夫妻が、開業前に顧客づくりの一環として積極的に取り組んだことがあります。それが、地域のフリーマーケットや各種イベントに出店して、『米安珈琲焙煎所』のコーヒーの味を知ってもらうことでした。

その頃、自家焙煎の技術修得のため守山から南千住のカフェ・バッハのトレーニングセンターに1ヵ月に1回くらいのペースで通っていました。練習用として焙煎したコーヒー豆は大きなリュックサックに入れて持ち帰りました。そのコーヒー豆を活用して、フリーマーケットや各種イベントに出店したそうです。

「コーヒー豆の焙煎にある程度の自信が持てるようになった頃から出店しました。将来、米安珈琲焙煎所という店をやろうと思って勉強しています。店ができたら、ぜひお越しくださいといったPRも兼ねて、1杯300円くらいでお出ししました」（川那辺さん）

『米安珈琲焙煎所』は、昔の佇まいが残る閑静な住宅街にあります。車社会の地方にあって、駐車スペースがありません。店から少し歩いたところに「中心市街地交流駐車場」があり、車で来店するお客様にはその駐車場を利用してもらうようにしています。そんな場所にあって、オープンして日は浅いのに、地元住民や県内外から来店するお客様が増えています。〝コーヒーを通じて人と人とをつな

「米安ブレンド」480円と「モカ カルナージョ（チョコレート・ケーキ）」400円（税込）。ケーキは奥さんの悠子さんが作る自家製。

ぐ役割を果たしたい〟という川那辺さん夫妻の思いがお客様に伝わり、クチコミでお客様の輪が広がっています。

川那辺さん夫妻が、開業後（2016年4月から開始）すぐにスタートし、熱心に取り組んでいることがあります。

「カフェ・スコラ」というコーヒー教室で、スコラとはラテン語で学校という意味です。地域のコーヒーファンを増やすとともに、それに合わせて豆売りの売上増大に結びつけることを狙って開始したものでした。

1回の受講者はおよそ10人。講師は店主の川那辺成樹さん（SCAJ認定アドバンスドコーヒーマイスター）。受講料は2500円（税込）。2016年の1年間で、18回開催し、延べ120名の受講者がありました。

講座内容は、入門編①「珈琲の味の違いを識る」～3種の珈琲の飲み比べ～、入門編②「スペシャルティーコーヒーを知る」～珈琲最新事情と味の飲み比べ～、入門編③「抽出の原理を識る」～抽出・ドリップ実習～、入門編④「コーヒー豆からカップまで」～焙煎見学～というものです。おもしろいのは、入門編①から④までのすべてを受講された人に、「コメヤス・コーヒー・アンバサダー」を認定していることです。

「2016年は25名の方を、コメヤス・コーヒー・アンバサダーに認定させていただきました。この方々は特別会員として各種試飲・試食会、イベントなどの特別優待をしています」（川那辺さん）

このカフェ・スコラの受講生が『米安珈琲焙煎所』のファン客になっているケースも多く、リピーターとしてこの店を支える力強いサポーターにもなっています。また、自宅でコーヒーを淹れるお客様が増え、豆売りの拡販にも結びついています。

49　カフェ バルナック

岡山・青江

奥さまの理解と全面的な協力により念願のコーヒー店をオープン。

『カフェ バルナック』の平地耕太郎さんは、40歳代後半に独立を決意。その後、自家焙煎コーヒー店開業ための知識と技術を修得して独立。地域の人たちに愛される店づくりを目指している。

今回、訪れた『自家焙煎珈琲屋 カフェ バルナック』は、岡山駅から車で10分ほどの岡山県岡山市北区青江にあります。オープンしたのは、9年前の2009年10月3日です。

オーナーは平地耕太郎・朗子さんご夫妻。耕太郎さんは大のカメラ好きで、「バルナック」は35ミリカメラの開発者としてよく知られており、その名前をとってつけたものです。

私もカメラはかなり好きな方で、店名にバルナックと付けた耕太郎さんの気持ちがよくわかります。

奥さまと話し合い、40歳後半に独立を決意

平地耕太郎さんがお店を開業したのは9年ほど前。平地さんは40代の後半、47歳の時に独立・開業したことになります。

独立・開業を決意するまでには、いろいろ悩み、奥様ともよく話し合ったということでした。そのへんの独立・開業までの経緯を耕太郎さんにうかがいました。

「岡山は私が生まれ育ったところで、大学卒業後は、地元の地域金融機関にUターン就職しました。営業部から審査・管理、その後、総務経理から協会出向を経て事務・システム部門から審査と本部部門で長く仕事をさせていただきました。この間、一番印象に残っているのは西暦2000年へ切り替える時の様々な事柄です。この時は日本中がたいへんな騒ぎで、記憶されている方も多いと思います。私も責任者として金融システムの設計構築を行いながら合併を準備しつつ、西暦2000年を越年するなど有事を切り抜けたことが忘れられません。たいへんでしたが、常に新しいことをやらせてもらい、本当に充実した会社員生活を送れたことを感謝しています」（耕太郎さん）

会社で活躍していた耕太郎さんですが、次第に〝自分で何か商売をしたい〟という気持ちが強くなっていったようです。これは、ご両親の影響が強いように思いました。

ご両親の実家は隣県で100年以上続く商家。耕太郎さんの家も分家して岡山でその一翼を担っていたといいます。

耕太郎さんが小学校に上がるまでは、2階が住まいで、1階がご両親の職場という職住一体の環境の中で育って、子供心に〝私もいつか商売をすることになるだろう〟と思っていたそうですから、今の店を始めたのは、ごく自然の成り行きだったといえるかもしれません。

商売を始めるにあたっては、祖父から次のようなことをよく言われていたそうです。

〝商売を始めるなら不景気の時に身の丈で始めた方がいい〟

折しも、時代はバブル崩壊後の失われた20年の真っ只中。リーマンショック、そしてデフレによる長期低迷が続き、商売を始める時期がきたと独立を決意するようになったといいます。独立にあたっては、奥様とよく話し合い、理解してもらうように努めました。

「40歳の後半での独立ですから、正直不安もありました。男の子が3人いて、一番上が高校3年です。私以上に、子供たちの方が不安だったのではないか。もちろん妻も不安だったと思います。そんな不安を払拭するために、妻とはよく話し合い、理解してもらうようにしました。店を開業してからは全面的に協力してもらい、一緒に店にでています。妻の理解と支えがあったから、今があると思って感謝しています」（耕太郎さん）

地域の人たちに可愛がってもらえる商売人を目指す

耕太郎さんが商売の内容を本格的に計画・

着手したのは退職してから。お父さんが〝俺にもかかわらせてくれ〟と全面的にサポートしてくれたのも大きな支えとなりました。各地に新規事業の情報を求め、出向いてくれるようなこともしました。

フランチャイズの話も舞い込んできたようですが、この話には耳を傾けませんでした。それには理由がありました。誰でも始められるので、新規参入者が多く、一生かけてやる商売ではないと考えていたからです。

耕太郎さんは、前職で〝地元とともに、地域密着、フェイストゥフェイス〟の精神を叩き込まれていました。

そんな平地さんが目指したのは、歳をとっても現役でやれ、地域に可愛がってもらえる商売人でした。

そんなことを考えている時、たまたま入った東京・吉祥寺の銀行で見た大手コーヒーチェーンのカフェが大きな転機となったようです。

「銀行窓口、ATMコーナーと大手コーヒーチェーンのカフェが一体となったフロアを目の当たりにして、コーヒー商売はどことでも

JR岡山駅から車でおよそ10分の国道30号線沿いに開業。肌色の外壁が温もりを感じさせる。

カウンター内でコーヒーを抽出する平地耕太郎・朗子さん夫妻。

ハンドピックをする平地さんのお母さんの智江さんと妹の佳代子さん。

ハンドピックすることで雑味のないコーヒーを提供。

連携できるんだなという考えを抱くようになり、それがきっかけでコーヒーに興味を持つようになりました。その頃、父の末期がんが判明し、〝理屈はええからとにかくやってみい〟という父のアドバイスを受け、看病と妻の仕事を手伝いつつコーヒー屋巡りを始めました」（耕太郎さん）

私が耕太郎さんにお会いしたのは、そんな時でした。受講したセミナーを主催している人から紹介されたということで、私を訪ねてくれました。それを機に、その後2年半にわたって南千住にあるカフェ・バッハのトレーニングセンターに通って、自家焙煎コーヒー店開業に必要な知識と技術の修得に努めました。

岡山から東京のトレーニングセンターまで、多い時には1ヵ月に3回も通いました。その当時は会社を辞めているので、収入はゼロ。少しでも経費を切り詰めるため、深夜バスで上京したこともあったようです。

オープンして9年、今、耕太郎さんと奥様の朗子さん、それに耕太郎さんのお母さんの智江さんと、妹さんの佳代子さんが力を合わせて店を盛り上げています。

奥様の朗子さんは、以前、長い間にわたって介護の仕事に携わっており、それがお客様への心遣いにも現れています。

「介護の仕事をしてきて、今のカフェの仕事と共通するものがたくさんあることを感じます。人と人と接するということでは同じで、お互いが気持ちよく過ごしていただければこれほど素晴らしいことはないと思います」（朗子さん）

子供からお年寄りまで気取らずに通える地域に愛される店をつくる。

50　カフェ&アトリエ・ケストナー

徳島・徳島市

『カフェ&アトリエ・ケストナー』の開業は1998年。子供からお年寄りまで気取らず通えるカフェを目指してオープンし、地域の人たちに愛されている。

徳島市は四国の北東部にあり、徳島県の県庁所在地です。徳島市から連想されるのは、なんといっても阿波踊りでしょう。毎年8月12日~15日の4日間にわたって開催される夏祭りですが、今や世界にもその名が知られる一大イベントになっています。今回は、その阿波踊りで知られる徳島市川内町大松にある『カフェ&アトリエ・ケストナー』を訪れました。

迎えてくれたのは佐藤文昭さん、由美子さ

ん夫妻。佐藤さん夫妻とは久しぶりの再会となりました。

13年にわたってバッハに通い自家焙煎コーヒー店を開業

佐藤さんが『カフェ&アトリエ・ケストナー』を開業したのは1998年(平成10年)。今から20年前、佐藤さん41歳の時です。その2年ほど前からガレージに焙煎機を置いて、

鳴門方面から国道11号バイパスを南へ進み、加賀須野大橋を超えて1kmほどの場所にある。

豆売りを始めていますが、実際に店舗を構えたのはこの年ということになります。

カフェ・バッハグループに入会したのは1985年。店を開業するまでの13年間にわたって、東京・南千住にあるカフェ・バッハまで通って自家焙煎コーヒーの知識と技術を修得しました。

中途半端な知識と技術で、すぐに店を開業する人が多い中で、これほど長期間にわたってきちんとした知識と技術を身につけてから開業したケースは、グループ店の中でもあまり記憶にありません。

「大学を卒業後、調理師の道に進みましたが、料理の最後にだすコーヒーの品質に疑問を持ちまして…。そんな時、田口さんのセミナーに参加して、〝正しいコーヒー、体によいコーヒー〟の考え方を聞いて感銘し、いつか自分で自家焙煎コーヒー店をやろうという気持ちを持つようになりました。そこで、すぐにカフェ・バッハのグループに入会することにしました。その後、ホテルのシェフの仕事に携わりながら、仕事の合間を利用して徳島から東京のトレーニングセンターに通って自家焙煎コーヒーの勉強に努めました」(佐藤さん)

佐藤さんがカフェ・バッハグループに入会したのは28歳。その3年後の31歳で、奥様の由美子さんと結婚。その後、子宝にも恵まれます。子供が小さい頃には、経費と日にちを切り詰めるために夜行バスで東京のカフェ・バッハに通ったこともたびたびあったようでした。

その苦労は並大抵ではなかったと思われますが、その時に培った正しい知識と技術を修得するというひたむきな姿勢が、徳島という地方にあって地元のお客様の信頼を勝ち取るベースになっていると思います。

子供からお年寄りまでが楽しめるカフェを目指す!

『カフェ&アトリエ・ケストナー』のホームページを見て、最初に目に飛び込んでくるのが〝カフェ・ケストナーは、「正しいコーヒー、よいコーヒー」を提供し、子供からお年寄りまで気取らず通える地域に愛されるカフェを目指しています〟というメッセージです。

店内の一角に設けたトイレ。車椅子でもラクに入れ、使用できるように広くゆったりとスペースをとっている。お客に気持ちよく使ってもらえるように、清潔保持には細心の注意を払っている。

コーヒー専門店というと、ごく一部のコーヒーマニアを対象にした店が少なくありません。そうした店と一線を画し、地域の幅広い層に愛される店づくりを目指しているところに、『カフェ&アトリエ・ケストナー』の大きな特徴があります。

　店名の〝ケストナー〟には、佐藤さん夫妻の思いが込められています。

「ケストナーという店名は、ドイツの児童文学作家エーリッヒ・ケストナー（1899〜1974年）の名前から付けました。代表作に〝エーミールと探偵たち〟〝飛ぶ教室〟〝動物会議〟〝ふたりのロッテ〟などがあります。作品の中で、子供を1個の人格として認める言葉を残しています。また〈この世に善はない、人がそれをなすまでは〉ということも言っています。それは私にとって田口さんが提唱する正しいコーヒーの実践だと信じて日々努力しています」（佐藤さん）

　〝ケストナー〟という店名から、子どもへの、また他人に対する佐藤さん夫妻の心温まる思いが伝わってきます。佐藤さん夫妻の凄いところは、〝地域に愛されるカフェ〟という思いを、実際の店づくりで実践しているところです。

　そのことは、トイレを1つとってみてもよく分かります。とかく客席スペースを優先して、トイレを後回しにする店が多い中でスペースをゆったりとり、その一角に赤ちゃん連れでも安心して利用してもらえるように、おむつ交換台を置いています。広くとっているのは体の不自由な人たちにも配慮したもので、車椅子でもラクに利用することができます。体の不自由な人は、使用後の汚れが気になるものですが、そうした人たちにも心遣いし、スタッフは使用後にさりげなくトイレに行って確認し、誰もが気兼ねなく使えるようにしています。

　入口は、車が横付けできるようにし、スロープにして車椅子で下りて、そのまま入店できるようにしています。また、車椅子でも2階フロアに上がれるようにゆったりスペースのエレベータも設置しています。もちろん、比較的ゆったりした店づくりができる地方ゆえに可能なことかもしれませんが、それを実践するかしないかはあくまでその店の経営者の考え方次第です。

　経営効率を優先しがちな現代において、地域の人たちの使いやすさを優先し、そこに大きな価値を見出している点がいいと思います。

地域の人たちの要望に応えて　コーヒーセミナーを出張！

　佐藤さん夫妻が、開店以来大切にし、継続して行っていることがあります。それはコーヒーセミナーの出張です。

　小学校や中学校、事業所などから依頼されて行っているもので、いわばコーヒー教室の出張版です。

「オープンして２～３ヵ月経った頃、お客様の中に大学の先生がいらっしゃいまして、ぜひうちの学校にきてコーヒーセミナーを開いてほしいという要望があり、それが始まりです。その後、子供がまだ小さい時期でＰＴＡにも関わっていたこともあり、学校へも出張するようになり、地域のいろいろな人のつながりで今も継続して行っています」（由美子さん）

　奥様の由美子さんは大学の栄養学科を卒業し、その後大手食品企業の研究室にいたこともあり、食品にも精通しています。そんなこともあり、セミナーではコーヒーだけでなく食の安全についても話をされています。

　コーヒーセミナーの参加費は１人１０００円。へたをすると経費の方がかかってしまうかもしれません。それを長年にわたって行ってきたのはなぜか。カフェの役割とは地域密着とは何か、改めて考えさせられました。

人気のコーヒー「ケストナーブレンド」。

店内の一角を仕切って設けた焙煎室に、10kgのマイスター焙煎機を設置している。

『カフェ&アトリエ・ケストナー』のオーナー佐藤文昭さん（左）と、奥さんの由美子さん（右）。

20年以上勤めた会社を辞め、生まれ故郷に戻って奥さんと二人でコーヒー店を。

51 COFFEE FLAG YUSUHARA

高知・梼原町

20年以上にわたる会社勤めの後、生まれ故郷の高知県・梼原にUターンし、奥さんの協力を得て自家焙煎コーヒー店を開業しました。

今回訪れた『COFFEE FLAG YUSU-HARA』（以下FLAG）がある高知県高岡郡梼原町梼原は、坂本龍馬が土佐藩を脱藩する時に通ったといわれる、脱藩峠としてよく知られている場所です。

東京・羽田から飛行機で高知空港へ。そこから車を走らせて到着した目的地の梼原町梼原。自然の中に溶け込むように、整然と建物が立ち並んでいます。さらに驚かされるのは歩道の広さ。ガードレールはありません。歩道が安全に歩くための充分な幅があるので、必要ないのです。電柱もありません。実に美しい景観です。この景観をもたらしたのは、ここに住む人たちの協力があったからこそでしょう。地域全体のために何が大切かを優先する。梼原という地域の民度の高さを強く感じました。『FLAG』のオーナーである山口健児さんが、梼原に店を開業したのは２０１２年11月27日。梼原は健児さんの生まれ故郷で、上京し、会社勤めを経て、梼原にUターンして独立・開業しました。

「私は2人兄弟の次男として生まれましたが、早くに兄を亡くしました。私が30歳の頃です。その頃は、両親も若く、故郷に戻ろうとは考えていませんでした。年齢を重ねるにつれて、実家がどうなるのかということを課題として考えるようになったのです。日々の仕事の忙しさにも追われ、その答えを見出せずに時が過ぎていました」（山口さん）

経営者として勝負がしたい。コーヒーならそれができる

健児さんが後にカフェの開業を決意し、バッハのトレーニングセンターに通っていた頃、コーヒー産地の研修にも参加してくれました。

人一倍研究熱心で、ほかの参加者の人たちと積極的に関わり、サポートをしていた姿がとても印象に残っています。会社でチームリーダーとして活躍した健児さんの、社会人としての資質の高さを感じました。

「私は会社員時代、スマートフォンの開発に携わってきました。仕事は充実していましたが、限界も感じていました。日本でのスマホ市場でトップを走る製品を超えるアイデアを自分の中から出せないと思ったからです。実家のこともあり、悩んでいたとき、妻が、あるコーヒーセミナーの存在を教えてくれました。それがカフェ・バッハのセミナーだったのです。バッハとの出会いが私を決意させました。故郷でカフェをやろうと。私はそれまで海外との関わりを持ちたいと思って仕事に取り組んできました。会社を辞めてもそうしたい、コーヒーの仕事であれば、梼原にいてもコーヒー産地の農園など海外との関係性を持続して持てるだろう。また、コーヒーの仕事であれば、自分で用意できる資金で、故郷の梼原でも経営者として勝負できるのではないかと」（山口さん）

会社のような組織では、様々な事情が絡み合い、ときに負けると知りながら勝負に挑まなくてはならないこともあるのでしょう。しかし、その苦しい戦いを強いられるのは、一人ひとりの個人です。組織人ではなく、一個人として自分自身の人生を生きるために、健児さんはカフェの経営者になる道を選んだのです。私がそうであったように。

健児さんが会社を辞めたのは２０１１年の夏。その後、千葉の松戸で奥様の和代さんと一緒にアパートを借り、翌年7月までのおよそ11ヵ月間、東京・南千住のバッハのトレーニングセンターに通ってコーヒーの知識や技術の習得に努めました。

私は、〝カフェを開業したい〟という人に対して、今現在仕事についているのであれば、その仕事に携わりながらコーヒーの技術や知識を習得するように、ということをよく言っています。今ある収入を確保した方がリスクがないですし、精神的にも余裕が持てるから

高知県の梼原は山間にある自然あふれる静かな佇まいの町で、観光地としても人気を集めている。全国から多くの人が訪れる。

です。

しかし、健児さんの場合には、会社を辞めてコーヒーの勉強に専念し、少しでも早い開業を目指すことに賛成しました。長年の会社勤めで、資金面も計画性の面もしっかりしたものをすでに培っていたからです。

「コーヒーの知識や技術の習得にどのくらいの期間が必要で要する費用はどのくらいか。それらを計算し、手持ち資金でやれるかどうかを見極めたうえで、妻の協力を得て実行に移しました」（山口さん）

山口さんは1週間に3日くらいのペースで、松戸からトレーニングセンターに通いました。また、その合間にもコーヒーの勉強をするという毎日だったようです。それに加えて、以前勤務していた会社の同僚の人たちと会う時間も確保しました。

「仕事を通して知り合った人たちとの縁を大切にしたいという思いがあり、できる限り昔一緒に仕事をした人たちと会うようにしました。私の店が開店後に遠いところからコーヒー豆を注文してくれる人もいて、本当に感謝しています」（山口さん）

　また、奥様は、接客サービスを勉強するために上野のドーナッツショップで働き始めたそうです。こうした経験を経て、山口さん夫妻は、生まれ故郷の梼原に戻り、『FLAG』を開業することになります。

「自分の手で、人に〝美味しい〟と思ってもらえるものが作れる、それがとても魅力的に思えたことがカフェをやろうと思った動機の一つです。バッハでトレーニングを積み、コーヒーというものづくりができる自分になれたとき、カフェをやりたいと決意したのは間違いではなかったと確信が持てるようになりました」（山口さん）

地域に貢献できるカフェをつくりたい

　今回、『FLAG』を訪問した際、カウンターに座ってコーヒーを飲んでいる女性のお客様がいました。

「店舗は私の実家の車庫を改装してつくりました。住まいは別に借りていて、彼女はそこの大家さんで親戚です。開業して以来のお客様でもあり、なにかと応援して頂いています」（山口さん）

　しばらくすると、小さな子供とお母さん、おじいちゃんが来店しました。すぐに山口さん夫妻との会話が弾みます。聞けば、そのおじいちゃんのお父さんがやっていたレストランのオムライスを、健児さんが子供の頃によく食べていたとか。

　いま薄れつつあると言われる人の縁。山口さん夫妻の店はその縁を守り、広げていく場所でもあるのです。

「自分のカフェがあることで、梼原という町の魅力が増すのであれば素晴らしい。そんな店をつくりたい、つくれるかもしれない。良いコーヒーにはそういう力がある。そう思わせてくれたのがバッハでした。ただ、開業して2年半。まだまだ駆け出しであるということを実感する毎日です。地域に貢献できるカフェをつくりたいと考えましたが、実際には地域の人たちに教えていただくことや励ましていただくことの方が圧倒的に多いです。今は、とにかく、気持ちを込めて丁寧な仕事を続けていくことを心掛けてやっていきたいと思っています」（山口さん）

　地域のために貢献したい、その信念が丁寧な仕事を通して伝わるから地域が応援してくれる。コーヒーの魅力とは、それをつくる人そのものの魅力でもあるのです。

店主の山口健児さんと奥さんの和代さん。

コーヒー教室などの地道な取り組みで地域とのつながりを深める。

52　豆香洞《とうかどう》コーヒー

福岡・白木原

カフェ・バッハで3年間、コーヒーの勉強に励んできた後藤直紀さんが地元の福岡・大野城市白木原に開業。コーヒー教室などの地道な取り組みで、地域とのつながりを深めている。

店に入ると、オーナー焙煎士の後藤直紀さんと奥様の理子さんがコーヒー教室の準備に取り掛かっていました。訪れたのは、福岡県大野城市白木原にある『豆香洞コーヒー』。聞けば、午後の1時から地域の人たちを対象にしたコーヒー教室を開催するということでした。

「今日は、午後から定休日を利用して開催しているコーヒー教室があります。コーヒー教室はお店を開業する前からやっています。地域の人たちに少しでもコーヒーの素晴らしさを知っていただくために始めたもので、6年以上にわたって毎月定期的に行っています」（後藤さん）。

　後藤さんは、すでにご存知の方もいると思いますが、2013年のワールドコーヒーロースティングチャンピオンシップ（焙煎技術競技世界大会）で優勝しました。世界の国々から選抜された人たちで競い合う大会ですから、そこでチャンピオンになるということは凄いことです。

　バッハグループのオーナーさんの中で若手の後藤さんは、競技会やSCAJの活動に積極的に参加しています。学生時代からコーヒー業界を目指しており、コーヒーに賭ける情熱は人一倍強いものがあります。

福岡県大野城市に2008年6月にオープン

　西鉄天神大牟田線は、西鉄福岡から大牟田まで、福岡県を南北に結ぶ大動脈として地域の人たちに利用されています。西鉄福岡から数えて8つ目に西鉄白木原駅があり、その駅を下りて線路沿いに福岡の方へ少し戻ったところに『豆香洞コーヒー』はあります。

　この場所に後藤さんが今の店舗を開業したのは2008年6月のこと。1年間の無店舗販売を経て、今の店を開業しました。確か、店の開業と奥様との結婚がほぼ同じ時期だったと記憶しています。

「お店を出す1年ほど前から、当時会社に勤めていた妻と一緒にやろうということは話しあっていました。バッハでの修業を経て、地元で開業すると決めた時、最終的にはパパママ店でいこうと思って、田口さんに妻をご紹介したことははっきりと覚えています。妻とのデートはいつも物件探しで、そのお陰で今の店舗が見つかりました（笑）」（後藤さん）

会社勤めをしながらカフェ・バッハに通ってコーヒーを勉強

　〝コーヒーの店を出したい〟ということで、後藤さんがカフェ・バッハへ来た時のことはよく覚えています。

「会社を辞めてコーヒーの勉強に専念するつもりだった私は、田口さんから言われた〝会

西鉄白木原駅からすぐの場所に開業している。

社勤めをしながらでもコーヒーの勉強はできる〟という言葉にはっと気付かされました。コーヒーの勉強を言い訳に会社から逃げようとしていたのかもしれないということに。以来、会社に勤めながら、カフェ・バッハに3年間通いました」（後藤さん）

福岡と東京との往復は時間もお金もかかります。土曜にバッハに来て、すぐ近くの低料金のホテルに泊まっていたようです。会社、すなわち社会との関わりを保ちながら、休日にバッハに通い続けた3年間の積み重ねが、後藤さんの人間力を鍛え、『豆香洞コーヒー』の成功につながっていったように思います。

今こそ地道な
お客様づくりが大切

後藤さん夫妻は、開店と同時に結婚し、2人のお子さんがいます。上は男の子で、下は女の子。早いもので、オープンの時に生まれた上の子は6歳になるそうです。下の女の子は3歳です。

まだ子育てがたいへんな時期ですが、1年

大きな窓ガラスを通して、外から焙煎室がよく見える。

前から奥様の理子さんも店に入るようになったと聞きました。

「夫が世界チャンピオンになって、外にでていくことが多くなり、体が心配になるほど忙しくなって…　少しでも何か役に立てればと思い、店にでるようになりました」（理子さん）

「世界チャンピオンになったのを機に、私の周りの状況も大きく変わりました。でも、これが良い方向に向うかどうかは自分次第だと考えています。一時の熱狂に惑わされず、今こそ地道なお客様づくりが大切だと考えています」（後藤さん）

後藤さんが1人で始めた15坪・13席のカフェは、月に1200kgのコーヒーを売るまでになりました。素晴らしい数字です。チャンピオンになる前は月に350kgでしたから、およそ3倍に増えたことになります。後藤さんは店の近くに新たに焙煎室を設け、さらに焙煎量が増えても対応できる体制を整えようとしています。

帰り際、『豆香洞コーヒー』の店内には、コーヒー教室の参加者一人ひとりに真摯に語りかける後藤さんの姿がありました。

オーナー焙煎士の後藤直紀さん（左）と奥さんの理子さん（右）。

グリュック＝幸せ。コーヒーを通してすべての人たちを幸せにしたい。

53　カフェ・グリュック

福岡・久留米市

オーナーの彌永勝希さんは、『カフェ・バッハ』で3年間、コーヒーの勉強をし、生まれ故郷の久留米に戻って店を開業。店名の「グリュック」はドイツ語で「幸せ」という意味。

久留米市は、九州の北部、福岡県南西部に位置し、九州の中心都市である福岡市から約40キロの距離にあります。その久留米市の、JR鹿児島本線の久留米駅と、西鉄天神大牟田線の西鉄久留米駅のほぼ中間にある日吉町に、2014年9月3日にオープンしたのが『カフェ・グリュック』です。

　店に入ると、彌永《やなが》さん夫妻がカウンターの中から爽やかな笑顔で迎えてくれました。マスターの彌永勝希さんは3年間、『カフェ・

バッハ』に通ったので、その人となりはよく知っています。奥様の佐和子さんに会うのは初めてで、今回の訪問でお会いできるのを楽しみにしていました。

　おいしいコーヒーを提供することや、気持ちの良い接客サービスも大切ですが、個人店のカフェが地域で成功する基本はオーナー夫妻の資質であり、またその人柄です。その素晴らしい資質を備えているのが彌永さん夫妻です。

　店内はオープンしたばかりとはいえ、きちんと整理整頓されていて、清潔感にあふれています。それでいてかたくるしさはなく、とても居心地がいい。その雰囲気をつくり出しているのが彌永さん夫妻です。

故郷の久留米市に戻り 54歳でコーヒー店を開業

　彌永さんは54歳でカフェを開業しました。早いスタートではありませんが、その分、長年社会で活躍されてきました。

「久留米に実家があり、両親は理容院と美容院を営んでいました。学生時代に久留米を離れ、そのあとずっと東京で暮らしていました。30代から、いつか故郷に帰って何かしたいと思っていました。高校生の頃からコーヒーが好きなこともあり、コーヒー店をやろうということになりました」（彌永さん）

シックで上品なファサードが街並みに溶け込んでいる。

　彌永さんは鹿児島ラ・サールを卒業後、東京大学に進学。大学院修士課程を終了後、大手電機メーカー、外資系の保険会社を経て、自家焙煎コーヒー店を開業することになりました。

　彌永さんにはお姉さんがいます。現在の姓は城戸玲子さんです。城戸さんは元タカラジェンヌで、今はカフェがあるビルの3階で「スタジオ・ダンス・ドリーマー」を経営しています。スタジオの行き帰りに毎日、店に来てコーヒーを飲み、コーヒー豆を購入するなど、彌永さん夫妻を応援しています。

　スタジオの生徒さんも、よく店を利用するとのこと。店にはスタジオ・ダンス・ドリーマーや宝塚音楽学校のパンフレットが置いてあります。

店名を「グリュック=幸せ」と付けた思い

　彌永さんは、会社に勤めながらカフェ・バッハに3年間通いました。

「コーヒー店を始めるために、いろいろなセミナーに行き、話を聞きました。ある時、バッハさんのセミナーを受講した際、カフェの役割についてのお話が、スッと心に入ってきたのです。ここでコーヒーを学びたい。そう思い、通うことになりました」（彌永さん）

『カフェ・グリュック』の「グリュック」とはドイツ語で「幸せ」という意味です。その店名に彌永さん夫妻の思いが込められています。

彌永さんは、店を開くにあたって、「カフェ・グリュックの使命と責任のための行動指針」を記しました。

・カフェのスタッフとその家族を幸せにする
・仕入先等の社外社員とその家族を幸せにする
・現在顧客・将来顧客を幸せにする
・地域住民（特に障害者等の社会的弱者）を幸せにする

「生まれ故郷の久留米に戻って、この店を通して、少しでも地域のお役に立ちたいと思っています。今後はコーヒー教室も開く予定です」（彌永さん）。

清潔感あふれる白を基調にした内装。テーブル席もゆとりをもたせて配置している。

『カフェ・グリュック』はまだオープンしたばかりで、地域との関わりを深めていくのはこれからです。しかし、私は『カフェ・グリュック』の成功を確信していますし、ぜひ成功して欲しいと願います。

高度な専門知識をお持ちの彌永さんは、会社員時代、組織の中で自己実現も十分されていたはずですし、社会的地位も高かった。その職を辞してカフェのマスターになったのは、好きなコーヒーを仕事にして自分が好きなように生きるためではありません。先ほど紹介した使命と責任、すなわちカフェの役割を果たすためです。

彌永さん夫妻がカフェの役割を果たすために行動すれば、『カフェ・グリュック』を通してご夫妻と関わる地域の人たちも、私と同じように願うでしょう。このお店には成功して欲しい、ずっとこの地域に在り続けて欲しいと。

そして、『カフェ・グリュック』が在り続けた先には、人と人とが垣根なく関わり、支え合う、幸せな地域社会がもたらされるに違いありません。

左：コーヒーと焼菓子のセット550円（税込）。コーヒーはブレンドコーヒー。右：ガラス越しに見えるグリーンのマイスター焙煎機が目を引く。

自家焙煎珈琲＆ケーキとワインの店

54　カフェ・エルスター

佐賀・唐津市

コーヒーやケーキを通して地域との関わりをより豊かに育んでいく。

オーナーの松永雅宏さんは佐賀・唐津の出身。遠く離れた東京のカフェ・バッハに通って学び、カフェを開業。ベテラン店長の居石《おりいし》由美子さんと二人三脚で14年目を迎える。

久しぶりの訪問になった『カフェ・エルスター』。オーナーの松永雅宏さんと一緒に待っていてくれたのは開店以来の常連のお客様でした。名前は夏秋洋一さん。聞けば、歩いて3～4分の場所にレディースクリニックを経営している院長さんということでした。

東京から来る私たちに『カフェ・エルスター』について話したいと、仕事の合間をぬって来店してくれたそうです。

「カフェ・エルスターは11年になりますが、

『カフェ・エルスター』は唐津駅から徒歩およそ13分のところにある。

カウンター席に座って、外を眺めると窓ガラスを通して唐津城が見える。

私はオープン当初から毎日のように通っています。始めは、人口の少ない地方でコーヒー専門店は難しいのでは、大丈夫かなと思っていましたが、オーナーの松永さんと親しく話しをするようになって、コーヒーの奥深さを教えてもらい、すぐにファンになりました。いまでは、診療を終えた後は必ず寄ってコーヒーを飲み、豆を買っていきます。ここで過ごす豊かなひと時は、私にとって、生活の大切な一部になっています」（夏秋さん）

14年前の２００４年に
地元の唐津市に店を開業

唐津市は、佐賀県の北西に位置し玄界灘に面しています。名勝旧跡が数多く残っており、唐津神社の秋季例大祭である唐津くんち、呼子朝市などが有名で、ご存知の方も多いと思います。

その唐津市の北城内に『カフェ・エルスター』がオープンしたのは、14年前の２００４年10月のこと。松永さん、34歳の時です。それまで松永さんは、お父さんの会社に勤務していましたが、その後、自分で何かをやろうと決意して、カフェを始めるようになりました。

「父が土地を持っていて、そこで何かを始めようということでスタートしました。始めはごく普通の喫茶店を考えていたのですが、他の店と差別化が図れる個性が必要だと思い、九州にあるいろいろな喫茶店を見て回り、行き着いたのがバッハグループのお店でした。そこで田口さんを紹介していただき、自家焙煎のコーヒー店を目指すことにしました」（松永さん）

松永さんはカフェ・バッハに5年間通いました。会社に在籍しながら、時間を作っては東京のカフェ・バッハに通い、学びました。その5年間の積み重ねが、いまの『カフェ・エルスター』の土台になっています。

アレンジコーヒーやコーヒーとケーキの
マリアージュにも力を入れる

『カフェ・エルスター』は基本のコーヒーを大切にしながらも、メニューに関していろいろな工夫をしています。例えば、アレンジコーヒーもその1つです。

アレンジコーヒーには「コーヒージンジャー」570円（税込）や「ジャバネサ」620円（同）、「マリア・テレジア」620円（同）といったものがあります。例えば、「コーヒージンジャー」は深煎りのコーヒーにジンジャーと蜂蜜を加えたコーヒーです。〝たまにはちょっと変わったコーヒーを〟というお客様向けのメニューとして好評のようです。

コーヒーとケーキのマリアージュにも力を入れています。ケーキは自家製で、深煎りと浅煎りのコーヒーに合うものを日替わりで1品ずつ用意しています。例えば、人気のケーキの1つに「ガトーショコラ」380円（同）がありますが、これには深煎りのコーヒーをおすすめしています。

カフェにとって、コーヒーとケーキはとても大切な商品です。『カフェ・エルスター』はその両方の自家製に取り組み、質を高めてきたからこそ、その先にあるマリアージュをお客様に提案できるのです。

オーナーの松永雅宏さん（右）と コーヒーを抽出する店長の居石由美子さん（左）。

また松永さんは、ワインエキスパートの資格を活かして、将来的にデザートワインと自家製ケーキのマリアージュなども提案していきたいと考えているようです。

『カフェ・エルスター』のカウンターやテーブルの上には、いろいろなパンフレットが置いてあります。

そのパンフレットは、唐津市の名所旧跡や各種の催しを紹介したものです。

「お店に来ていただいたお客様にパンフレットを手にしていただいて、興味をもたれたらぜひ名所旧跡を訪ねたり、唐津でしか楽しめない催しに参加していただければと思い、パンフレットを置いています。唐津の観光課の人も喜んでくれて、観光課の方でもうちの店を紹介してくれており、たいへん助かっています」（松永さん）

松永さんと一緒に『カフェ・エルスター』を支える店長の居石由美子さんは、勤続十年以上になります。

その二人三脚の歩みは、『カフェ・エルスター』と地域との関わりを、より豊かに育んでいます。

「グアテマラSHB」570円と「ガトーショコラ」380円（税込）。

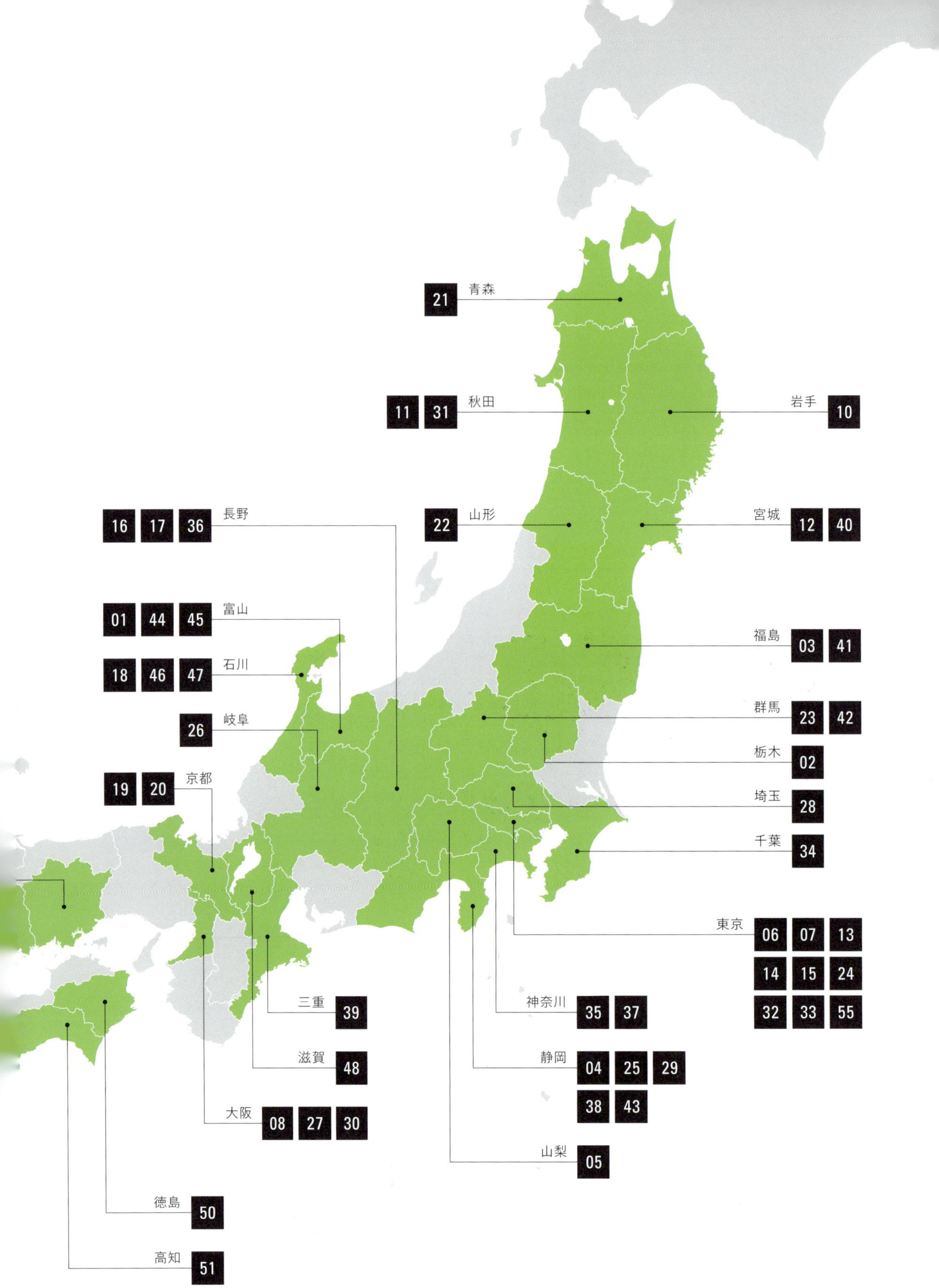
21 青森
11 31 秋田
岩手 10
16 17 36 長野
22 山形
宮城 12 40
01 44 45 富山
18 46 47 石川
福島 03 41
26 岐阜
群馬 23 42
栃木 02
19 20 京都
埼玉 28
千葉 34
東京 06 07 13 14 15 24 32 33 55
三重 39
神奈川 35 37
滋賀 48
静岡 04 25 29 38 43
大阪 08 27 30
山梨 05
徳島 50
高知 51

ショップリスト

北は東北の青森県から南は九州の福岡県まで、カフェ・バッハのグループ店が各地で奮闘している。

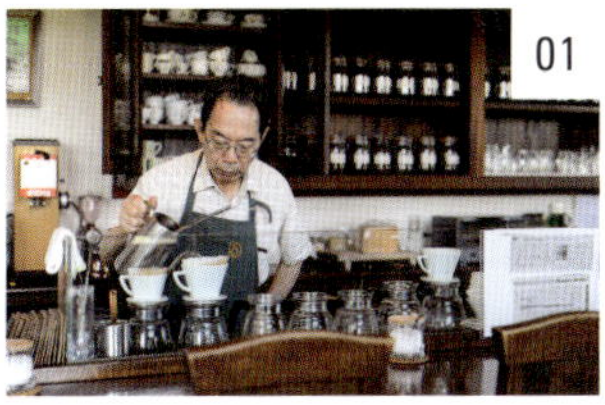

ダックスファーム
【住】富山県下新川郡入善町木根145
【営】10:00〜21:30
日曜、祝日 10:00〜19:00
【休】月曜
【TEL】0765-72-1460

珈琲音
【住】栃木県佐野市新吉水町345
【営】10:00〜20:00
【休】月曜
【TEL】0283-62-6074

椏久里
【住】福島県福島市東中央3-20-2
【営】9:30〜19:00
【休】火曜、第1月曜
【TEL】024-563-7871

自家焙煎珈琲屋 コスモス
【住】静岡県牧之原市静波2263-6
【営】10:00〜19:00(18:00LO)
【休】火曜
【TEL】0548-22-6685

自家焙煎珈琲 カフェ・プラド
【住】山梨県南都留郡
富士河口湖町船津7424-1
【営】10:30〜19:00
【休】水曜
【TEL】0555-72-2424

カフェ ルミーノ
【住】東京都江戸川区船堀7-5-1
【営】11:00〜19:00
【休】火曜、第2・第4水曜
【TEL】03-5676-3983

カフェ・ポンテ
【住】東京都昭島市玉川町1-11-11
【営】11:30〜18:00
【休】月曜、火曜
【TEL】042-511-3995

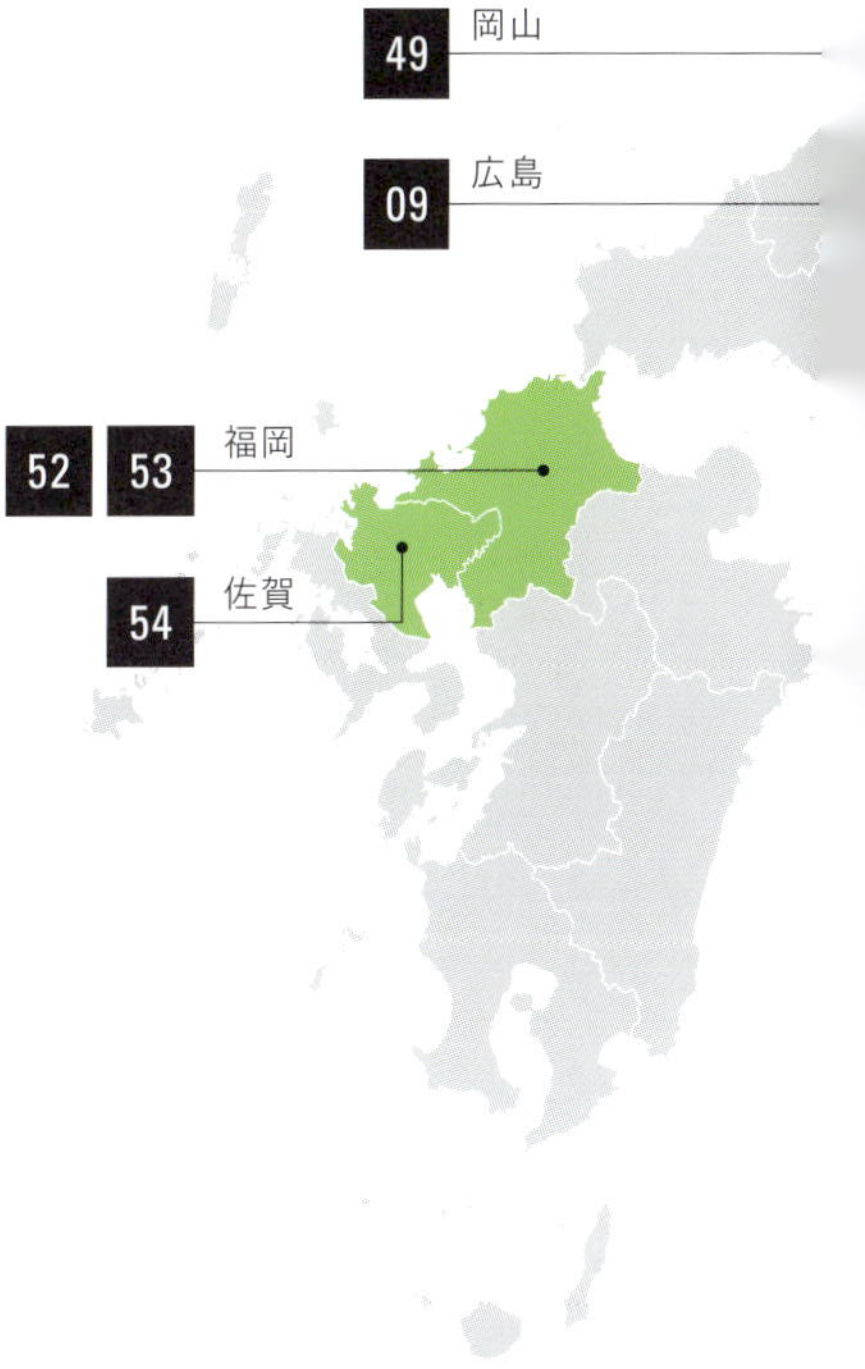

08

カフェ ヴェーク
【住】大阪府大阪市西区南堀江2-13-16 勝浦ビル1階
【営】9:30〜18:30
【休】火曜
【TEL】06-6532-7010

09

マグダレーナ
【住】広島県三原市港町1-7-16 シネパティオ1階
【営】10:00〜18:00
【休】水曜、日曜
【TEL】0848-38-7249

10

風光舎
【住】岩手県岩手郡雫石町長山堀切野8-7
【営】10:00〜17:00
【休】木曜、奇数週の金曜
【TEL】019-693-4151

11

カフェ・ブレンナー
【住】秋田県潟上市天王字江川上谷地106-9
【営】10:00〜19:00
【休】火曜
【TEL】018-878-7879

12

岳山珈琲
【住】宮城県仙台市泉区福岡字岳山7-101
【営】11:00〜18:00
【休】水曜、第1・第3火曜
【TEL】022-341-3751

13

カフェ アランチャート
【住】東京都世田谷区奥沢4-27-16
【営】10:00〜18:30
（コーヒー豆の販売 20:00まで）
【休】第1・第3日曜、不定休あり
【TEL】03-3728-8997

14

デレクト コーヒー ロースターズ
【住】東京都渋谷区元代々木町10-5
【営】13:00〜19:00（18:30LO）
【休】水曜、木曜
【TEL】03-5453-1222

15

カフェ・フーガ
【住】東京都東村山市栄町2-8-21
【営】12:30〜19:00
【休】火曜
【TEL】042-395-2190

16

カフェ・シュトラッセ
【住】長野県東筑摩郡朝日村大字西洗馬1496-5【営】10:00〜19:00、水曜 12:00〜19:00【休】木曜、第3金曜【TEL】0263-99-3685

17

ユナイトコーヒー
【住】長野県大町市大町4098-4
【営】10:00〜17:00
【休】月曜、第1・第3日曜
【TEL】0261-85-0180

18

カフェコンデトライ ラインハイト
【住】石川県金沢市田上さくら2-87
【営】10:00〜19:00
【休】木曜
【TEL】076-222-3262

19

クアドリフォリオ
【住】京都府京都市下京区西七条北東野町27-2【営】火曜〜金曜 11:00〜20:00 土曜、日曜 10:00〜20:00
【休】月曜、第2火曜
【TEL】075-311-6781

28

カフェ ミンゴ
【住】埼玉県さいたま市見沼区
大和田町1-463-101
【営】12:00～20:00
【休】水曜、木曜
【TEL】048-686-4380

24

カフェ・ベルニーニ
【住】東京都板橋区志村3-7-1
【営】13:00～19:00
【休】火曜、水曜（土曜はコーヒー豆・器具販売のみ、喫茶は休み）
【TEL】03-5916-0085

20

カフェ デ コラソン
【住】京都府京都市上京区
小川通一条上る革堂町593-15
【営】10:30～18:30
【休】日曜、第3月曜
【TEL】075-366-3136

29

赤富士
【住】静岡県富士市厚原268-5
【営】13:00～19:00
土曜、日曜、祝日 11:00～18:00
【休】不定休
【TEL】090-1232-2436

25

花野子
【住】静岡県沼津市今沢383-1
【営】10:00～20:00
【休】不定休
【TEL】055-969-2830

21

カフェ・デ・ジターヌ 古川店
【住】青森県青森市古川1-1-5
【営】10:00～18:00
【休】月曜
【TEL】017-723-0175

30

リザルブ珈琲店
【住】大阪府高槻市芥川町3-19-3
【営】10:30～19:00
【休】木曜、第1金曜
【TEL】072-628-2896

26

カフェ・フランドル
【住】岐阜県不破郡垂井町岩手767
【営】10:00～18:00
【休】水曜
【TEL】0584-22-6988

22

カフェ グート
【住】山形県米沢市金池5-13-1
【営】10:00～19:00
【休】無休
【TEL】0238-49-8727

31

アートヒルズ
【住】秋田県鹿角市花輪字明堂長根
17-1
【営】11:00～19:00
【休】日曜
【TEL】0186-23-5525

27

バーンホーフ ファクトリーストア
【住】大阪府大阪市福島区吉野
1-14-8
【営】11:00～18:30
【休】不定休
【TEL】06-6449-5075

23

カフェ ジオット
【住】群馬県前橋市元総社町1780-1
【営】11:00～19:00
【休】月曜、第1・第3火曜
【TEL】027-252-2402

32

カフェ カルモ
【住】東京都中央区日本橋箱崎町25-8
【営】平日 8:00〜19:00、
土曜 8:00〜17:00
【休】日曜、祝日
【TEL】03-6661-2427

33

カフェ ブレスミー
【住】東京都江戸川区瑞江3-16-3
【営】11:00〜19:00
【休】日曜、月曜、不定休あり
【TEL】03-3677-5223

34

カフェ・ブレニー
【住】千葉県船橋市行田3-2-13-108
【営】12:00〜18:00
【休】日曜、月曜、祝日
【TEL】047-401-1802

35

カフェハンズ
【住】神奈川県横浜市中区根岸町
3-143
【営】11:00〜20:00
【休】木曜、第3水曜
【TEL】045-625-3922

36

ボーダーズコーヒー
【住】長野県長野市吉田2-36-19-3
【営】11:00〜19:00
【休】金曜、第2・第4土曜
【TEL】026-263-0027

37

陽のあたる道
【住】神奈川県横浜市旭区鶴ヶ峰2-62-20【営】10:00〜19:00【休】月曜（月曜祝日の場合は翌日）、不定休あり【TEL】045-744-7017

38

檜皮
【住】静岡県静岡市清水区鶴舞町
5-21
【営】12:30〜19:00
【休】水曜、第1・第3木曜
【TEL】054-376-5656

39

豆茂
【住】三重県伊勢市小俣町湯田80番地
【営】10:00〜18:30
【休】月曜
【TEL】0596-64-8935

40

コーヒー イッポ
【住】宮城県登米市
東和町米谷字南沢156-1
【営】11:00〜19:00
【休】月曜、第2・第3火曜
【TEL】0220-42-3060

41

養田珈琲
【住】福島県いわき市
小名浜南君ケ塚町10-30
【営】11:00〜18:00
【休】日曜、月曜
【TEL】0246-52-0811

42

カフェ ボンヌグット
【住】群馬県伊勢崎市東本町
103-5
【営】10:00〜19:00
【休】月曜
【TEL】0270-23-6215

43

カフェロースティライ・ヴェッカー
【住】静岡県伊東市和田1-7-12
【営】10:00〜18:00
【休】日曜、第1金曜
【TEL】0557-38-6173

44

アプフェルバウム
【住】富山県氷見市上泉493
【営】10:00〜18:00
【休】月曜
【TEL】0766-54-0678

45

カフェくらうん
【住】富山県高岡市古定塚9-33
【営】平日 10:00〜18:00、
土、日曜、祝日 9:00〜19:00
【休】水曜、月1回の不定休あり
【TEL】0766-22-6100

46

チャペック
【住】石川県金沢市西都1-217
【営】10:00〜19:00
【休】火曜
【TEL】076-266-3133

47

東出珈琲店
【住】石川県金沢市十間町42
【営】8:00〜19:00
【休】日曜
【TEL】076-232-3399

48

米安珈琲焙煎所
【住】滋賀県守山市守山1-11-12
【営】月曜〜木曜 10:00〜19:00、
土曜、日曜 10:00〜18:00
【休】金曜
【TEL】077-535-6369

49

カフェ バルナック
【住】岡山県岡山市北区青江1-7-22
【営】平日 13:00〜19:00、
土曜、日曜、祝日 11:00〜19:00
【休】木曜(祝日の場合は原則営業)
【TEL】086-221-2070

50

カフェ&アトリエ・ケストナー
【住】徳島県徳島市川内町大松255-3
【営】10:00〜19:00
【休】水曜
【TEL】088-665-7277

51

COFFEE FLAG YUSUHARA
【住】高知県高岡郡梼原町梼原
1155-6
【営】8:00〜19:00
【休】木曜、第2・第4金曜
【TEL】0889-65-0580

52

豆香洞コーヒー
【住】福岡県大野城市白木原3-3-1
【営】11:00〜19:30
【休】水曜、第2・第4木曜
【TEL】092-502-5033

53

カフェ・グリュック
【住】福岡県久留米市日吉町18-48
【営】11:00〜20:00(19:30LO)
【休】日曜、第2・第4水曜
【TEL】0942-27-7011

54

自家焙煎珈琲&ケーキとワインの店
カフェ・エルスター
【住】佐賀県唐津市北城内6-48
【営】11:00〜18:00
【休】木曜
【TEL】0955-75-0833

55

カフェ・バッハ
【住】東京都台東区日本堤1-23-9
【営】8:30〜20:00
【休】金曜
【TEL】03-3875-2669

あとがきにかえて

これからカフェの開業を
考えている人たちへ。
カフェ開業を通して、
豊かな人生を手に入れませんか。

いまカフェに改めて注目が集まっています。大手チェーンは都市部だけでなく郊外にも出店攻勢を強め、小売業やサービス業がカフェを併設するなど他業種からの参入も目立ちます。また、新しい展開としてカフェを出店する飲食企業も増えています。それは、数多くの業種が苦戦する中で、カフェの日常的に人を集めやすい場所としての強みが際立ってきたことの表れではないでしょうか。

これは、個人経営のカフェやこれからカフェを始めようとする個人にとっても追い風となる流れです。専門店に比べてわかりにくさのあったカフェという存在が、若い世代だけでなくより幅広い世代に浸透し、社会的な認知度が高まっています。

これからのカフェの時代に、個人経営のカフェが、企業が経営するカフェと競合するのではなく、共存共栄するにはどうしたらいいのか。全国各地で誕生する多種多様な個人経営のカフェが、1店でも多くそこにあり続けて欲しい。そのために何かを提示できないか。

そんな思いを抱いて、グループ店を訪問しました。

北は東北の青森から、南は九州の福岡まで、50店以上のお店に伺って、お話しを聞かせていただきました。グループ店にお伺いして、どの店にも共通して感じられ、また見られるものがありました。それは、地域と向き合い、関わりながら、地域と共に生きているカフェの姿でした。

そして、そこに日々カフェを通して頑張っているオーナーやその家族、そしてスタッフの輝いている顔を見ることができました。それは個人経営のカフェの楽しさや素晴らしさであり、それはまたカフェ開業で豊かな人生を手に入れた人たちの物語でもありました。

今回、いろいろなグループ店を訪問しましたが、開業までの経緯や資金繰り、また規模や立地条件などは人によって、じつに様々でした。女性1人でカフェを開業した人もいれば、夫婦で、また家族で店を出店した人もいます。

お店を開業するにあたっての状況も様々で、もともとあった土地に店舗を新築した人がいれば、土地もなければ資金的な余裕もなく、プレハブ小屋の小さな店舗で、豆売りからスタートした人もいました。出店場所も様々で、まったく知らない場所でスタートした人がいれば、生まれ故郷に戻って店を出す人もいました。一人ひとりの顔や性格が違うように、それぞれ事情は異なっていました。

でも、どこのグループ店でも同じように感じたのは、カフェを通して豊かな人生を追求する人たちのひたむきな姿でした。

もちろん豊かな人生を手に入れるにはいろいろな苦難があり、また幾多の試行錯誤があるでしょう。山のてっぺんを目指すにもいろいろなルートがあるように、誰もが簡単に手に入る成功方程式はありません。資金に余裕のある人、ない人。土地などの資産がある人、ない人。自分の置かれた状況に応じて、最善のルートを自分の頭で考え、一つずつ着実に足場を固めていくのです。それこそが、目指す頂上を征服する最善の近道なのです。そして、そこに至る過程で個人経営のカフェの楽しさや生き甲斐といったものを見つけることができると思います。

これからカフェの開業をお考えの皆さん、一緒にカフェの役割を勉強しましょう。一緒に、カフェを通して豊かな人生を手にいれましょう。

この本では、訪問したグループ店54店とカフェ・バッハを合わせて、〝豊かな人生を手に入れた55の物語〟というサブタイトルをつけさせてもらいました。

この一冊の中に、あなたが目指すカフェの参考事例があると思います。ぜひ参考にして、カフェ開業で、あなたの豊かな人生を手に入れてください。

２０１８年2月
カフェ・バッハ　田口 護

田口 護(たぐち・まもる)
カフェ・バッハ店主。1938年7月北海道・札幌市生まれ。1968年カフェ・バッハ開店。1974年にコーヒーの自家焙煎をスタート。調査や指導で訪れたコーヒー生産国は40ヵ国に及ぶ。また、バッハコーヒー主宰として、数多くの後輩を指導。全国各地でバッハコーヒーの卒業生が活躍している。さらにSCAJ(日本スペシャルティコーヒー協会)ではトレイニング委員会委員長、会長を歴任。第3回辻静雄食文化賞を受賞した「田口 護のスペシャルティコーヒー大全」(NHK出版)、「カフェを100年、続けるために」「カフェ開業の教科書」(ともに旭屋出版)、「カフェ・バッハのコーヒーとお菓子」(田口文子・田口 護、世界文化社)など著書も多数。

ビューティフル カフェライフ
カフェ開業で豊かな人生を手に入れた55の物語

2018年3月4日 初版発行

著　者　田口 護(たぐち・まもる)
発行者　早嶋 茂
制作者　永瀬正人
発行所　株式会社 旭屋出版
〒107-0052 東京都港区赤坂1-7-19 キャピタル赤坂ビル8階
TEL: 03-3560-9065(販売部)
TEL: 03-3560-9066(編集部)
FAX: 03-3560-9071
http://www.asahiya-jp.com
郵便振替　00150-1-19572
印刷・製本　株式会社シナノパブリッシングプレス

ISBN 978-4-7511-1321-9 C2077